科学家的故事

郑士波 著

第 1 册

北京燕山出版社

图书在版编目（CIP）数据

科学家的故事：全四册 / 郑士波著 . —北京：北京燕山出版社，2023.11

ISBN 978-7-5402-6862-6

Ⅰ . ①科… Ⅱ . ①郑… Ⅲ . ①科学家 – 生平事迹 – 世界 Ⅳ . ① K816.1

中国国家版本馆 CIP 数据核字（2023）第 047180 号

科学家的故事：全四册

著　　者	郑士波
责任编辑	王长民
文字编辑	赵满仓
封面设计	韩　立
出版发行	北京燕山出版社有限公司
社　　址	北京市西城区椿树街道琉璃厂西街 20 号
邮　　编	100052
电话传真	86-10-65240430（总编室）
印　　刷	河北松源印刷有限公司
开　　本	880mm × 1230mm　1/32
总 字 数	310 千字
总 印 张	16
版　　次	2023 年 11 月第 1 版
印　　次	2023 年 11 月第 1 次印刷
定　　价	148.00 元（全 4 册）
发 行 部	010-58815874
传　　真	010-58815857

如果发现印装质量问题，影响阅读，请与印刷厂联系调换。

前言

　　人类从蒙昧时期走到科学技术发达的今天，已经走过了漫漫五千年的历程。纵观人类的文明进步史，其实也是一部科学发展史。科学是揭开自然之谜的钥匙，是通向未来世界的桥梁，它的不断进步给世界带来了翻天覆地的变化。掌握了科学的人，就像搭上了一列高速列车，向着美好的未来飞奔而去。

　　本套书以时间为线索，以科学家故事的形式讲述了世界科技发展变化的历史。从科学文明的发端到科学思想的产生，从中世纪的漫长黑夜到技术革命的尽扫阴霾，从物理学的重大突破到生物技术颠覆式的革命，一一娓娓道来。书中精选了一百多篇科学家的故事，梳理了对人类具有重大影响的科学发现、科技发明等，涉及物理、化学、数学、医学、生物、农业、地理、天文等多个领域，融知识性、趣味性于一体。许多科学家通过

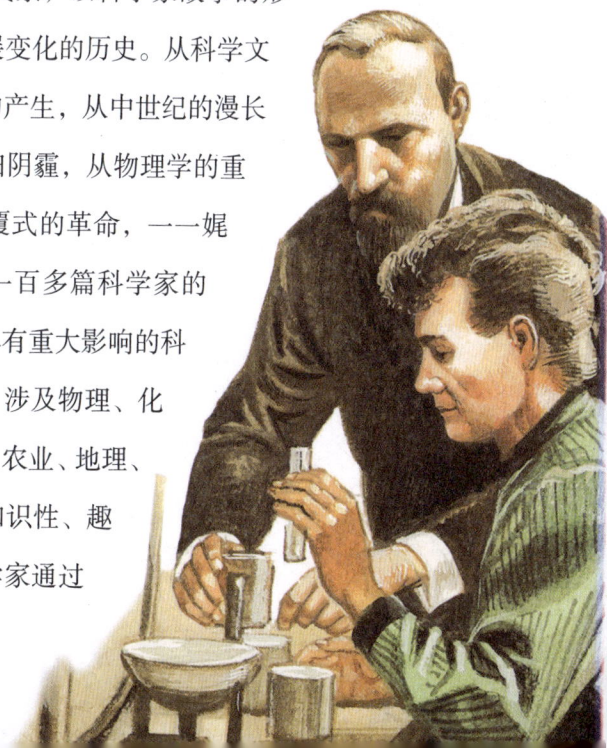

他们的勤奋、勇敢和孜孜不倦的追求，有的甚至不惜献出健康乃至生命，为人类社会的发展进步做出了不可磨灭的贡献。阅读此类故事，不仅可以增长科学知识，增进对科学名人的理解和认识，还可以培养积极进取、不断创新的科学精神。

全书配以数百幅精美插图，与文字相辅相成，帮助读者形象、直观地理解各学科知识，激发读者爱科学、学科学的兴趣。另外，还设置了一些小栏目作为知识链接，或对专业术语进行通俗解释，或对相关知识进行补充延伸，让读者有豁然开朗、触类旁通之感。

全书在内容编排上既注重各章节间的内在联系和逻辑顺序，又符合一般读者的认知规律；既可以作为青少年学科学的起步读物，随时随地"充电"，又适合父母与孩子一起在知识的海洋里遨游。

今天，"科学技术是第一生产力"的观念已深入人心，崇尚科学的精神正成为时代的主旋律。现代社会要求人们对博大精深的科学知识体系有个概貌性的了解，形成与之相匹配的知识结构，以便能够与时俱进地进行知识更新。愿每位读者都能具备较为丰富的科学素养，拥有科学头脑和科学精神。

目录
Contents

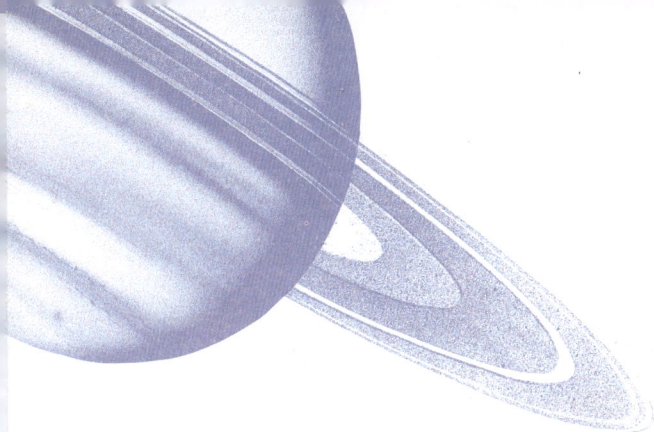

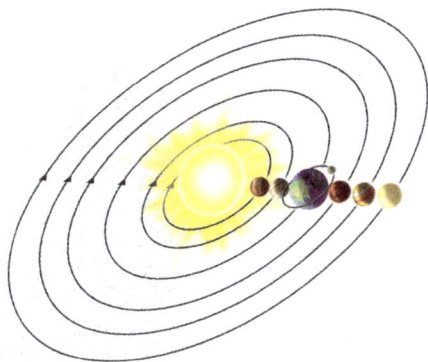

1

泰勒斯
预言日全食

泰勒斯（Thales），古希腊哲学家、数学家和天文学家，生活在公元前 7 世纪到公元前 6 世纪之间。

他出身于爱奥尼亚的米利都城的奴隶主贵族家庭，但不为显赫的地位、富足的生活所诱惑，全身心地投入哲学和科学的研究之中，终于成为一位科学泰斗。

↗ 泰勒斯头像

其在天文学、数学、哲学等领域都取得了骄人的成就，但最令后人称道的还是其对公元前 585 年 5 月 28 日日全食的预言。

当时的情况是：吕底亚王国与西进的米底王国发生矛盾，双方的部队在哈吕斯河流域进行了殊死的战斗，但战争一直持续了 5 年，仍未决出高下。双方谁也没有罢手的意思，但两国的人民却因此陷入了痛苦的深渊。

泰勒斯决定凭借自己的智慧拯救黎民于水火。经过缜

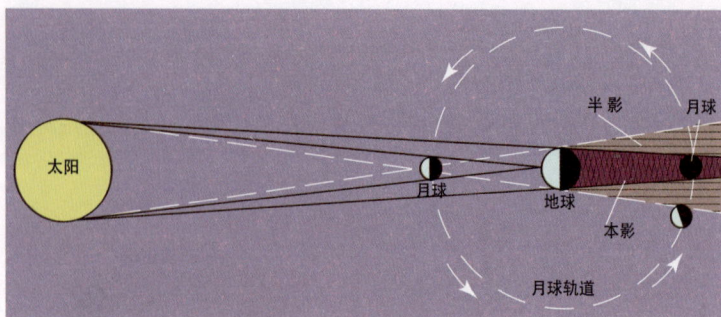

↗ 日月食与日、月、地的关系

根据现代科学观察得知：一年之中，日食和月食最少发生两次，最多会发生 7 次。最近一次发生 7 次日月食的年份是 1935 年，而下一次则是 2160 年。当日月食发生时，太阳、月亮和地球三者必须在同一平面上。换言之，当日食发生时，月球的本影锥必须投射在地球表面上。

密的观测与推算，泰勒斯认定公元前 585 年 5 月 28 日这天哈吕斯河一带能观测到日全食的天象奇观。他到处散布言论，说日食是上天反对人间战乱的警示。但没有人会把他的话放在心上，只不过当作茶余饭后的谈资罢了，根本不相信会发生什么日食。

战争依旧如火如荼地进行着，但到公元前 585 年 5 月 28 日这一天，正当两国的精锐部队酣战之时，天色骤然暗了下来，最后竟然与黑夜无二，交战的人马不胜惊惧，人们又想起市井中的传言，真以为神嗔怒要降灾祸于人间，于是迅速撤出战斗，化干戈为玉帛，并且以联姻的方式巩固了和平成果。

从此，泰勒斯声名鹊起，受到人们的景仰和爱戴，被称为不朽的科学家。同时，人们也百思不得其解：泰勒斯是如何预测到这次日食的呢？

原来，泰勒斯研究过迦勒底人的沙罗周期，一个沙罗周期为 6585.321124 日或 18 年又 11 日，约为 223 个朔望月。既然日、月和地球的运行都是有规律的，那么日月食的发生也就存在一定的规律性。

具体而言，日食一定发生在朔月，18 年 11 日之后日、地、月又基本回到原来的位置上，这时极有可能再次发生日食，而对天文学熟悉的泰勒斯当然知道公元前 603 年 5 月 18 日有过日食。由此推算出公元前 585 年 5 月 28 日的日食便在情理之中了。

泰勒斯测量金字塔的高度

泰勒斯生活的年代，埃及的大金字塔已建成 1000 多年，但它的确切高度仍旧是一个谜。许多人做过努力，但均以失败而告终。

后来，人们听说泰勒斯很有学问，但只闻其名，未见其实。何不借此机会试探一下他的能力？法老也是这么想。泰勒斯慨然应允，但提出要选择一个阳光明媚的日子，而且法老必须在场。这一天，法老如约而至，金字塔周围也聚集了不少围观者。泰勒斯站在空地上，他的影子投在地面。每隔一段时间，他就让别人测量他影子的长度，并记录在案。当测量值等于他的身高时，他命人立即在大金字塔的投影处做好标记，之后再测量金字塔底部到投影标记的距离。这样，他不费吹灰之力就得到了金字塔确切的高度。

在法老和众人一再请求下，他向大家讲解了从"影长等于身长"推到"塔影等于塔高"的原理。其实他用的就是相似三角形定理。

除了天文学，泰勒斯在数学方面也取得了令人振奋的成就，如在平面几何方面，我们所熟知的"直径平分圆周""三角形两等边对应等角""两条直线相交对顶角相等""两角及其夹边已知的三角形完全确定"等基本定理均由泰勒斯论证并进行归纳整理，应用到实践生活中。比如，他曾以一根标杆测出金字塔的高度。

在哲学上泰勒斯提出了唯物主义的世界观："水是万物之源，万物终归于水"，从而否定神创世界观，开创了由世界自身出发去认识世界的本来面目的先河。这对于后世的唯物主义世界观体系的形成具有一定引导意义。

总之，泰勒斯在天文学、数学、哲学等方面都有着巨大的建树。他所提出的理论、定理一直沿用至今，为后世的科学发展奠定了基础，因此被誉为人类历史上最早的科学家，无愧于"科学之祖"的称号。

后世的人若想研究苏格拉底以前的哲学家，泰勒斯也是无法避开的人。

德谟克利特
提出原子理论

德谟克利特（约前460—前370），古希腊哲学家，出生于色雷斯的阿布德拉，是古希腊朴素原子论的集大成者。需要指出的是，这里谈到的原子论与现代科学的原子论不同，它只是哲学层面上的原子论。

德谟克利特小时候就对自然科学产生了浓厚的兴趣，热衷于学习和思考。他曾经师从波斯术士和星象家，初步了解了一些神学、天文学知识。在这一阶段，他还注意培养自己的自制力和想象力。

德谟克利特成年以后，先后游历埃及、巴比伦、印度和雅典等文明中心，学习哲学、数学和水利等。及至他回到家乡阿布德拉时已经有很高的学问，并被公推为该城的执政官。但即便在从政期间他也从未丢下对

↗ **德谟克利特雕像**

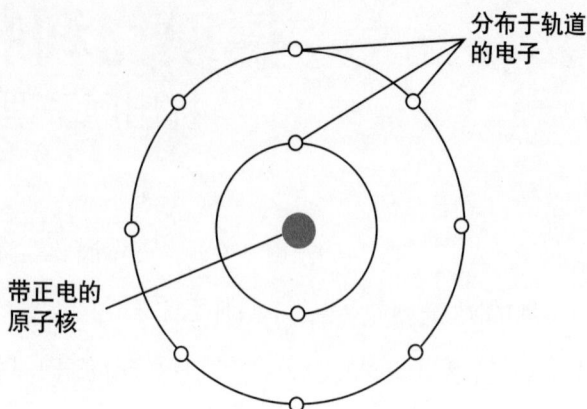

分布于轨道
的电子

带正电的
原子核

↗ **早期的原子模型图**

　　早期的欧洲科学家认为：原子由原子核和带电的电子构成。电子均匀地排列在以原子核为中心的圆形空间区域内。

哲学、自然科学的研究工作。

　　德谟克利特在原子论领域做出的贡献离不开其恩师留基伯的引导和教诲。正如牛顿所说，只有站在巨人的肩膀上，你才能看得更远，取得更大的成就。德谟克利特完全继承了老师的原子学说，认为原子从来就存在于虚空之中，无始无终；原子和虚空构成了宇宙万物，原子本身是最小的、不可再分的物质粒子。

　　"原子"一词在希腊语中的本意即为不可分割。这种观点在当时是很先进的，对后来的科学原子论的形成也有一定启发作用。

　　德谟克利特在继承老师的学术成果的基础上，又进一步提出：原子虽不可分，用肉眼不能观测到，但在体积、形状、性状和位置排列等特征方面仍存在差异。

他举例说水之所以能够流动，就因为水原子表面光滑，彼此之间易于滑动；而铁的形状非常稳定，则源于其原子表面凹凸不平，原子之间易于啮合而非常稳固。

德谟克利特还从原子的角度解释了"生"与"死"。他说原子虽然不生不灭、不增不减，但它们所构成的化合物却由于原子的排列次序等不同导致性质经常发生改变，从而使一种物质演变为另一种物质。

于是人们由此产生了"生"与"死"的概念。这一点与事实基本吻合，体现了德谟克利特的研究水平。

德谟克利特根据他的原子理论发展了天体演化学说。他认为在原始的宇宙旋涡运动中，质量较大的原子逐渐成为旋涡的中心，由于自身旋转而形成球状聚合体，如地球。同时质量较小的原子则围绕该中心旋转，宇宙空间的部分原子

德谟克利特的认识论

德谟克利特作为一个哲学家，他同样关注认识论问题，不过他还是利用了原子论。他认为"影像"由从事物中溢出的原子构成。这种所谓的影像作用于人的感官和心灵，感觉和思想由此产生。

德谟克利特对于认识论的主要贡献在于区分了感性认识和理性认识。他把感性认识称为"暧昧的认识"，而称理性认识为"真理的认识"。他认为感性认识是对原子本身状的感知，而人们对周围事物不同颜色、形状的判断就是理性认识。由于原子本身没有质的差别，所以感性认识有必要上升为理性认识。这对于认识论的发展有着非凡的意义。

由于高速旋转而日趋干燥，最终燃烧形成恒星体。

德谟克利特理论的进步性还表现为：他否定了神的存在。他认为神是原始人由于自然知识贫乏，对自然现象解释不清而莫名恐惧才臆造出来的。他还解释说，所谓灵魂也是由原子构成的物质，一旦原子间的结合方式改变，这种物质也会消亡。

德谟克利特的原子论在当时看来虽然先进，但与现代科学原子论仍有着质的差别。它只能算是哲学领域的原子理论，因为他的结论产生于思维和直觉，而现代科学理论都建立在定量实验和严密的数学推理的基础上。同时他一直认为原子不可再分，与事实不符，这是其认识的局限性。不过在他生活的时代，能达到这样的认识水平已属难能可贵。

德谟克利特一生的研究涉及天文、地理、生物、物理、数学、逻辑等诸多领域，并且有许多创见和专著。马克思称之为"古希腊第一个百科全书式的学者"。

百科全书式科学大师
亚里士多德

↗ 亚里士多德雕像

亚里士多德（前384—前322）出生在希腊的沿海地区，后移居雅典，在那里师从哲学大师柏拉图。这为其日后在多个领域取得成就奠定了雄厚的基础。

亚里士多德是伟大的哲学家、科学家和教育家，在哲学、政治学、教育学、逻辑学、生物学、医学、天文学、物理学上都有所创见。他在哲学方面著有《形而上学》一书。在书中他提出了著名的"四因说"，即构成事物的要素必须包括四个方面：质料因、形式因、动力因和目的因。质料因形成基本物质，形式因是物质存在的形式，动力因是物质存在的原因和作用，目的因则为设计物质所要达到的目的。四种因素搞清楚了，人们对物质也便有了清晰的认识。

除了哲学，亚里士多德对科学也有许多独到的见解。在天文学方面，他相信地心说。同时，他认为地球和其他天体由不同物质构成，前者由水、气、火、土组成，而其他天体则由"以太"构成。

在物理方面，他否定了原子论，更不相信有什么虚空。

在生物学方面，得益于他的学生亚历山大大帝的帮助——亚历山大带兵远征各地的时候经常为他带回各种动植物的标本供他研究——亚里士多德亲自解剖过50多种动物，以了解它们的生理构造。亚里士多德还对动植物进行了初步分类，当时他区分的种类已达500多种，为后来生物学的发展起到了积极的引导作用。

亚里士多德经过不懈努力，提出一些创造性的发现。如鲸不是鱼，它是胎生。

↗ 雅典学院

这幅图画描绘的是亚里士多德和他的老师柏拉图在雅典学院辩论哲学问题时的情景。

他还关注过遗传学方面的问题，提出："黑白两个不同肤色的人结婚以后，其子女是白皮肤的，但其孙子孙女中又会出现黑皮肤的人。这种隔代遗传是怎么一回事呢？"这个问题虽在2000多年前就已被提出，但直到20世纪，隐性基因才圆满回答了这一问题。

在教育方面，亚里士多德也堪称一代宗师。

亚里士多德的《物理学》

亚里士多德在物理方面的成就多体现在《物理学》一书中，这部书主要从三个方面讨论了事物的运动问题。第一，运动的本质、种类和形式。运动的本质就是运动物体潜能的实现，潜在的能力得以实现即为运动。运动的形式可分为两种：环形运动与直线运动。第二，运动的条件。任何事物的运动总是在一定的时间和地点中进行的，所以地点和时间是运动的必要条件。第三，运动与运动者。亚里士多德认为一切运动的物体必然被某物所运动，要么被自身的运动本原所运动，要么被他物所运动。

亚里士多德经过对儿童身心发展的充分考察，又结合自己的人性论、认识论等方面的成果，形成一套独立的教育思想。他认为人是通过灵魂来感觉和思考的，灵魂借助身体的各种感官感知外界事物，再经过自身理性的思考最终形成知识和真理。鉴于此，亚里士多德把灵魂分成两部分：一是非理性灵魂，其功能是本能、感觉、欲望等；二是理性灵魂，它的作用是思维、理解和认识。亚里士多德强调教育就是在非理性灵魂的基础上充分发挥理性灵魂的作用，以理性灵魂的充分发展作为终极目的。

亚里士多德为践行自己的教育思想，开设专门的哲学学校。

在他的学校里非常注重实践，认为只有在实践活动中学生才能获得德、智、体等方面的发展。在师生关系方面，亚里士多德倡导教学相长，反对学生只能被动接受的做法。他有一句名言："吾爱吾师，吾更爱真理。"

亚里士多德成果之多，达到了令人吃惊的地步。他一生有170部专著，光流传下来的就有47部。这些著作涉及天文学、动物学、胚胎学、地理学、地质学、物理学、解剖学等各门学科，是名副其实的百科全书。

亚里士多德对世界的贡献是空前绝后的，绝对称得上百科全书式的科学大师。有鉴于此，后人将他与柏拉图、苏格拉底并称为古希腊三贤，也有人将这三人喻为古希腊科学史上的三座高峰。恩格斯称亚里士多德为"最博学的人"，实不为过。

欧几里得
和《几何原本》

欧几里得（约前330—前275），古希腊著名数学家，是几何学的奠基人。

欧几里得出生在雅典，曾经师从柏拉图，受到柏拉图思想的影响，治学严谨。

后来在埃及托勒密王的盛情邀请下，到亚历山大城主持教育，成果非凡。托勒密国王本人对数学较感兴趣，但又无心深究，经常浅尝辄止，还总是询问欧几里得有没有什么捷径。欧几里得则郑重其事地告诉他："在几何的王国里，没有专门为国王铺设的大道。"国王为欧几里得严谨的治学态度所打动，后来这句话则成为激励学习者不畏艰苦的箴言。

欧几里得在系统地总结前人几何学知识的基础

↗ 欧几里得

古希腊数学家，几何学的奠基人和开拓者。

上，加上自己的创造性成果，开创了一门新的几何学，人们称之为欧氏几何学。

欧氏几何学的显著特点是把人们已公认的定义、定理和假设用演绎的方法展开为几何命题。从此，几何学走上了独立发展的道路。

欧氏几何学的集大成著作是《几何原本》。在这本书中，欧几里得集中阐述了自己的几何思想。

《几何原本》共13卷，每卷（或几卷一起）都以定义开头。第一卷首先给出23个定义，如"点是没有面积的""线只有长度没有宽度"等。同时也给出平面、直角、锐角、钝角、平行线等定义，然后是5个假设。

作者先做出如下假设：（1）从某一点向另一点可以作一条直线。（2）一条直线可以无限延长。（3）以任意中心

非欧几何

非欧几何，顾名思义，指不同于欧几里得几何学的一种几何体系。它的主要构成是罗氏几何和黎曼几何。非欧几何与欧氏几何最主要的区别在于各自的公理体系中采用了不同的平行公理。罗氏几何的平行公理是：通过直线外一点至少有两条直线与已知直线平行。而黎曼几何的平行公理是：同一平面上的任意两条直线一定相交。

非欧几何的创建打破了欧氏几何一统天下的局面，从根本上革新和拓展了人们的传统几何学观念，导致人们对几何学基础展开新一轮的深入研究。同时对于20世纪初的经典物理学在空间和时间方面的观念变革起了重大的引导和启发作用。现在人们普遍认为宇宙空间更符合非欧几何的结论。

↗ 这是希腊文《几何原本》一书的部分内文。

和半径可以画圆。（4）所有的直角都相等。（5）若一直线与两直线相交，使同旁两内角的和小于两直角，则两直线若延长，一定在小于两直角的两内角的一侧相交（此后的许多学者都试着证明这一假设，却没能成功，这引发了非欧几何学的创立）。

5 个假设之后是 5 条公理，它们共同构成了《几何原本》的基础。

《几何原本》前 6 卷为平面几何部分，第一卷内容有关点、直线、三角形、正方形和平行四边形。其中包括著名的毕达哥拉斯定理：直角三角形斜边上的正方形的面积等于直角边上的两个正方形的面积之和。

第二卷给出 14 个命题，作为第一卷中有关面积变换问题的延续。如果把几何语言转换为代数语言，这一卷当中的第 5、6、11、14 命题就相当于求解如下二次方程：$ax^2 - x^2$

$= b^2$、$ax+x^2 = b^2$、$x^2+ax = a^2$、$x^2 = ab$。

第三卷包含 37 个命题，论述了圆本身的特点，圆的相交问题及相切问题，还有弦和圆周角的特征。

第四卷，全都用来描述圆的问题，如圆的内接与外切，还附有圆内接正多边形的作图方法。

第五卷发展了一般比例论，第六卷是把第五卷的结论应用于解决相似图形的问题。

第七、八、九卷是算术部分、讲数论，分别有 39、27、36 个命题。

第十卷包含 115 个命题，列举了可表述成 $a\pm b$ 的线段的各种可能形式。

最后三卷致力于立体几何。

《几何原本》的许多结论由仅有的几个定义、公设、公理推出。它的公理体系是演绎数学成熟的标志，为以后的数学发展指明了方向。

欧几里得使公理化成为现代数学的根本特征之一，他不愧为几何学的一代宗师。

撬动地球的
阿基米德

  阿基米德（前287—前212），是古希腊伟大的数学家和物理学家。他出身贵族，但酷爱学习，11岁时就来到埃及的亚历山大里亚城学习哲学、数学、天文学和物理学等学科。还受到过埃拉托塞和卡农（二人均为欧几里得的学生）的亲自指点。

  阿基米德一心扑在科学研究上面，达到了忘我的境界，留下了许多佳话。比如他发现浮力定律的过程便是这样一个典型。

  故事是这样的：叙拉古国王命王城的金匠打造一顶新王冠，要求纯金制作。但是，金匠在制造金银器皿时掺杂使假、中饱私囊在当时已是司空见惯。所以等到王冠打造完成以后，国王想到的第一件事便是如何检验王冠的纯度，但又不能破坏了近乎完美的王冠。这可愁坏了叙拉古国王和朝臣。最后大家一致决定把这道难题交给宫廷教师阿基米德来解答。

  阿基米德开始也拿不出什么好办法，但没有放弃。这也许就是科学家与普通人的差距所在。有一天，他在洗澡时浴盆中溢出的水触发了他的灵感：既然人体入水愈深，溢出

↗ 浴盆中的阿基米德

　　传说阿基米德到公共浴池洗澡受到了启发，发现了有名的浮力定律，即浸在液体中的物体受到向上的浮力，其大小等于物体所排出液体的重量。

阿基米德的科学成就

　　阿基米德在许多科学领域取得了令同时代科学家高山仰止的成就。

　　在数学领域，阿基米德使用"穷竭法"求得了抛物线弓形、螺线、圆形的面积和椭形体、抛物面体等复杂几何体的体积，被公认为微积分计算的鼻祖。他还利用此法估算出了 π 值，得出了三次方程的解法。他还提出了一套按级计算法，并利用它解决许多数学难题。他主要的数学著作有《论球和圆柱》《论劈锥曲面体与球体》《抛物线求积》和《论螺线》。

　　力学领域，阿基米德的成就主要集中在静力学和流体力学方面。在研究机械的过程中，他发现了杠杆原理。在研究浮体过程中，他发现了浮力定律。他著有《论平板的平衡》《论浮体》《论杠杆》《论重心》等力学著作。

　　在天文学领域，阿基米德设计了表现日、月食现象的仪器。他还提出地球是球状的，并绕太阳旋转，比哥白尼的"日心地动说"早 1800 多年。

的水愈多，那么若是将王冠投入水中，溢出的水量就应等于同等重量的黄金排出的水量。如若不相等，就是掺了假。想到此，他从澡盆中一跃而起，赤身裸体地跑到大街上，一边跑还一边喊："尤里卡，尤其卡（找到了）！"自己却浑然不觉。

事后人们知道了事情的来龙去脉，无不感叹阿基米德专注于科研的精神。

阿基米德有一颗聪明的大脑，解决了许多复杂的问题，但有时也把问题想得十分简单。例如，在他发现了杠杆原理（力臂和力的大小成反比）后，就对国王说："在宇宙中给我一个支点，我就可以撬起地球！"而叙拉古国王笑笑说："可爱的阿基米德，我向宙斯起誓，你说的这个支点是无论如何也不存在的。"阿基米德这才意识到自己把事情想得太理想化了。

这是拜占庭壁画中的一部分，描绘了罗马大军攻破叙拉古城时，阿基米德仍沉醉于数学研究之中，图中他双手保护着自己的数学工具，两眼愤怒地回望着什么（原图中站在他身后的是一持剑的罗马士兵）。

这也反映出他对自己的观点深信不疑，而且永远是那么肯定，不论在别人看来是如何荒唐。难怪罗马历史学家普鲁塔克说："他是一个中了邪的人。"

令人惋惜是，这位智慧、可爱的阿基米德最后竟死于敌人的利剑之下。

那是公元前 212 年的一天，罗马远征军攻破了叙拉古的城防，一名士兵闯进了他的住所，用一把利剑指向他的咽喉。阿基米德却出人意料地说道："先等我把这个原理证完再说。"这位罗马士兵没能理解他的意思，一怒之下竟杀死了这位科学大师，给后人留下无尽的遗憾。

罗马统治者为阿基米德的智慧所折服，为他举行盛大的葬礼，将其安葬在西西里岛，并为之建造了圆柱内切球状的墓碑，以彰显他在数学上的杰出贡献。

托勒密
的功与过

托勒密（90—168）生于埃及，父母都是希腊人。关于他的生平，史书记载的很少，但他的"错误"却是尽人皆知。

托勒密犯的一个著名的错误，便是地心说。说它是错误，那是实事求是，但同时它也是不折不扣的科学。之所以称之为科学，是因为它在科学史的进步意义。

其实，首创地心说的是亚里士多德。托勒密全面继承了这一学术观点，同时依靠前人的积累和自己长期观测得到的数据，写成了13卷本的《至大论》。在该书中，他将地球之外的空间分为11个天层，依次为月球天、水星天、金星天、太阳天、火星天、木星天、土星天、恒星天、晶莹天、最高天和净火天。托勒密认为，各行星都围绕着

↗ 托勒密
他为"地心说"提出了许多"理论"依据，其中某些还具有合理的成分。

自身的轴心转动，同时每个行星的轴心又以地球为中心做圆周运动。他称以地球为中心的圆周为"均轮"，各行星自转的圆周为"本轮"。他还承认地球不在均轮的正中心，从而均轮都是一些偏心圆；众恒星与日月行星一道绕地球公转。托勒密所描绘的数学图景并不符合实际情况，但对于当时观测的行星运动情况的解释近乎完美，而这一理论在航海上也具有一定的实用价值。托勒密自己对这一理论体系的评价是：不具备物理的真实性，仅仅作为计算天体位置的一个数学方案而已。但人们还是接受了它，认为它是科学的。

之所以在托勒密犯下这样的错误之后，当时的世人又犯了一个错误（接受他的观点）是有一定原因的。第一，绕着某一中心做匀速圆周运动的提法暗合于当时占主导地位的柏拉图思想，与亚里士多德的物理学也是吻合的；第二，以几种圆周轨道的组合说明行星的位置和运动状况，与实际相近，相对于以前的体系而言是一种进步，还能解释行星的亮度差异；第三，地球处于宇宙中心不动的说法令人们安心，也与基督教义的说法一致。如此一来，在以后 1000 多年的时间里，人们对此深信不疑。

直到 15 世纪，哥白尼才指出了这一理论的谬误。人们对于宇宙中心这个问题的认识一步步朝着正确的方向发展。不幸的是，我们逐渐认清了谁是宇宙中心的时候，不经意地又犯下了另外一个错误，那就是全面否定托勒密及其地心说。

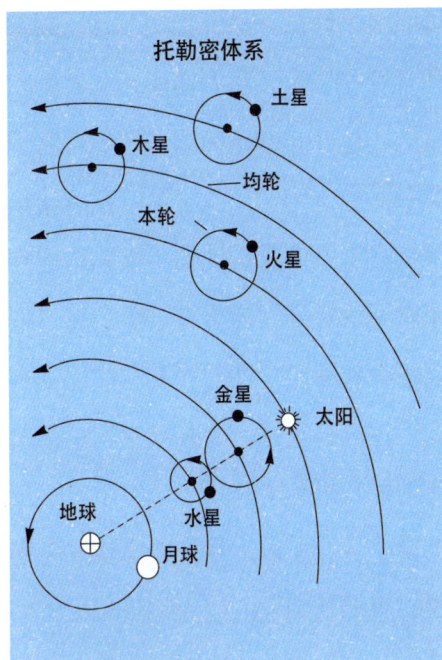

托勒密体系

土星
木星
均轮
本轮
火星
金星
太阳
地球
水星
月球

↗ **托勒密天体系谱图**
这张天体图从整体上看是错误的，但它也有某些合理性和科学性。

在上海交通大学科学史系的研究生入学考试中，不止一次地出过这样一道题："试论托勒密的天文学说是不是科学？"结果呢，大部分考生在这道题上栽了跟头，众口一词地说它不是科学，错误的理论怎么能成为科学呢？而正确答案恰恰相反：它是科学。持这种错误观点的人不在少数，为什么呢？因为我们从小学到大学的教育中历史唯物主义和辩证唯物主义的精神贯彻得太少。

何谓科学？科学是一部不断进步的阶梯。今天的"正确"

结论，明天可能成为悖论。如果我们否定托勒密是对的，那么哥白尼、开普勒和牛顿又将如何评判？因为太阳也不是宇宙中心，行星的轨迹亦非精确椭圆，"绝对时空"是不存在的。我们只能一并称之为"伪科学"？显然这是不负责任的做法。所以我们必须按照辩证唯物主义和历史唯物主义的要求，重新划定科学的定义，即具有进步意义，推动人类社会向前发展的理论就具有科学性。托勒密的理论符合这一点：第一，他肯定大地没有支托，而是悬空的；第二，认识到行星和日月是离地球较近的天体群，走出了把太阳系从众星中识别出来的关键一步。所以，我们在承认托勒密地心说是一个错误的同时，也要看到它的巨大积极意义。

托勒密的著作

《至大论》是托勒密的一部重要著作，不再赘述。另外还有其他九部著作。《实用天文表》，将《至大论》中的天文表单独汇编，并对其中参数加以修订以方便实际应用。该书一直被用到中世纪以后。《日晷论》，主要研究日晷的角度、投影和比例的问题，相比古罗马工程师维特鲁威的《建筑十年》，在具体技巧上有诸多改进。《平球论》专注于各种圆的平面投影，形成构造平面星盘的理论基础。《地理学》是当时地理学和地图学知识的集大成之作，全书共分为8卷。《恒星之象》仅有第二部分存世。在书中，作者列举了一些明亮恒星的偕日升与偕日落，是对于《至大论》在这一领域的补充。《星象假说》《光学》《谐和论》等著作或因失传，或因后人记述颇有争议，这里不再一一赘述。

古登堡
发明活版印刷

 提起活版印刷，我们总是想起北宋的毕昇。现在，我们先放下他不提，探讨一下德国人古登堡（1398—1468）的活字印刷。

 是不是古登堡最早发明了活字印刷，我们也按下不提。他确实自己创制了一套印刷技术，而且广泛使用和传播。古登堡出身铸币工人家庭，幼年习得金匠手艺，为日后从事印

↗ 古登堡的印刷工作室

 该情景即使对于今天的许多印刷工来说仍非常熟悉，在左前方，排字工人正从字盘中取出一个字母进行排版，而图的后面，辅助印刷工则在铅字上面涂油墨，印刷工人正在用力转动螺旋杆，使其下移进行压印。尽管整个过程显得有些笨拙，但对于手抄书来说，无疑是一场革命。

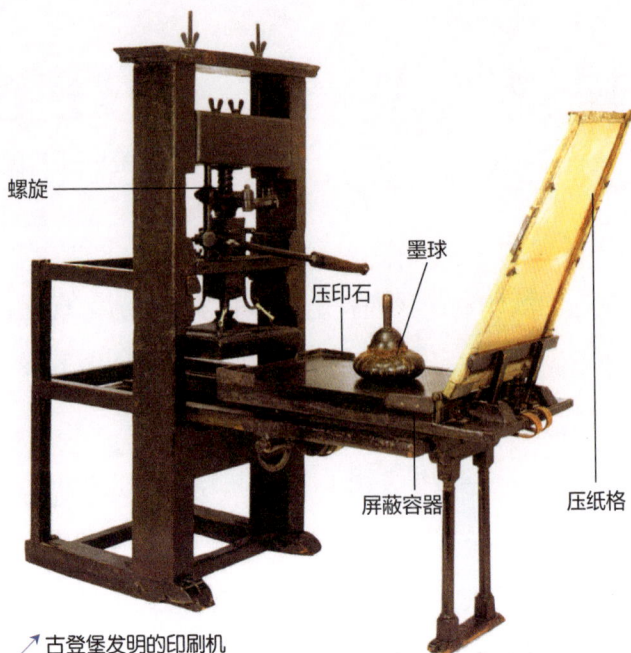

螺旋

墨球

压印石

屏蔽容器

压纸格

↗ 古登堡发明的印刷机

刷打下基础。其实，古登堡早在 1434 年就开始活字印刷的探索。起初是较大的木活字，虽然可以排版印刷但十分不方便，而用木板刻成较小的字模强度又跟不上，最终他想到了金属制版。当时所用的材料主要为铅锡合金，其中加入一定量的锑以提高活字强度。古登堡的功绩之一就在于他最终确定三种金属的搭配比例。

在解决了刻版的问题之后，接下来便是印制设备的问题，在克服这个难题过程中，古登堡从当时压榨葡萄汁的立式压榨机受到启发。最终他将一台木制的压榨机改装成第一台印刷机，并且试印了一下。他先将活字字块排好，然后将其固定在印刷机的底部座台上，再用羊毛制的软毡蘸墨刷在字版上，下边铺上纸张，向下拉动铁制螺旋杆，压印板便在纸上印出字迹，最后向上摇动拉杆，抽出纸张，便告完成。效果虽不尽如人意，但总可以慢慢改进以提高印刷质量。

就在第一次试印过程之中，另一个难题摆到了古登堡面前。当时他用的还是传统的水性墨，水性墨自身黏附性差，用在雕版印刷中还可，而在活字印刷中印出的字迹时浓时淡很不均匀。若是采用黏稠度较高的油性墨，效果或许会好一些？想到此，古登堡开始试制油性墨。经过反复试验，他发现将松节油精（蒸馏松树脂得到）与炭黑混合再加入煮沸的亚麻油，形成的墨质量较好，而且这种墨印出的字迹呈暗黑色，非常适宜大量印刷。

至此，一整套的活字印刷技术便告完成。为了推广这项发明，古登堡于 1450 年与富商富斯特合伙开办了一家印刷厂。由于当时正处于欧洲文艺复兴的上升时期，人文主义的艺术和文化空前发展，大量的读物需要印刷，古登堡等人开设的印刷厂规模迅速扩大。同时其他的印刷厂也如雨后春笋般崛起，印刷术也就自然而然地推广开来。

古登堡的活字印刷术进一步走出国界，被广泛地使用则是源于 1462 年美因茨动乱事件。当时工厂被毁，印刷工人流离失所、各奔东西，不经意地就把活字技术带到各地，如 1468 年在瑞士巴塞尔，1470 年在法国，1475 年在西班牙，甚至在墨西哥都建立了印刷厂。古登堡发明的活字印刷技

历史的误会

西方学者也承认中国早在 1045 年就有活字印刷技术，但认为这只是一种构想，一直没有投入使用，因而没有实用价值。证据就是到了明清甚至民国时期，民间仍大量使用雕版印刷。殊不知中国有自己的特殊国情：其一，中国有上万个汉字，而西方的拼音文字只需 50 多个字母，相比之下中国铸活字不易；其二，中国历来人口众多，书籍的印量很大，还有重印的因素，因此侧重雕版印刷。事实上，中国铸造的金属活字的绝对数量要远远多于欧洲。

术在欧洲广为传播，极大地推动了文艺复兴和宗教改革的进程。到 16 世纪以后，这种印刷技术进一步改良，其印刷产量和质量空前提高，最终形成了庞大的近代出版业，在社会发展的进程中扮演着愈来愈重要的角色。

至于是不是古登堡首创了活字印刷尚未定论。但有资料证明古登堡确实受到过中国印刷术的影响，如芝加哥大学的钱存训教授就说：古登堡的妻子出身威尼斯的孔塔里家族，因此他见到过从威尼斯带回的中国雕版，从中受到启发又做出创新，才发明了活字印刷。但我们不可否认：古登堡确实独立发明了这项技术。

哥白尼
提出日心说

地球无时无刻不在公转和自转，这些转动是由哥白尼推动的吗？显然不是。哥白尼推动的仅仅是"地心说"中的地球，让它动了起来。

哥白尼出生和成长于15世纪后半叶，当时天文学正是亚里士多德－托勒密地心说的统治时期。投身于天文学研究的哥白尼也得先学习这些学说，仔细研究、探讨大大小小的均轮和本轮体系。前期的哥白尼在教会系统学习，而地心说则是基督教教义的支柱，应该说哥白尼在早期受这一学说的影响还是很深的。但哥白尼绝不是盲从主义者。

大学期间，哥白尼广泛涉猎各门学科的知识，尤其是数学领域。毕达哥拉斯学派简单的数学关系和几何图形给哥白尼留下了很深的印象。

后来他又到弗龙堡做僧

↗ 哥白尼
波兰天文学家，他的《天体运行论》为人们认识宇宙开辟了一个新的途径。

天体运行论

《天体运行论》于 1543 年在德国纽伦堡出版发行，书中集中论述了日心说。全书共有 6 卷：第一卷就开宗明义地概括了日心说的要点；第二卷则运用数学知识讲解天体在天球上的运动；第三卷讨论太阳视运动和岁差的关系；第四卷阐述月亮绕地球转动的情况；第五、六卷深入细致地探讨行星的运动规律。该书不仅对太阳、行星和月球的运动规律进行严格的定量探讨和数学论证，而且附有宇宙图像。它从根本上撼动了基督教教义的支柱，解除了神学对自然科学的羁绊，极大地推动了天文学的发展。

正，由于职务闲散，他便进行天文观测和研究，进而获得大量的第一手资料。所有这一切使他隐隐感到托勒密学说体系似乎存在一些不和谐的东西。

再加上当时一些进步的天文学家已经开始怀疑这一地心体系，哥白尼的思想又向前迈进了坚定的一步。

哥白尼认真分析了托勒密体系中行星运动状况的规律：每颗行星都有一日一周、一年一周和相当于岁差的周期运动规律，而托勒密认为地球是静止不动的，然后再用均轮、本轮体系加以解释。如此一来，整个过程异常烦琐和牵强。如果抛弃这一体系，接受古希腊人阿利斯塔克等认为地球绕太阳转动的学说，将别有一番洞天。

于是哥白尼建立起了一个全新的宇宙体系：太阳居于宇宙的中心静止不动，地球及其他行星都围绕它转动——当时人们知道太阳有六颗行星，依次是水星、金星、地球、火星、木星和土星；月球围绕地球转动；另有其他恒星在离太阳较远的天球表面静止不动。

这就是著名的哥白尼日心说。

日心说从根本上否定了"地心不动"的天文学说，明确指出地球也动，而且是围绕太阳转动。有人将这一革命性的创举戏称为"推动地球"，哥白尼则被誉为能够推动地球的人。

科学的发展是没有止境的，哥白尼没有在提出这样一个观点之后就罢手，而是又继续花了30多年的时间去修正、

↗ 表现哥白尼《天体运行论》理论的图绘

尽管今天的天文学家认为它并不精确，但在当时它却是非常接近于真理的。哥白尼提出，行星绕着太阳运行，地球并不是宇宙的中心，这一观点被称为"日心说"。哥白尼还认为行星的运行轨道实际上是椭圆形的。

完善这一学说。哥白尼曾写过一篇《要释》作为《天体运行论》的附属部分，系统地解惑答疑，使日心说的体系更加完备。

哥白尼的聪明之处还在于，他能够理性地去面对现实。他的这本《天体运行论》击中了基督教神学的软肋，如果直接发表，很容易被教会封杀，那样自己的毕生心血就将付诸东流。

高明的哥白尼在书的序中写明此书献给当时的教皇，又在前言中说书中的理论仅是为方便天文测算而做的人为假设。如此一来，表面看来这本书不仅不与基督教义对立，还是为基督教服务的工具。

结果这个障眼法真的瞒了教会70多年，直到1616年《天体运行论》才被禁止。

但在这么多年里，它早已经广泛传播，真正的禁毁已不可能了。最终哥白尼的学说得以流传，哥白尼胜利了，尽管他的大作出版之际，他本人已经作古。

后来，诸如牛顿等人又使哥白尼的学说进一步向前发展。

哥白尼的学说动摇了基督神学的根基，使其摇摇欲坠。人们由此看到了科学的曙光，"科学的发展从此便大踏步前进"（恩格斯语）。

"星学之王"
第谷

第谷（1546—1601），是一位出身贵族的丹麦天文学家。儿时和年轻时的第谷与常人没有什么大的差别，他脾气暴躁，性格偏执、好斗，逢事爱问个为什么。这也可能是他成功的一个原因吧。

第谷的成名在于他的天文观测事业。尽管其伯父强烈要求他学文科，第谷还是偷偷地研读天文学著作，尤其是托

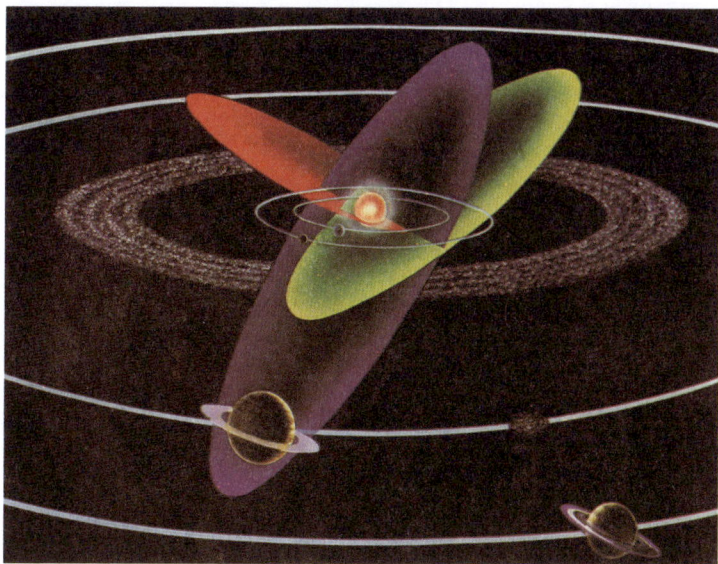

↗ **奇异的小行星带**

小行星是围绕太阳运行的自然天体之一，一直以来，它很少被人发现。第谷在进行天文观测时发现了许多以前没有发现的小行星。

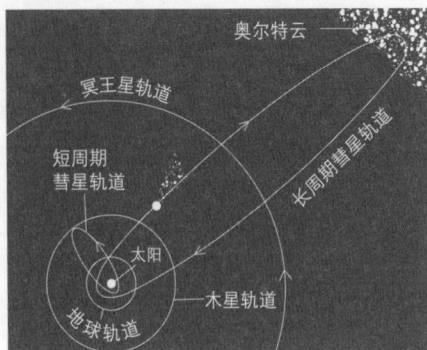
↗ 彗星的周期及环绕太阳运行图

勒密的《至大论》和哥白尼的《天体运行论》他简直爱不释手。不仅读书，第谷还付诸行动：观测天象。1563 年 8 月，第谷观测到了木星和土星相合的景观，并进行了详细的记录。这是他第一次记录天象，以后便一发而不可收。

1572 年 12 月 11 日黄昏时分，第谷正忙着手头的实验。疲劳的时候，他总是习惯性地凝视一下浩渺的天空。这时他一抬头刚好发现了仙后星座中闪烁着一颗新星。

为什么这么说呢？因为从少年时代起第谷便熟悉天上的星星，他清楚地知道这些星的位置和轨迹。他熟悉它们，就像熟悉小伙伴们的脸庞一样。更何况今天的这颗新星是那么明亮，甚至都有些耀眼。他认定这是一颗新星，它以前从来没出现过。

为了得到这颗星的准确数据，第谷使用了精心设计的六分仪却没能发现它有任何视差——如果是颗近地星就会有 58′ 30″ 的视差，比如月球。他认为这是一颗从未出现过的恒星，于是给予了它相当的关注，并详细记录了该星的颜色和亮度的变化。这便是第谷超新星的发现过程。

当时却有许多学者由于盲从《圣经》而把这颗星称为魔鬼的幻影。

第谷在天文学界的另一突出贡献是对彗星的测定。

那是在其发现超新星 5 年后的一个傍晚，第谷在弗恩岛的天文台发现了一颗彗星，并对

↗ **第谷的天文台**

作为开普勒的老师，第谷是望远镜发明以前最伟大的天文学家。他在丹麦国王腓特烈二世所赐予的弗恩岛上建立天文台，以精确地观察星空。他所用观察工具是金属六分仪和四分仪。

其进行了详细的记录和精确的测量，直至 75 天后消失为止。

第谷经过严密论证和推理得出结论：彗星发光是由阳光穿过彗头而致，彗星也是绕日公转的天体。第谷这次以不折不扣的事实驳斥了亚里士多德认为彗星是燃烧着的干性脂

《论新天象》

《论新天象》是第谷的一部拉丁文著作，出版于 1588 年。这本书详细地记录了第谷 11 年间观测到的天文现象，其中包括对 1577 年大彗星的专门论述。它总体上构筑了所谓的"第谷宇宙体系"，该体系最突出的一点就是抛弃了以前天文学家惯用的以思辨来阐述见解的方法。他强调以实际观测的数据作为论证的起点。第谷穷其一生进行天文观测，所得大部分资料都集中在《论新天象》一书中。美中不足的是，虽然第谷尊重事实、深入观察的做法为后来的天文工作者树立了光辉的榜样，但是他在该书中的理论仍然趋向于地心说。这一点在某种程度上束缚了天文学的进步。

油的谬论。

30 多年的时间里，第谷孜孜不倦地进行着他的天文观测事业，获得大量的第一手资料和手稿。期间他的敬业精神和出色业绩博得丹麦国王腓特烈二世的赏识。国王为他专门拨款修建了乌伦堡天文台，并配以最全、最新的观测仪器。

这一切使得第谷如鱼得水，取得一系列观测成就，如编制第一份完整的天文星表，发现黄赤交角的变化和月球运动中的二均差，完成了对儒略历的改历工作，颁行格里高利历法等。

最重要的是第谷培养和造就了新一代的天文学家——开普勒。在老师的悉心教导下，开普勒创立了三大行星运动定律，为天文学做出了重大贡献。

第谷以惊人的毅力和一双锐眼把天文观测事业推向一个又一个的新高度，可以说在望远境发明之前的天文观测史上，他是巅峰，难怪被人们誉为"星学之王"。

维萨留斯
偷尸做解剖

科学每前进一步都需要有人为此做出努力，付出代价，解剖学亦不例外。16世纪比利时著名的解剖学家维萨留斯就为了做解剖而干起了"偷尸的勾当"。

事情还要追溯到1536年，当时年仅18岁的维萨留斯在比利时的卢万城读书，学的是解剖学。

这个医学院的解剖课倒是蛮有意思，名义是解剖但任

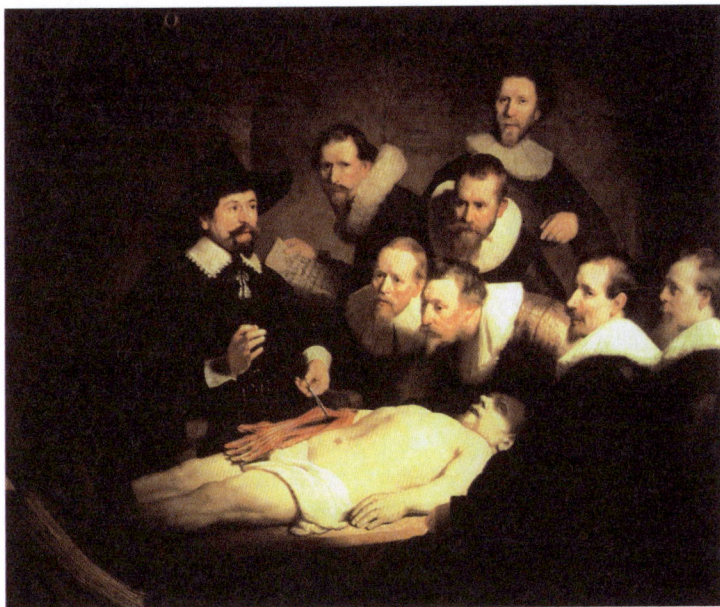

↗ 伦勃朗于1632年创作的油画《蒂尔普教授的解剖课》

《人体结构》

　　维萨留斯的《人体结构》是自盖伦以来，西方解剖学上的又一个重大进展。它关于人体构造的一些论述对于今天的解剖学者而言仍有参考价值。

　　全书共分为八卷。第一、二卷论述骨骼和肌肉。这两部分构成人体的主体架构，所以要放在开始讲。第三卷细述了血液循环系统。当时人们已经区分了动脉、静脉的概念，维萨留斯则指出静脉是用来输送营养物质的。第四卷专论神经系统，在书中维萨留斯强调神经的作用是传递知觉和灵气，这一点他与盖伦保持了一致。第五卷则集中笔墨阐明了腹部的内脏器官和生殖器官的位置和功能，这一卷最能体现维萨留斯解剖真人尸体的优势。第六卷他又接着描述了胸部的脏器。第七卷则写了脑和眼睛的机理。第八卷讲了他的动物活体解剖实验并且总结了全书。除了正文之外，该书还附有 300 张木刻插图，3 张全身骨骼图和 44 张肌肉图，使此书增色不少。

　　《人体结构》内容翔实而生动，是一本不可多得的杰作。惠特曼曾说："这（《人体结构》）不是一本书，触及它即触及人体。"

课教师从没亲自解剖过一具尸体。那也得想办法对付过去，于是就以背诵盖伦的论断代替动手操作。这位盖伦又是怎么做的呢？他也碍于教会的禁令而不敢解剖人体，以猪、狗、牛、羊等代替，而这些动物的身体构造肯定是跟人有显著差别的。

　　认真的维萨留斯觉得这既荒唐又可笑，简直是对科学事业的亵渎。久而久之，他萌发了偷尸做解剖的想法。

　　当时，卢万城有一处刑场，全国各地的死刑犯都集中到这里被处决。由于中世纪黑暗的教会统治，人们的反抗此起彼伏。为了加强镇压，教会和行政当局每天都要处死一批犯人。而且当时采用的是绞刑，因此尸体较为完整，便于解剖观察人体的各部分脏器。只是布告上写得明明白白：盗尸者，就地处决！如果偷尸被抓住，自己也就会同那些死尸一样挂在绞架上随风飘摆。

可是，已被科学摄去灵魂的维萨留斯已顾不上许多。经过一番周密部署，他终于大着胆子在守尸卫兵的眼皮底下偷走几具尸体，其中有男人、女人、老人和孩子等各种类型的尸体。

他把这些尸体停放在自己院子的地下室里，那里十分隐蔽，做解剖时不易被人发现。日久天长，这里停放的尸体越来越多，成了一座小的停尸库。这大概是人类有史以来第

↗《人体结构》中描绘的肌肉解剖图

↗ 1543 年，维萨留斯发表《人体结构》时公开演讲。

一座医用解剖尸库。

有了这些真实的尸体作为实验对象，维萨留斯再也不用拿动物当人体了。他一有时间便关上门溜进地下室去解剖那些尸体，并做详细的记录，有时他还绘图描述人体的骨骼和肌肉的分布状况。

功夫不负有心人。维萨留斯经过不懈努力，逐渐积累了大量的第一手解剖资料，通过对这些资料的加工整理，1543年写成《人体结构》一书。

书中不仅对人体的骨骼、肌肉和内脏做了详细的描述，还指出了盖伦人体解剖理论的200余处错误。他甚至把盖伦的文献当众抛向空中，并说它是一堆废纸。

他曾指着一个解剖标本，语重心长地对学生说："真正的知识在这里！"有人说维萨留斯太刻薄，殊不知这正是科学进步所需要的精神。

维萨留斯冒着生命危险，偷尸做实验，获得了真知，为医学做出了巨大贡献，因此也赢得了人们的尊敬。当局也逐步认可了维萨留斯的做法，于1539年批准了他用死刑犯的尸体做解剖实验。从此以后，维萨留斯在这一领域获得了长足的进步。

伽利略

在比萨斜塔上的实验

实践出真知，谁要是违背了这条真理，谁就注定要在科学面前栽上一个大跟头，哲学大师亚里士多德都不能例外。

原来，古希腊著名的哲学大师亚里士多德曾提出这样一个著名论断：两个铁球，如果其中一个是另一个重量的10倍，然后两个铁球在同一高度同时落下，那么重的铁球落地速度必然是轻的铁球的10倍。

↗ 意大利科学家伽利略

这话并不难理解：重的物体当然比轻的物体先着地，这还用问吗？而且这话是大师说的，人们对此深信不疑。

而一个十七八岁的毛头小伙子偏不信这一套，招来人们一阵又一阵的冷嘲热讽。

这个毛头小伙子就是18岁的伽利略。他经过多次实验发现亚里士多德的说法是不对的，但当时没有人相信他。

1590年的一天，伽利略当众宣布自己要检验一下圣哲的话是否正确。这天天气格外晴朗，好像老天也要见证一下

伽利略发现钟摆的等时性原理

伽利略 18 岁那年的一天，他在教堂里祈祷完之后，就坐在长凳上看远处的景物。他的视野中浮过雪白的大理石柱、美丽的祭坛……突然，教堂的执事进来破坏了宁静的氛围。他来点教堂的灯，这种灯是用长绳系在天花板上的。当这位执事点灯时，不小心碰到了它。借助惯性，吊灯就一左一右地摆个不停。这时，伽利略的注意力又转移到灯上，目光随着吊灯左右摆动。突然，伽利略发现一个有趣的现象。那就是，尽管吊灯摆动的幅度越来越小，但完成摆动周期所花的时间始终未变（当时他测定时间是靠脉搏的频率）。伽利略由此发现了钟摆的等时性原理。

这个历史时刻，地点就选在著名的比萨斜塔。

消息传出，人们奔走相告。不久，比萨斜塔周围便密密麻麻地挤满了人，就像今天的某种大赛要开场一样。人们要亲眼看看大师的话到底对不对。

伽利略带着他的助手，信心十足地步入斜塔，然后快步走上塔的最高层。他环视四周，人们的面孔有的充满惊奇，有的则略带嘲讽，还有的漠然以待。

伽利略不慌不忙地将器具一一取出。这些器具包括一个沙漏（用于计时），一个铁盒——底部可以自动打开，还有两个分别重为 10 千克和 1 千克的铁球。

伽利略的助手将这两个铁球装入盒子，然后将盒子水平端起，探身到栏杆的外侧。最后由伽利略在众目睽睽之下按动按钮，盒子的底部自动打开，两个铁球同时从盒中脱落，自由落向地面。

这时成千上万的人全都屏住呼吸，目光随着铁球向下移动，在铁球从铁盒落到地面的短暂间隔中，人群异常安静，地上连掉一根针都能听到。

只听"咚"的一声，两个铁球同时砸到了地面上，时间不差分毫。

平静的人群立即沸腾了，有的人对着塔上的伽利略欢呼，有的人惊得合不拢嘴，那副神情分明在说："我的上帝，亚里士多德大师也有错的时候！"

↗ 自由落体实验模拟图

伽利略则浑身轻松，心满意足地微笑着。

自由落体实验在人们的一片沸腾声中结束了，亚里士多德的"落体运动法则"不攻自破。

可敬的伽利略并没有为这点小小成绩（在他看来，这仅仅是一点小小的成绩）而飘飘然，从塔上下来后，他马上投入新的科学研究中。

凭着这种追求真理、尊重实践的科学精神，伽利略又接连做出一系列的重大发现。

他发现了摆的等时性原理，从而发明了钟表；他在李普希发明望远镜的基础上发明了放大 20 倍的天文望远镜。

他著有《论运动》《关于托勒密和哥白尼两大世界体系的对话》《关于两种新科学的对话》《关于太阳黑子的通信》和《关于力学和位置运动的两种新科学的对话及数学证明》等科学专著。

伽利略为科学事业做出了巨大贡献，被称为近代自然科学的奠基人。

李普希
发明望远镜

许多孩子都喜欢一种玩具，那就是望远镜。因为架一副望远镜在眼前，世界会一下子变小，孩子的脸上立刻现出神气十足的样子。可你知道是谁家的孩子最先"神气"的吗？

这些幸运儿是汉斯·李普希的孩子们。

事情发生在 17 世纪初的荷兰。那时眼镜和凸（凹）透镜对人们已不再是什么稀罕物件了，眼镜店也布满了大街小巷。

在小镇米德尔堡的

↗ **汉斯·李普希画像**

望远镜的类型

根据制作原理和使用方法的不同，望远镜一般分为折射望远镜、反射望远镜、射电望远镜等多种类型；根据成像原理又可以分为普通、红外、夜视等多种；根据位置不同可分为地球望远镜和太空望远镜。

集市上就有一家眼镜
店，主人叫汉斯·李普希。生
意并不是很红火，以至于给自己的孩
子买不起一件像样的玩具。

但孩子是不能也不会没有玩具的。这在哪里都一
样，穷人家的孩子没有专门的玩具，但家具什物，父母的工
具，甚至是一堆土、一汪水都是他们最好的玩具，他们可以
将这些最平淡无奇的东西玩得热火朝天，玩得大汗淋漓，并
乐此不疲。这是天性使然，李普希的孩子也是这样。

1608 年的一天，他的三个孩子拿着几块废旧的镜片，
翻过来调过去地这儿照照那儿看看，有时还把几块镜片叠在
一起透过去看。

突然，小儿子向正在店里打理生意的父亲大喊："爸爸，
快来看呀！"李普希听到喊叫声，以为又是被镜片割破了手
指，赶忙从店里奔出来。

可等他看到孩子们还在那里比比画画，感觉不对劲。
等到了近前，小儿子连忙得意地一手拿一块镜片对他说："爸
爸，你透过这两片玻璃看远处的教堂！"

李普希以为他又在搞恶作剧，但还是下意识地俯下身去。当他的眼睛透过一前一后两块镜片看远处的教堂时，教堂顶上的风向标是那样清晰，好像一下子被拉到了眼前，李普希为此惊讶不已。

　　消息不胫而走，没过几天，整个小城几乎人手一副镜片看看这儿，望望那儿，好像人人都成了科研工作者似的。

　　极富商业头脑的李普希比一般人想得更远。他找来一根长约15厘米，直径约为3厘米的金属管，又做了两块口径相当的凸透镜和凹透镜，一前一后固定在金属管两端。一副简陋的望远镜制成了。李普希想，这一定是件新奇的玩具，细心的他还为此申请了专利保护。

　　在他申请专利时，引起了荷兰政府的注意。这群正在谋求海上霸权的野心家可没有把这项发明仅仅看作一件玩具。他们在批准李普希专利权的同时，就责成他为海军赶制一批更为方便实用的双筒望远镜。

　　这可是一笔不小的订单，李普希欣然受命。最初的折射式望远镜就这样诞生了，并且很快投入应用领域。

　　从此以后，荷兰人像得到一件法宝一般，对于望远镜的制作工艺严格保密。可世界上哪有不透风的墙？更何况望远镜原理简单，而用途又如此之大。

　　首先是意大利的那位天文怪才伽利略，他在望远镜发明的第二年就照猫画虎地制造了一部天文望远镜。开始是3

倍的，后几经改进达到 30 倍。伽利略用它来观察了月球的表面和木星的卫星，在天文观测领域又迈进了一步。

60 年以后，牛顿又在折射式望远镜基础上制成了第一架反射式望远镜。

之后望远镜不断发展，现在的射电天文望远镜能看到 200 亿光年外的宇宙空间甚至更远。

望远镜的问世，使人们真正拥有了一双仰望太空的"千里眼"。

图为牛顿式反射望远镜。该望远镜具有目镜结构，内含一块直径 3.3 厘米的反射镜，能够将物体放大 40 倍。

哈维

提出血液循环理论

科学每前进一小步，都需有人付出代价，有时甚至是鲜血和生命，比如布鲁诺、维萨留斯、塞尔维特等几位。同他们相比，我们今天要讲的哈维要幸运得多。

威廉·哈维（1578—1657）出生在英国肯特郡的一个富裕家庭，早年毕业于剑桥大学，后留学意大利获医学博士学位。他在治学方法上受伽利略的影响，强调实验的作用。

哈维的主要贡献是正确地解释了血液循环系统。他首先系统地研究了前人的成果。

这还得从博学的亚里士多德谈起，这位先哲说人体的

哈维为查理一世阐述血液循环的机理

哈维发现血液循环的机理后，很多人并不相信。作为皇家医生的他经常给国王查理一世讲有关血液循环的道理。

血管内充满了气体，人们竟信以为真，可见盲听盲信有多危险。接下来便是公元前3世纪的古希腊医生赫罗菲拉斯，他把静、动脉血管区分开来，有一定的积极意义。而到了公元前2世纪，名医盖伦毫不客气地否定了亚里士多德的谬论，指示血管中流淌的是血而不是其他。之后便是达·芬奇、维萨留斯、塞尔维特等人的一系列成果。

对于前人的宝贵遗产，哈维在继承时总要多打几个问号：血液真的是流到人体四周就消散了吗，那又是怎样消失的呢？

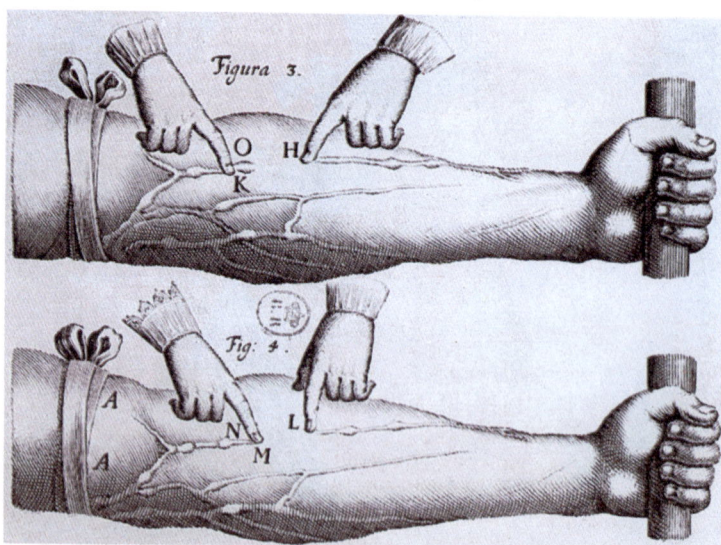

↗ **人体血管**

在《心血运行论》的一幅图解中，显示了瓣膜如何阻止静脉中的血液除了流向心脏之外还流向其他的方向，确立了血液循环理论的一个组成部分。胳膊被捆绑着，因此静脉显示了出来，极小的隆起就是瓣膜。

《心血运行论》

《心血运行论》是对哈维血液循环理论的总结和概括，全书共分为 17 个章节。该书于 1628 年出版。

这本书一开始就谈到，心脏是人体血液流通运动的本原与中心。血液通过心脏收缩的动力，经动脉流到全身，再通过静脉回流心脏。接着哈维写道，全部血液必须经过肺部才能从心脏的右边流到左边，并指出心脏是肌肉质的，主要运动方式是收缩。哈维强调并论证了血液在身体内不断循环的概念，这在当时是一个全新的概念。

哈维这部著作曾引起了社会各界激烈的争论，但其意义非同小可，并且很快应用于临床，如解释动物咬伤的伤口感染，以及毒性的扩散等。

带着这些问题，哈维开始了他的实验。先是用的兔子和蛇，之后又扩展到其他 40 余种动物。在解剖这些活体动物之后，他发现心脏的作用就像一个水泵，它专门输出血液，这些血液凭借其收缩压力流遍全身。

这时他又产生了第二个疑问：心脏中的血液又是从哪儿来的呢，是自己造出来的吗？如果是，那么又与如下事实相矛盾：心脏每分钟跳动在 60 ~ 80 次之间，如此算来，心脏每小时制造的血液的重量相当于三个身材高大之人体重的总和。拳头大小的心脏具有这样的力量吗？即便是有，也还有一个问题不能解释，那就是因创伤失血过多的人为什么会很快死去？

既然心脏有如此强大的造血机能，情况不应是这个样子。

通过进一步研究，哈维终于发现：心脏本身不具备造血功能，而仅仅是一个中转站和动力站而已。血液被心肌压出，沿动脉血管流向身体各个器官、组织，之后再经静脉回流心脏，循环往复。这就是著名的哈维血液循环理论。

为了证明这一理论的正确性，哈维又进行了相关实验。他请一些体型较瘦的人作为实验对象，先把他们的静脉扎紧，结果近心端的血管瘪了下去；然后再扎起动脉，却发现近心端的血管膨胀起来，而远心端的血管瘪了下去。

这充分说明：血液从心脏流出，经动脉到达全身各处后，又从静脉回流心脏。

尽管哈维的科学结论有充分的事实依据，可还是没有被当时的学术界、宗教界认可，甚至遭到非议和攻击。只因为他的观点与权威理论不符，他的血液循环专著《心血运行论》被称为荒谬的言论、无稽之谈。

不过还好，因为他的御医身份，教会虽然气恼，却也奈何不了他。

直到哈维死后数年，他的血液循环理论才被认可，其《心血运行论》一书则被称为近代生命科学的发端。

哈维利用临床观察、尸体解剖，再加上逻辑分析和生理测试，从各个方面证明心脏是一个可以泵出血液的肌肉实体。哈维的主要著作有《论动物的生殖》和《心血运行论》。

开普勒
和行星运动

约翰尼斯·开普勒（1572—1630），德国天文学家、数学家与占星家。

开普勒作为"天空的立法者"闻名于世，他怎能为天空立法呢？原来是他发现了行星的运动规律。

命运似乎要捉弄一下这位"立法者"，使他一生贫病交加。

↗ 约翰尼斯·开普勒

而开普勒却对命运之神的嘲弄不屑一顾，死心塌地地跟定了天文学，尽管大学期间他读的是文科。

开普勒关注哥白尼的学说，但并不迷信权威，而是长期坚持天文观测、记录、思考，并仔细演算观测所得数据。一段时间以后，他发现行星的运动好像并不是规则的匀速圆周运动。这一结论是根据实际观测数据得出的，他决心弄个究竟。

开普勒是公认的数学天才。在解决行星轨道问题时，他首先想到的是数学。而在这方面，古希腊人早就有过关于天体轨道正多面体的猜想。

开普勒循着这个思路发现，木星的轨道恰好外切于天球中的一个内接正六面体。其他的行星如土星、火星的轨道都具有类似的特点，只是内接的多面体形状不同罢了。他将这一思路充分展开，又进一步加工整理后写成《神秘的宇宙》一书。

这本书虽然仅是对天文学的初探，略显幼稚，却展现了作者天文学方面的天赋和潜力。当时著名的天文学家第谷看到了这一点，主动邀请这个年轻人做自己的助手。

自从来到第谷主持的乌伦堡天文台之后，师徒二人相得益彰，共同开展了许多研究项目。

可不久第谷便辞世了。所幸的是第谷临终向鲁道夫二世推荐了开普勒，使他得以继续在天文台工作。

开普勒在第谷奠定的基础上继续探索行星的轨道。他渐渐发现，要测定行星的轨道只靠太阳和行星本身的位置是不够的，有必要找到第三个点作为参考点。他选定的这个点是火星，而火星的公转周期为 1.8 年。

开普勒根据对太阳与火星的位置变化规律，运用三角定点原理把地球的轨道勾勒了出来。接着他又借助关于地球的资料，描绘了其他行星包括火星的运行状况。

开普勒在综合分析了所有这些行星的轨道特点后发现：行星的运行轨道不是正圆，而是椭圆形；其运动速度也不是匀速，而是与到太阳的距离有关。

他在1609年出版的《新天文学》一书中给出了两个行星运行定律。

开普勒第一定律：所有的行星都分别在大小不同的椭圆轨道上围绕太阳运动，太阳在这些椭圆的一个焦点上。这一定律指出了行星一切可能的位置，这些位置的集合便形成了其轨道线。

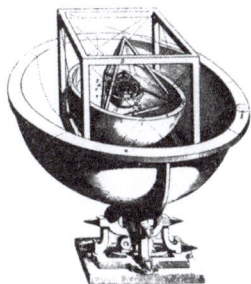

↗ 开普勒的理论说明了太阳系真正的几何形状。

开普勒第二定律：行星与太阳的连线在相等的时间里扫过相等的面积。该定律归纳了行星运行中速率改变的规律。根据这一定律，我们可以测定各个时刻行星所处的确切位置。

开普勒于1619年又出版《宇宙和谐论》，在这本书中

《宇宙和谐论》

《宇宙和谐论》是开普勒晚期的重要著作。全书分为五卷，255页。该书的第一卷讲了多边形的几何学，他曾用多边形诠释行星轨道，不过在此仅仅从其结构的角度进行了剖析。第二、三卷，研究对象从多边形过渡到了多面体，着重分析了多面体占据空间的大小与相应多边形面积的关系问题。第四卷，则带有明显的占星术色彩。在这一卷中他写道，黄道是人类灵魂的投影。每当黄道上出现圣物，人类的灵魂就会产生一些兴奋点，每个人出生时行星的位置排列特点都将影响其一生。第五卷他又才回到唯物的天文科学中，这一卷中集中讨论了行星运行过程中距离、速度、偏心率等问题。著名的开普勒第三定律也在这一卷给出。

开普勒的《宇宙和谐论》不仅是一部自然科学著作，它在哲学上强调宇宙、人类社会应保持和谐稳定的观念也有很积极的社会意义。

他给出了第三定律：行星公转周期的平方与它距太阳距离的立方成正比。

　　三大定律的完成，宣布了开普勒天文学体系的成熟，使人们对于行星的运动规律有了一个较为全面的理解。他开创了天文学发展的新阶段。

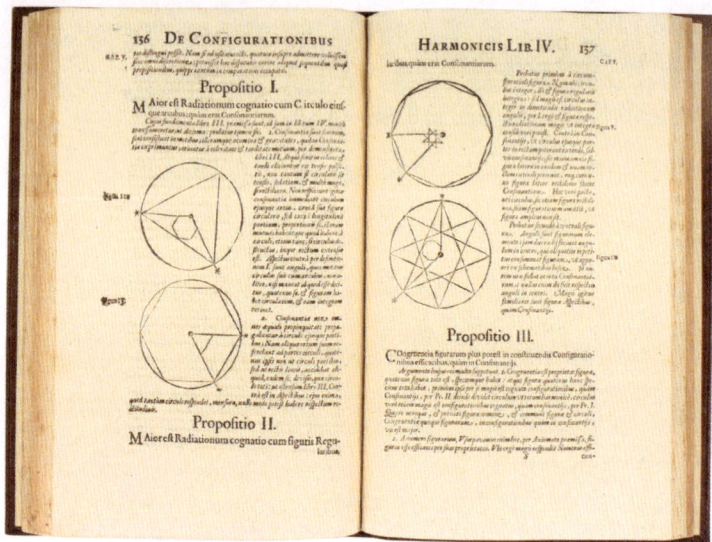

↗ 开普勒《宇宙和谐论》书影

奥托·格里克
的"半球实验"

　　科学总是在人们的一片惊呼声中前进，空气压力的证明即是如此，它是通过著名的"半球实验"完成的。

　　主持这项实验的人名字叫奥托·冯·格里克，他于1602年出生在德国名城马德堡的一个富裕家庭。此人天资聪颖，15岁便考入著名的莱尼兹大学学习文科。但数学、物理等自然学科好像对他更有诱惑力，他热衷于科学实验，甚至一度赴英、法等当时被认为较先进的国家专门学习自然科学。三年以后才又回到了马德堡。由于格里克本人知识丰富，工作勤勉，于1646年当选为该市市长。在成为市长后，

奥托·格里克生平

　　1602年11月20日，奥托·格里克出生于德国马德堡市，18岁考入赫尔莫斯特大学。接下来的两年他去耶拿学习法律。之后又去了荷兰的莱顿继续深造，同时开始关注数学等自然学科。后来格里克又游历了英、法等国。1626年重回德国，并当选马德堡市参议员。战争期间，他以工程师的身份为瑞典政府服务。家乡光复后，格里克回到那里并于1646年当选马德堡市长。任职期间，仍不遗余力地进行科学研究，且成果很多。他发明了真空泵和摩擦发电机，并于1654年主持了著名的马德堡半球实验。

　　1681年，格里克宣布退休，然后移居汉堡安度晚年，直至1686年5月11日去世。

格里克对真空的研究

　　1647 年，格里克制造了一个空吸泵，空吸泵由一个圆筒和活塞组成，圆筒上带有两个阀门盖。格里克想用这个装置抽出密封啤酒桶中的水从而得到真空。可是，当他用这个装置抽出木质啤酒桶中的水时，听见了噪声，说明空气进入了啤酒桶。格里克又把啤酒桶放在一个大的盛水容器中密封起来重新进行实验。当他把啤酒桶中的水抽出时，大容器中的水又渗进了啤酒桶。

　　为了解决渗漏问题，格里克让人做了一个底部带孔的空心铜球进行实验，当他让工人从球中抽出空气时，铜球随即塌瘪了。为了获得真空，格里克坚持研究，他终于发明了真空泵，用真空泵做实验获得了成功。格里克做了许多关于真空的实验：他把钟放到真空中，发现听不到钟的声音；把火焰放在真空中，发现火熄灭了；把鸟和鱼放在真空中，发现它们都会很快死去；把葡萄放在真空中发现能够存放较长的时间。

　　格里克在实验过程中发现，无论抽气口放在铜球的哪个位置，在抽气过程中，容器中的残留空气都分布于铜球的整个内部空间。由这一现象他发现了空气具有弹性。由这个重要结果出发，他得出空气密度随高度而变化的结论，由此他推理大气层以外的空间是真空的。他还通过实验研究空气做功等。

他兢兢业业地工作，为当地人谋福利。

　　尽管格里克政务繁忙，但仍然抽空继续在自然科学领域进行研究，尤其是在真空领域。几经探索，他发明了抽气机。在抽气机的帮助下，格里克又完成了一系列的真空、大气压强实验。其中就有最著名的马德堡半球实验。

　　显然格里克生活的年代，人们已有了一定的近代自然科学知识，但对于格里克描述的强大的大气压力仍是将信将疑，议论纷纷，甚至有人公开说他在吹牛。

为了使人们对大气压强有个更明确的认识，格里克决定做一次公开实验，向公众证明自己学说的正确性。事先，格里克做了充分的准备：他先命工匠铸造了两个空心的铜制半球，这两个半球直径超过 1 米，异常坚固，边缘也非常平滑，为的是两半扣在一起不漏气而且禁得住拉拽。此外还有从马车行里特地挑选的壮马。

一切就绪以后，格里克于 1654 年在马德堡市市政中心广场进行了这次实验。

他先命人将马匹分成均匀的两组，每一组集中拴在一

↗ 描绘马德堡半球实验的版画

个铜半球后面。然后将两个半球紧密接合在一起，严丝合缝，然后用准备好的抽气机将球内的空气抽净。最后号令员一声令下，两组马匹向相反的方向奔去，将拴在马匹与铜球之间绳索绷紧、绷紧、再绷紧，最后只听见绳索发出咯吱咯吱的响声，马蹄踏地的咚咚声，还有马粗重的喘气声，而铜球却如同铸死一般，两个半球始终紧密接合，纹丝不动，直到 16 匹马大汗淋漓、四腿乱颤依然如故。看热闹的人们见状吃惊不小，一个个嘴巴张大合都合不拢。

一声哨响，实验圆满结束，其结果与格里克说的分毫不差。呼喊着的人群扑向格里克，将其高高地举过头顶。

格里克胜利了，他向人们成功展示了科学的伟力，赢得了人们的尊敬。后来人们称这两个金属半球为"马德堡半球"。

帕斯卡
提出流体压强定律

静止流体中任一点的压强各向相等，即该点在通过它的所有平面上的压强都相等。这就是名噪一时的帕斯卡定律，该定律以其发现者名字命名。

与这条定律同样出名的则是帕斯卡本人。

帕斯卡（1623—1662），法国数学家、物理学家、思

↗ 布莱士·帕斯卡

赌徒和概率论

一名赌徒在夜以继日的赌博中发现一个非常难缠的问题，他问帕斯卡："两个赌徒相约共赌若干局，其间谁先赢够 S 局结果就算谁赢，可现实的情况是第一个人很快赢了 A 局（a＜s），而第二个人赢了 B 局（b＜s），谁都没赢够 S 局。但由于某种外在原因，赌博被迫终止，这时赌本应当归谁所有呢？"帕斯卡在拿到这个问题思考了一段时间后就请他的朋友费马帮忙。后来荷兰的惠更斯也加入了解决这个问题的行列，三个人同心协力奋斗了三年多，于 1651 年将这个难题彻底解决，并写成《论赌博中的计算》一书公开发表。从此，数学研究领域出现一个新的分支——概率论。

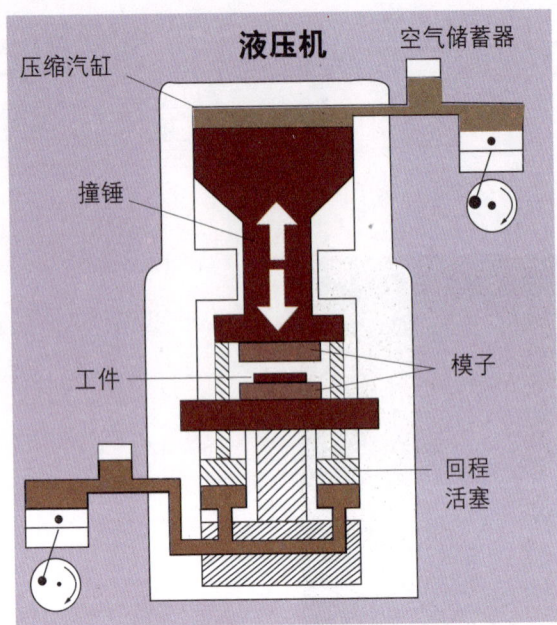

液压机

压缩汽缸

空气储蓄器

撞锤

模子

工件

回程活塞

↗ **帕斯卡水压机原理图**
操作时，用活塞推动两个压板平台来锻造铸件。

想家。自幼聪明伶俐，善于思考，被称为神童。

16 岁的帕斯卡就参加了巴黎数学家和物理学家小组（法国科学院的前身），一度成为新闻人物。17 岁时，他就发表了《圆锥截线论》一文，这是他研究德扎尔格关于综合射影几何的经典工作的结果。

这些成就在旁人看来已经很了不起了，但帕斯卡并不满足。

之后他又专注于大气压强和流体力学方面的研究。帕斯卡在这一领域的研究也是基于前人的研究基础上。1643 年，托里拆利用水银证实了大气压强的存在，并测定了其具体数值。

帕斯卡在这方面也投入很大精力。在 1646 年和 1647 年两年的时间里，他反复做着一个实验。即把几根长数米的各种形状的玻璃管固定在船桅上，然后分别在不同的玻璃管中加注水和葡萄酒，再将管子倒置固定。结果发现水的液柱要比葡萄酒的高，这是由于水的密度小于葡萄酒的密度。

此实验证明了大气压强的存在，其对液柱底面的压力与液柱自身的重力相等。

此外，帕斯卡还组织了不同海拔高度条件下的类似实验。如在 1648 年，他让自己的妻弟佩里埃把气压计带到了多姆山上测量那里的大气压。结果发现随着海拔高度的增加，大气压强逐步变小，通过不同天气条件下的实验，帕斯卡还发现大气压与天气有很大的关系。

在一系列关于大气压强的实验中，帕斯卡逐渐总结出：处于气体（或液体）某一深度的点所受的由于气体（或液体）重量所产生的压强仅仅与这个点所在的深度有关，而与方向无关。这就包含了帕斯卡定律的基本内涵。

通过进一步的液体实验，他更加充分地证实了这一点。

实验是这样设计的：

取一个大木桶并在其中灌满水，之后将其密封，只在封盖上开一小孔，然后拿一根细长的管子插入小孔，管子的粗细要与小孔直径相当，保证插入后小孔和管子之间没有丝毫缝隙。

之后把管子向上拉直，在顶端灌一杯水。由于管细，一杯水就可使管中水面骤然升高，这时奇迹发生了，桶内压强急剧升高，桶壁不堪重负，水四面流出。

这一实验进一步解释了帕斯卡定律，即在流体（气体或液体）中，封闭容器中的静止流体某一部分压强发生变化，这一变化将会毫无损失地传至流体的各个部分和容器壁。

帕斯卡还在《液体平衡的论述》一文中讲到该定律的应用价值。一个上端有两个开口的容器，其中一个开口的面积是另一个的 100 倍，在容器中注满水，再往每个口插入大小合适的活塞，当一个力压小活塞时，就会在大活塞一端产生相当于这个力的 100 倍且方向相反的压力。

根据这一力学原理，帕斯卡发明了注射器和水压机。这两者分别在医疗领域和工业领域起着举足轻重的作用。

"化学之父"
波义耳

科学家从来就不是什么先知先觉，科学的进步是靠偶然性来推动的。

这话不无道理，科学化学的创立就是明证。

说来有趣，是一束淡雅的紫罗兰推动近代化学向前迈了一大步。

300多年前的一天，园丁送给罗伯特·波义耳一束紫罗

↗ 罗伯特·波义耳

英国科学家和哲学家，对分析化学做出了突出贡献。

兰。波义耳顺手将它放在实验台上，可一不留神将盐酸溅到了可爱的花瓣上。他正要将其丢掉，却猛然发现紫罗兰的花朵竟变成了红色。

这引起科学家的思考：既然盐酸能使紫罗兰变红，那么其他的酸或许也能。经实验证明确实能。

这回波义耳更来了兴趣：紫罗兰遇酸变红，遇碱呢？一检验，它遇碱变蓝。之后，他又用许多种植物的浸出液做相同的试验。最后发现地衣类植物中的石蕊遇酸变红、遇碱

《怀疑派化学家》

　　这是波义耳 1661 年完成的著作。在这本书中他明确提出了化学的研究对象、研究方法及他的物质观，标志着化学成为一门独立的科学学科。《怀疑派化学家》的一大特点是全书使用了对话的形式，其中有逍遥派化学家，主张亚里士多德的四元素观点；有医药派化学家，持三元素论观点；有哲学家，在争辩中保持中立；还有作者自己代表的怀疑派化学家。四方都坚持己方主张，相互之间展开激烈的争辩。通读全书，怀疑派化学家对旧理论的批判，对元素内涵的最新认识都阐述得明白无误，最终凭借无可争辩的事实取得了决定性的胜利。

变蓝的效果最为明显。

　　从此，石蕊试液就作为固定的酸碱指示剂。直到今天，我们在实验室中和工农业生产各领域仍大量应用这一发现。

　　在此过程中，波义耳充分利用了化学分析的方法。事实上，正是波义耳将这一方法引入化学研究领域的，化学分析法运用的最显著成果还在于由此确立的"不可分元素说"。

　　早在 2000 多年前的古希腊哲学就提出四元素说，即水、空气、火和土，还有后来医药化学派提出的"三元素说"，直到被称为怀疑派化学家的波义耳否定。

　　波义耳对化学元素的定义做了现代意义上的表述，他说：我说的元素的定义和那些讲得最明白的化学家们所说的元素定义相同，是指某种原始的、简单的、一点杂质也没有的物质。元素不能由任何其他物质构成，亦不能彼此相互形成。元素是直接构成所谓完全混合物（化合物）的成分，也是完全混合物最终分解成的要素。

从这句话可以看出，他所说的用化学方法不能再分解的物质即为元素，与今天的元素概念十分接近。

波义耳为元素下的定义对于化学从炼金术中脱出，独立发展成为一门科学起了至关重要的作用。他第一次明确了化学的任务，并指出化学的基本研究方法为定性分析法，使化学最终踏上唯物主义的道路。

波义耳还身体力行地进行实验研究，一生做了大量试验，直至1691年逝世前仍致力于科学实验。

他一贯强调只有实验和观察才是科学思维的基础。除了对指示剂的研究，他还定义了酸和碱，将物质分为酸、

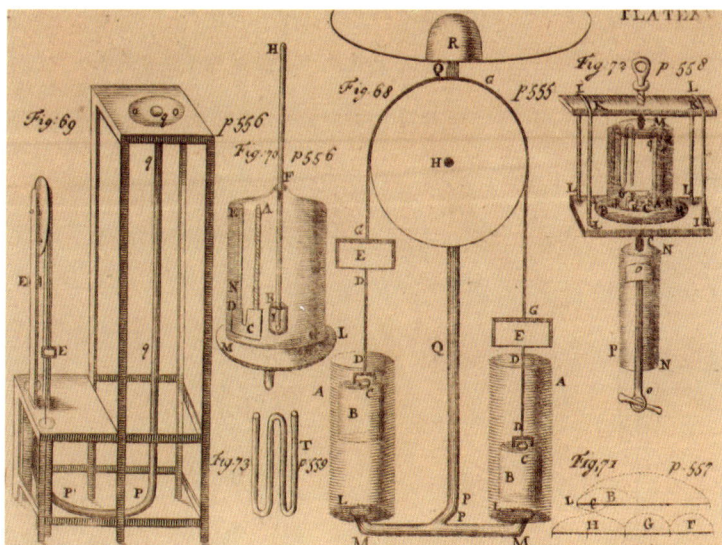
↗ 波义耳的实验手稿

碱、盐三大部类，并首创众多定性检验盐类的方法，如利用盐酸和硝酸盐溶液混合生成白色沉淀物的性质来检验盐酸和银盐。

波义耳的这些发明已过去 300 多年，但今天我们仍在用它们。

1685 年，波义耳将这些方法整理成《矿泉水实验研究史的简单回顾》一书。他不愧为定性分析的先驱。

波义耳对科学的另一重大贡献是：反对宗教与科学的完全对立。

1655 年，波义耳来到当时的科学圣地——牛津，发现那里科学与宗教对立的空气极为紧张，就发出了"人的得救不是靠反对什么，而是靠接受上帝的恩典。只要你肯，仍然可以在科学里爱上帝，敬拜上帝"的响亮号召。

这一宣言使很多人的思想偏差得以扭转，从此清教徒科学家和基督徒科学家携手并肩共同把近代科学推向前进。

波义耳对科学事业尤其是化学的杰出贡献赢得了后人的尊敬，他也由此得到了"化学之父"的美誉。

牛顿
提出万有引力定律

1665 年的夏天，伦敦城里发生了大瘟疫，而英格兰的沃尔斯索普乡下依然平静如常。

一处不大的农家小院，院角几株多年的苹果树在习习的晚风中轻舞，树叶簌簌有声地摇摆着。房间里昏黄的灯光依旧亮着，一切静谧、安详。

忽然，"咚"的一声闷响打破了沉寂，屋中灯下的读书人赶忙开门冲了出来，四周张望并未见一个人影，正在纳闷儿，又是"咚"一下子，这回不巧，不知什么东西正砸头上，这人顿感一阵眩晕。良久，他抬

↗ **艾萨克·牛顿**

牛顿是世界杰出的自然科学家，他在物理学、天文学、数学等领域都做出了卓越的贡献。他也因此而成为第一位被女王授予爵士头衔的自然科学家。

头看见了枝头树叶间时隐时现的苹果，不觉笑了。

这人是谁？他便是大名鼎鼎的艾萨克·牛顿。

也许你会说，牛顿是因为被苹果砸了

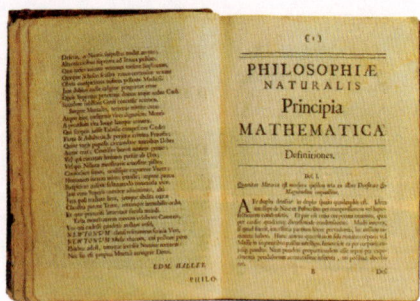

↗《自然哲学的数学原理》书影

此书被评价为科学史上最伟大的著作，在这本书中，牛顿为以后300年的力学研究打下了基础。

一下头，脑筋一转就发现了万有引力定律。这也是命该如此，要是那个灵性的苹果正打到自己头上，也一样能琢磨出个把定律来。

其实，这是只知牛顿被苹果砸了头，却不知背后牛顿的才智和努力。

牛顿1643年生于英格兰林肯郡的一个农民家庭，幼年经历坎坷。他19岁考入剑桥大学特里尼蒂学院，23岁获得文学学士学位。是年6月，由于躲避瘟疫回到乡下，直至1667年重回剑桥大学。

两年时间里，他构思了经典力学、微积分和光学等学科的主要思想体系。

1668年牛顿获硕士学位，第二年被破格提升为数学教授，担任此职务前后达26年。1705年，英女王授予牛顿爵士头衔。

他于 1727 年 3 月 20 日逝世，享受国葬待遇，与英国历代君主和名人长眠于威斯敏斯特教堂。

由此可见，牛顿绝不是仅仅被苹果砸了一下就猛然悟到了万有引力定律，而是有着深厚的知识背景和超乎寻常的探索精神；在看到了苹果落地之后，也不是一下子悟出了什么定律，而是经过一系列的计算推导才得出这一具有历史意

↗ **牛顿的胜利**

尽管牛顿在世时已被看作一个划时代的科学先驱，但他的研究工作仍引来了许多人的诽谤与非议，这幅充满寓意的光实验绘画表现了牛顿在科学上的胜利。

义的科学结论。

牛顿在解决为什么苹果要落地而月亮却可以绕地球不停旋转的问题时，没有像他的前人那样依靠大量的观察测得数据，再进一步找出答案，而是主要靠思考与数学推导。

大体思路为：先求出月亮绕地球飞行的速度，这个速度由月亮绕地球轨道周长除以其绕地球周期得到。在此基础上求得月亮的向心加速度，即月亮绕地球飞行速度的平方除以其轨道半径。根据已知的数据（月球的公转周期为27.3 天，月球绕地球飞行速度为 3.8×10^8 米／秒）解得此式结果为 0.0027 米／秒^2。

这一结果适用于月亮，那么苹果呢？由于其自身重量相对于地球可忽略不计，它的加速度就应等于自由落体加速度即 9.8 米／秒^2，再根据开普勒三定律就可得出苹果和月亮二者的重力加速度关系。最终得出物体间彼此都有吸引力的结论。

这种力的大小仅与它们各自的质量和它们之间的距离相关，这就是著名的万有引力定律。

罗伯特·胡克

Fa Xian Wei Sheng Wu

发现微生物

　　罗伯特·胡克与前面所讲到的科学家有一点不同，那就是他是一位业余科学家。但也有一点相同，那便是同样有着非凡的成就。

　　罗伯特·胡克，1635年7月18日生于英格兰南部威特岛的弗雷施特瓦，从小善于动手制造，后因家道中落而寄人篱下，但勤于读书学习，并能够学以致用制造各种机械装置。

　　他于1653年开始在牛津大学学习，后又作为波义耳的助手工作，其才华得到充分展现。

　　罗伯特·胡克最早发现微生物，这也得益于他长于机械制造，正所谓工欲善其事，必先利其器。

　　罗伯特·胡克发现

罗伯特·胡克发明并使用过的显微镜

　　罗伯特·胡克用他发明的显微镜发现了许多肉眼无法看到的微生物，为许多过去人们无法解释的现象找到了答案。

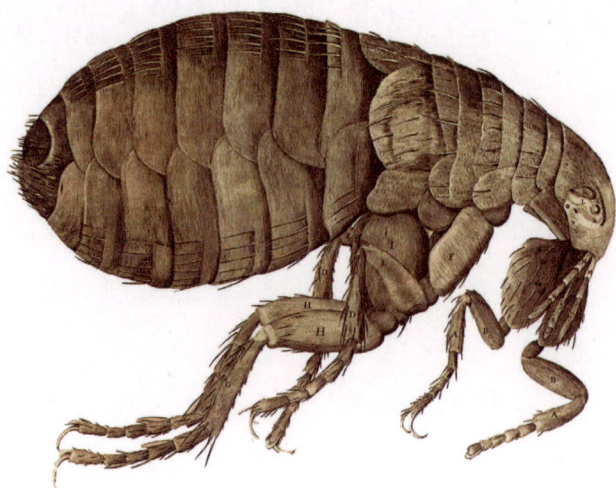

↗ 罗伯特·胡克通过显微镜观察到的跳蚤

微生物的利器就是显微镜。

他一生制造过 400 多架显微镜，其中倍数最高的接近 300 倍。当时的显微镜结构较为简陋，主要包括镜座、镜柱、粗大的镜筒、目镜和物镜。

与现代显微镜相比，罗伯特·胡克的显微镜样子粗笨厚重，且只有一个物镜镜头，又不能调节视距，但罗伯特·胡克就用它进行了一系列观察试验，发现了许许多多令人震惊的微生物。

罗伯特·胡克用显微镜观察过雨水、污水、血液、辣椒水、酒、头发、牙垢等物质，并且对观测结果津津乐道："在我偶尔观察水滴时，非常惊奇地看到许许多多不可思议的微小的生物。有些微生物的身长为其宽度的 3 ~ 4 倍,据我判断,它们的整个厚度比虱子身上的毫毛厚不了多少。这些微生物具有很短很细的腿,位于头部(虽然我没能认出它们的头,但由于动起来这一部分老是走在前面,我还是把它叫作头)靠近最后的部分。依我判断,这最后部分是稍微分叉的。"这便是罗伯特·胡克对水中细菌的细致描述。

除此之外,他还公布了其他发现。

1668 年,罗伯特·胡克将鱼尾做了切片,拿到显微镜下观察,竟发现了上面的毛细血管,在镜头中可以清晰地看到涌动的血液经过这些毛细血管从动脉流到静脉。罗伯特·胡克欣喜若狂:原来意大利生物学家马尔比基关于毛细血管的论断完全正确,英国人哈维对血液循环的描述也可以

微生物自然发生说被推翻

在罗伯特·胡克用显微镜发现微生物之后,许多人重复了类似实验。他们发现有机物变质时,会有大量的微生物存在,即便原来没有,把它拿到温暖地方后,这些微生物也会很快冒出来,于是微生物自然发生说逐渐形成。

到了 19 世纪,法国科学家巴斯德在显微镜的帮助下通过一个实验推翻了这一说法。他先取出一定量的营养液使之发酵,之后用显微镜观察到其中的大量微生物,然后将这些营养液注入曲颈瓶中煮沸消毒,最后将其密闭。从此,营养液长期保持清洁,不再产生微生物。这一实验使得微生物自然产生说不攻自破。

后来,在这一研究的基础上诞生了现代生物学,并进一步推动了医学实践的发展。

更加完善了。

对于微生物的观察，罗伯特·胡克乐在其中。他于1675年在青蛙的脏器中发现了寄生虫，这引起了动物学界的极大兴趣。

到1677年，他进一步研究了动物的有性生殖，在显微镜的镜头中，他首次在动物和人的精液中发现了活泼、弯曲前进的精子。

他还进一步猜想，在精子的头部可以找到真正的胚胎，这些胚胎会在将来形成生命个体，可惜他想错了。

罗伯特·胡克还做出了一项敦促人们形成良好生活习惯的发现。

那是1669年，他在一位不爱刷牙的人的口腔中发现牙垢里生活的生物，"比一个王国的居民还多"。此言一出，舆论哗然，牙膏的销售量猛增。

总之，罗伯特·胡克发现微生物开拓了人们探索的领域，使人们对于自身和周围的事物有了一个全新的认识，促进了近代医学和其他学科的进一步发展。

因观测彗星而闻名于世的
Guan Ce Hui Xing
哈雷

↗ 埃德蒙·哈雷

哈雷十分注意对天空的观测，他通过观测发现了许多以前被人们忽视的天体。

哈雷，与一颗彗星重名，那是因为他最早测定、证实这颗彗星的存在。

埃德蒙·哈雷 1656 年出生在伦敦附近的哈格斯顿，17 岁考入牛津大学王后学院学习数学，这为他日后在天文学方面做出杰出贡献打下了牢固的基础。在 1676 年他行将毕业之际，毅然离开伦敦，搭乘东印度公司的航船远赴南大西洋的圣赫勒拿岛，在那儿建起了人类史上第一个南半球天文台。一段时间以后他汇编了有 340 多颗南天恒星黄道坐标的南天星表。为此，他得到"南天第谷"的美誉。这张星表发表后，哈雷即被选为皇家学会会员。

1720 年他出任格林尼治天文台台长。前后几十年，哈雷投入很大精力测定彗星轨道，做了大量记录。光在他的《彗星天文学论说》一书中就记录了 24 颗彗星的详细资料，其中包括"哈雷彗星"。

哈雷彗星之所以以哈雷的名字命名，固然是哈雷在帮助人们清楚认识这颗大彗星的过程中功不可没，但并不是哈雷首先发现了它，许多人在此存在误解。其实人们对于哈雷彗星初步零星的认识历史极其久远。

中国史书上关于哈雷彗星的记载就非常详尽，如《春秋》的鲁文公十四年就有"秋七月，有星孛入于北斗"的记载。这在世界上堪称最早的关于哈雷彗星的确切记录。不十分确切的记录则更早，那是《淮南子·兵略训》中"武王伐纣，东面而迎岁，至汜而水，至共头而坠，彗星出，而授殷人其柄。"其中所指"彗星"，据后世天文学家推算应为公

↗1910 年拍摄到的哈雷彗星

↗1986 年拍摄到的哈雷彗星

这是时隔 76 年，也就是哈雷彗星在一个周期内两次重返地球上空时人们拍摄的照片，它又一次证实了周期的正确性。

元前 1057 年回归的哈雷彗星。大约从公元前 240 年起，彗星的历次出现，我国史书都有记述。直到近代，西方在天文学等科学领域才悄悄地超过我国，哈雷系统地研究这一彗星就是一例。

哈雷 1695 年开始专注于研究彗星，并测定了从 1337 年到 1698 年 300 多年间出现的彗星中 24 颗的轨道和其他有价值的数据。

经过整理这些资料，他发现 1530 年、1607 年、1682 年连续出现的三颗彗星轨道极为接近，只是经过近日点的时刻彼此相差了一年之久。哈雷根据牛顿的万有引力定律将这个偏差解释为木星、土星的引力所致。想到此，哈雷断定：这三颗彗星是同一彗星的三次回归。

但科学不能只凭想当然，他向前搜索关于彗星的记录，终于发现历史上 1456 年、1378 年、1301 年、1225 年等年份都有关于这颗彗星的记载，从而更加肯定了自己的发现。他在《彗星天文学论说》一文中预言：大彗星将于 1758 年底或 1759 年初（因为木星可能影响其轨迹，带来不确定性）再次光临地球。

果然，在 1759 年的 3 月 14 日，大彗星拖着长长的尾巴再现于天空，可此时的哈雷早已作古。然而人们没有忘记他，就将这颗大彗星正式定名为哈雷彗星。

富兰克林
发明避雷针

避雷针，不是什么新鲜玩意儿。今天，几乎每栋大楼都安装它。其实，很久以前它就进入了人们的生活。

据唐代文献记载，我国在汉朝就出现了避雷针的雏形，只不过它是以另外一种方式为人们所接受：将一片铜制鱼尾瓦置于屋顶以避邪，防天火。

↗ 本杰明·富兰克林雕像

富兰克林是一位勇于实践的科学家，他的许多科学成就是在实验中取得的。

其实防天火就是避雷，因为雷击建筑易发生火灾。

再者，可以从我国的某些建筑装饰传统中找到避雷针的影子。如一些古代建筑的屋脊两侧，各探出一个龙头，做吞云吐雾状，蔚为壮观。这一构思仅仅为了装饰吗？其实吐出的龙舌根部连接一根细细的金属丝循墙边直通地下。这是一个设计巧妙的避雷针。

从我国古代关于避雷针的应用实践不难看出其工作原理并不复杂，但在现代避雷针的发明过程中，却有人付出了相当的代价。

1752 年 6 月，暴风雨的一天，富兰克林带着儿子威廉，手里拿着一个刚刚做成的硕大的风筝。

此风筝上面装有金属线，但系在金属线一端的长绳却是麻绳。富兰克林父子在暴雨狂风中将风筝升到空中，偶尔的过路人对此十分不解："平时都好好的，怎么一下子疯到这个地步！"

富兰克林对此全然不顾，一边拽紧风筝线，一边招呼

富兰克林的闪电实验

1752 年 6 月，为了证明天空的雷电与摩擦起电产生的电的性质是一样的，富兰克林做了这个著名的风筝试验。

81

着不远处的儿子。风太大了，风筝在空中活像个醉汉，飘忽不定。突然一道耀眼的闪电劈开天幕，掠过风筝。同时富兰克林紧拽风筝线的手一阵麻木。他意识到自己被闪电击中了。

他又做了几次类似的实验，将闪电引下并贮存在莱顿瓶中带回实验室。

富兰克林称自己收集的闪电为雷电，并用它做了各种常规的电学实验，发现雷电与人工摩擦产生的电毫无二致。不久，他公开宣布天空的雷电和人造电是同一种东西，以无可辩驳的事实揭穿了"雷电是上帝发怒"的谎言。

风筝实验的成功引起了各国科学家的广泛关注。在富兰克林实验的第二年，俄国科学家利赫曼重复了该实验，却不幸被雷电击中致死，为电学实验付出了生命的代价。

富兰克林闻听此事十分伤感，但一天也没有停止电学实验。几经失败，他制成了第一根现代避雷针。它构造十分简单：一根几米长的金属杆固定在屋顶上，但杆子与屋顶之间用绝缘材料隔开，杆子底端拴一根粗导线直通地下。

它的工作原理是：当雷电经过房屋附近时，电流会沿着金属杆通过导

↗ 建筑物上的避雷针

线直通大地，从而得以保全房屋。

避雷针发明以后，于1754年投入使用，保守的人认为这不祥，会招致灾难，但事实给这些人上了生动的一课。

一场暴风雨过后教堂被击中起火，而与之毗邻的高层建筑因安装了避雷针却安然无恙。谣言被戳穿，避雷针很快传播到世界各地。

避雷针本身并不复杂，却具有很强的实用价值。

1790年4月17日，富兰克林去世，享年84岁。他生前威名赫赫，死后的墓碑上却只刻着这样几个字：印刷工富兰克林。

富兰克林不但是一位优秀的科学家，还是一位十分杰出的社会活动家，他特别重视教育，兴办图书馆，创立了多个协会来提高各阶层的文化素质。北美独立战争爆发后，他参与了第二届大陆会议，并参与起草了《独立宣言》。

哈格里夫斯
与珍妮纺纱机

17、18 世纪的世界形势发生了很大变化，随着海外殖民扩张的进行，英国的国内、国际市场空前膨胀，对棉纺织品的需求加倍增长，但落后的生产工艺严重阻碍了历史进程。

在形势的逼迫下，人们苦苦探索新的棉纺业生产工具。

↗ 英国纺织发明家哈格里夫斯

终于在 1733 年，约翰·凯伊发明的飞梭大大提高了织布效率。

然而，处于织布业上游的纺纱业很快就不能再满足日益增长的织布的需要。因为此时的棉纱纺织还是陈旧的工艺，一次只能纺出一根纱。

为此，英国皇家艺术学会于 1761 年正式宣布重赏发明新型纺纱机的人，其条件是：该机器要能"一次纺出 6 根棉线、亚麻线、大麻线或毛线，而且只需要一个人开机器、看机器"。重赏之下有勇夫，三年以后新的纺纱机终于诞生了。

那是 1764 年的一天，英国的一位纺织工匠詹姆斯·哈格里夫斯正在家中像往常一样织布。

唯一不同的是，那天他十几岁的小女儿珍妮也闹着要学习纺纱。刚开始，哈格里夫斯并没有把她的话当回事。不过最后被她缠得实在没办法，只得同意给她一部纺纱机和一个纱锭，任她摆弄。

开始的时候，小珍妮还一板一眼地好好纺纱。没过半小时她便心不在焉了，捅捅这儿，摸摸那儿。忽然，纺纱机一下子翻倒了，仰面朝天。

看到上面的纺锤由水平变成直立的状态，还飞快地转着，珍妮觉得好玩极了，可又怕父亲责怪，所以呆在那里默不作声。

哈格里夫斯听到声音不对赶紧跑出去看，一看纺车翻了个仰面朝天，什么都明白了。

珍妮一阵紧张，可父亲并没有责备她，而是陷入了沉思：既然纺锤立起来也一样转，那么还不如索性将一排纺锤并立在一起，仍由一个轮子驱动，这样不就同时纺出几根纱线了吗？

想到此，他欣喜若狂，不但没有责罚女儿，还夸她是个天才。

说干就干，哈格里夫斯找来了一些木料和工具，凭着他"万能"的手很快制成了一架新的纺纱机。几经实验和改造，哈格里夫斯完成了这部全新的纺纱机。它由4根木腿支撑，机下有转轴，机上是滑轨，可以同时安装8个纺锤，大大提高了纺纱的效率。

哈格里夫斯认为这是在女儿的启发下的结果，便将其命名为"珍妮纺纱机"。

后来，哈格里夫斯进一步改进了珍妮纺纱机，使安装的纺锤从 8 个增加到 18 个、30 个、80 个，甚至上百个。纺纱效率由此提高了百倍，各纺纱工厂争相采用这种新机器。

本来哈格里夫斯为提高纺纱效率做出杰出贡献，应受到褒奖。万没想到的是，等待他的却是打、砸、抢。

周围的纺织工匠说这种机器砸了他们的饭碗，所以他们得先砸掉这部机器。这群人不但捣毁了纺纱机，还顺便偷走了哈格里夫斯家的一些财物。

原来，由于当时棉纱供不应求，收购价格较高。"珍妮机"的发明使棉纱产量上升，织布厂收购棉纱的价格下跌。那些没有使用"珍妮机"的纺纱工人不但产量低，而且棉纱又卖

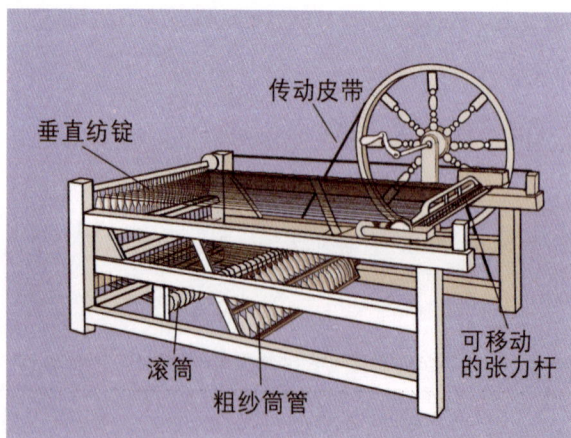

↗ 珍妮精纺机

纺织机械化大大加快了纺织速度，上图中顶端轴承带动传动带，驱动织布机工作。织布机最初由水轮机驱动轴承转动，1785年之后，则由蒸汽机逐步替代，为轴承提供动力。

不出好价钱。日子久了，他们的怒气爆发，才有了捣毁机器那一幕的发生。

一脸凄惶的哈格里夫斯，被迫举家迁往外地。他于1768年获得珍妮机的专利，而且在更大的范围内推广了这项技术，从而解决了困扰英国的"纱荒"。

珍妮纺纱机诞生后不过几年，就又出现了水轮驱动的"水力纺纱机"，它的效率更高。1779年，克隆普顿综合了珍妮纺纱机和水力纺纱机的优点，制成"走锭纺纱机"。它兼有前二者的长处，又称"骡机"。

总之，纺纱工艺一步步不断提高，但哈格里夫斯作为这一历史过程的开拓者，受到了后人的尊敬。

瓦特
改良蒸汽机

我们说瓦特改良了蒸汽机，是因为在瓦特之前已经有了使用蒸汽的机械。其实，蒸汽机经历了一个产生、发展、逐步完善的过程。

传说，古埃及早在公元前 2 世纪便出现了利用蒸汽驱动球体的机械装置，只是年代太过久远，具体情况已无从考证。又有记载说 1 世纪古希腊发明家希罗曾用蒸汽做动力开动玩具。意大利画家达·芬奇也用画笔描绘过用蒸汽机开动大炮的情景。

↗ **詹姆士·瓦特**

较为确切的使用蒸汽做动力还应是从近代开始。1698 年，英国工程师萨弗里发明了使用蒸汽驱动的抽水机。1712 年，英国的纽可门发明了效率更高的蒸汽机，可以用活塞把水和冷凝蒸汽隔开。事实上，瓦特是从改进纽可门蒸汽机开始的。

纽可门蒸汽机在生产领

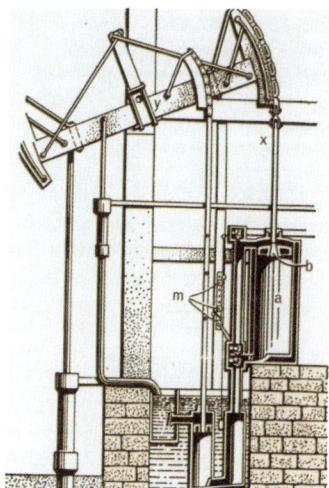

↗ 瓦特单向蒸汽机图　　　　↗ 瓦特双向蒸汽机图

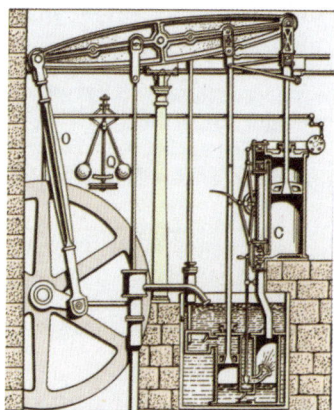

域的广泛使用，激起了人们的广泛关注，这其中当然也包括詹姆士·瓦特。机会只赋予有准备的人，而瓦特就是这样一个有准备的人。

　　詹姆士·瓦特 1736 年 1 月 19 日出生于苏格兰格拉斯哥市一个机械师家庭。由于家道中落，瓦特中学刚毕业便去伦敦学习机械制造手艺。他天资聪颖又勤奋刻苦，用 1 年时间学会了别人用 4 年才能学会的技艺。然后瓦特在家乡的格拉斯哥大学谋了一份仪器修理师的工作，从此踏上了人生的金光大道。

　　瓦特借修理教学仪器的机会结识了许多科学家，如布莱克教授和罗比逊等人，经常与他们一起探讨仪器、机械方面的问题。

1764 年的一天，格拉斯哥大学的一台纽可门蒸汽机模型送到瓦特这里要求修理。瓦特不但修好机器，还对机械的构造和工作原理产生了极大的兴趣。

他找到了布莱克教授，与之共同研究减少纽可门蒸汽机耗煤量、提高其效率的方案。

后来瓦特发现该蒸汽机的汽缸和冷凝器没有分开，造成了热能的极大浪费。找到了症结之后，瓦特便开始改造纽可门蒸汽机的试验。

瓦特筹措了一些资金，并租了一间实验室，开始试制具有冷热两个容器的蒸汽机。

↗**蒸汽机采煤**

蒸汽时代的到来，使英国工业获得前所未有的发展，煤作为机械工业所必需的燃料正被大规模开采。

他想，这样一来负责做功的汽缸始终是热的，而蒸汽冷凝的过程在另一个容器中完成，可避免同一汽缸反复冷热交替，从而节约热能。

经过多次试验，多次失败，瓦特最终完成了一台具有实用价值的单作用式蒸汽机，并申请了专利保护。

为了在更大范围内推广自己的新发明，瓦特用自己设计的蒸汽机与纽可门蒸汽机当众比赛抽水。结果用同样多的煤，瓦特蒸汽机抽水量是纽可门蒸汽机的 5 倍。

人们看到了瓦特蒸汽机的优势，纷纷以它替代了纽可门蒸汽机。

瓦特没有就此罢手，而是借鉴德国洛伊波尔德利用进排气阀使汽缸往复运动的原理，用飞轮和曲拐把活塞的往

纽可门蒸汽机

纽可门在研究赛维利蒸汽泵的过程中，发现了赛维利蒸汽泵的两大缺点。

一大缺点是热效率太低。纽可门在设计上做了重要革新：他不让冷却水直接进入汽缸，而是把冷却水通过一个细小的龙头向汽缸内进行喷溅。另一大缺点是赛维利蒸汽泵基本上还是一种水泵，而不是典型的动力机。针对这一点，他在赛维利蒸汽泵中引入了巴本的活塞装置，这样蒸汽压力、大气压力和真空即可在交互作用下推动活塞装置，做往复式的机械运动。而这种机械运动一旦传递出去，蒸汽泵也就成了蒸汽机。

由于进行了几次研究和革新，一台近代蒸汽机的完整蓝图基本上设计出来了。1705 年，纽可门、考利和赛维利一道，终于试制出了第一台真正算得上是动力机的蒸汽机。

复运动变成圆周运动，可惜该技术已被皮卡德抢先申请了专利权。

但他另谋出路，用行星齿轮结构把往复运动变成了圆周运动，终于在1781年10月获得了双作用式蒸汽机的专利权。

詹姆士·瓦特再接再厉，1784年用飞轮解决了转动的稳定性问题，获得了蒸汽机方面的第三个专利，两年以后他又着手进行了蒸汽机配气结构，从而获得第四个专利。

瓦特不间断努力，后来又发明了压力表以保证机器运行的安全。

1794年，他彻底完成了双作用式蒸汽机的设计，因为这一年皮卡德专利期满，瓦特将行星齿轮结构改装为曲柄连杆结构，从而使蒸汽机达到了完善的地步。

1781年瓦特提出了5种将往复运动转变成旋转运动的方法；1784年，瓦特在他的新专利中又提出了"平连杆结构"的说法，这使蒸汽机有了更广泛的实用性；1788年，他又发明了离心调速器和节气阀；1790年，他又完成了汽缸示功器的发明。

蒸汽机的改良，使工业革命迅速展开，并波及美、德、法等国。由于瓦特为人类进步事业做出了不可磨灭的贡献，国际单位制中以"瓦特"作为功率单位，以纪念这位科学家。

拉瓦锡
对近代化学的三大贡献

拉瓦锡（1743—1794）对近代化学的产生和发展具有革命性影响，堪称科学界的革命领袖。

他自幼博学多才，20岁就获得法律硕士学位，后师从化学家葛太德学习化学，成就斐然。

拉瓦锡对化学研究不仅停留在实验上，还多次实地

↗ **法国化学家拉瓦锡**

他提出的燃烧理论后来被认为是真正正确的科学理论。

考察，对矿物和水的化学成分进行了深入的研究。

具体而言，拉瓦锡对于近代化学的贡献主要体现在三方面。

第一就是发现质量守恒定律，即参加化学反应各物质的质量总和等于反应后生成各物质的质量总和。

他在阐述这一定律时举例说，磷燃烧后生成物所增加的重量恰好等于空气失去的重量，并根据这一定律写出了糖变酒精发酵过程的化学方程式。

关于质量守恒定律，拉瓦锡解释说："无论是人工的或是自然的作用都没有创造出什么东西。物质在每一化学反应前的质量等于反应后的质量。"

拉瓦锡在化学领域的又一贡献就是燃烧原理。

破旧才能立新，他首先否定了燃素说。他从1772年开始做燃烧实验。

其中一个具有决定意义的是硫的燃烧实验，硫在燃烧后余下的灰烬质量比原来硫的质量还要大，这引起了他极大的兴趣。

接着拉瓦锡又对磷做了相同的实验，结果也一样。然后他又燃烧锡，锡灰的质量也有所增加。细心的拉瓦锡称量了密闭容器中的空气，最后惊奇地发现这些物质燃烧后

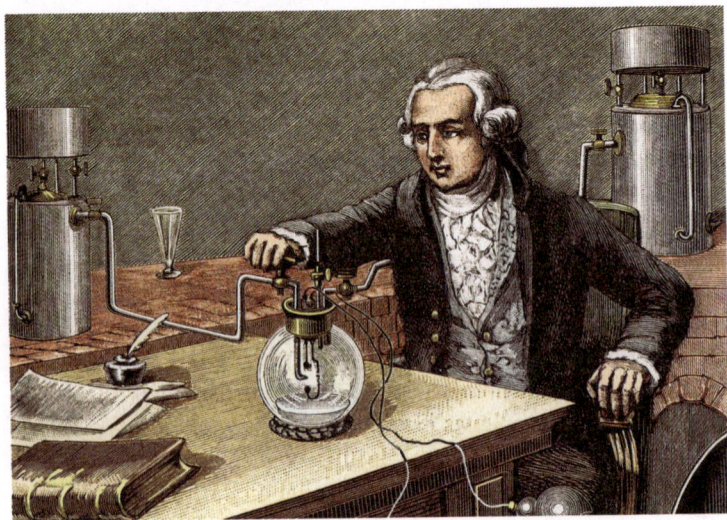

↗ 实验中的拉瓦锡

的灰烬增加的质量与容器中气体减少的质量完全相同。

拉瓦锡据此写成《燃烧概论》一文，正确解释了燃烧的本质，同时也否定了燃素在燃烧中的作用。

拉瓦锡第三大贡献则是否定了古希腊的四元素说和三元素说，重新定义了化学元素的概念。

他强调以实验来说明问题。他将蒸馏水密闭加热了相当长的时间，结果水的质量没有丝毫的改变，这无疑否定了四元素说。

拉瓦锡进一步将元素的定义陈述为：用任何化学手段都不能分解的物质即为元素。

根据拉瓦锡对元素的理解，他把33种元素分为四大部类：第一类，有锑、银、铋、钴、铜、锡、铁、钼、汞、锰、金、铂、锌、钨、铅等，它们被氧化后可以生成能中和酸的盐基，因此称之为简单的金属物质；第二类是简单的非金属物质，氧化之后成为酸，主要有碳、磷、硫、硼酸素、氧酸素等；第三类为一般简单物质，有光、热、氧、氢、氮等元素；第四类为土类物质，其中包括石灰、镁土、铁土、铝土、硅土等。

拉瓦锡定义的元素虽然与科学的元素周期表中的元素尚存一定差距，但相对于之前的元素观已有很大的进步，并为以后的化学家指明了努力方向。

除了以上谈到的三大贡献，拉瓦锡还有一系列的著作

↗ **拉瓦锡实验室**

拉瓦锡在这间实验室里经过多次试验,并发现了燃烧是氧与其他元素化合的结果。

和学术论文。其主要著作有《化学命名法》《化学概论》《燃烧概论》《化学教程》等,其中《化学概论》最具革命意义。

他的论文多发表在当时的《化学年报》《科学院院报》上。

令人无限惋惜的是,这位伟大的化学家最后竟在革命中以莫须有的罪名被处死。数学家拉格朗日叹息道:"人们可以瞬间把他的头砍下来,而这样的头,也许百年都长不出一个来。"

琴纳

用接种法终结天花肆虐

天花，一个逝去的恶魔。有史以来它的阴影就一直笼罩着人类。保存完好的几千年前的木乃伊身上就有天花留下的痘痕，其历史之久远可见一斑。还有，曾经不可一世的古罗马帝国也被天花折磨得奄奄一息。14 世纪前后的欧洲，天花竟夺去了上亿人的生命。在很长一段时间里，人们对天花束手无策，只好任其肆虐。

爱德华·琴纳

他发明了预防天花的牛痘疫苗接种法，为人类的健康做出划时代的贡献。

在探索治疗天花的时候，人们逐渐发现有些人虽然患了天花却侥幸活了下来，这些人以后就再也不会染上天花。是什么原因使这些幸存者具有免疫性的呢？ 18 世纪 70 年代的英国医生爱德华·琴纳试图揭开其中的谜团。

琴纳花了很长时间去研究患过天花的人的身体肌理，但发现他们除了皮肤上比其他人多些麻坑之外没有任何特别之处。琴纳顿感困惑，但他决心一定要将这个问题弄清楚。

琴纳是一名医生，有许多天花病感染者的资料，他们的一个重要特征就是不分男女老幼，不分地域，不分种族，也不分贵贱。无特征成了他们最大的特征。一次，在一个村庄调查时，琴纳发现这里牛奶场的挤奶女工没有一个人患天花。这一现象引起琴纳极大兴趣，他进一步核实了情况，发现不但那些挤奶工，就是跟农场牲畜打交道的人得天花的概率也很小。难道这些牲畜有什么魔力吗？

琴纳跟这些女工深入聊了这个问题，这才知道她们开始从事这个职业时经常染上牛痘的脓浆，之后就出现了轻微的天花症状，但一般是不治而愈。琴纳发现这种身上有脓包的牛其实是患了天花，但死亡的极少，皮上也不会留下麻坑。琴纳忽然悟到了什么，他人为地将牛痘的脓浆接种到一个叫詹姆斯·菲普斯的小男孩身上，小孩发了几天低烧，身上也长了些水泡，但很快痊愈。给这位孩子接种牛痘的那一天是

此图表现了早期人们接种牛痘时忐忑不安的心情。

1756 年 5 月 14 日。菲普斯是人类第一个接种牛痘的人。过了几个月，琴纳又给小菲普斯接种天花病人身上的脓浆，过了一段时间发现他根本不会再染上这种病，同那些得过天花病的幸存者一样获得了某种强大的抵抗力。琴纳成功了，他用事实说明：在健康的人身上接种牛痘，就可以使这个人再也不得天花。多么伟大呀！吞噬了无数生命的恶魔——天花，终于被科学扼住了喉咙。天花肆虐的时代过去了，无数人激动地流下了热泪。

伟大的琴纳给天花这个恶魔套上了绞索，全人类又经过 200 多年的努力，终于在 1980 年将它绞死。那一年世界卫生组织宣布天花已在全世界绝种。

琴纳发明接种牛痘，不仅普救众生，还发现对抗传染性疾病的又一利器，那便是免疫，从而奠定了免疫科学的基础。

中国古代的"种痘术"

勤劳智慧的中国人民，早在 10 世纪就发明了自己的"种痘术"。不过，这种预防天花的方法不是源于什么科学实验，而是根据"以毒攻毒"的哲学思想，对疾病以其人之道还治其人之身。具体操作方法是：取少许天花病患者身上水泡的脓液，用棉棒蘸取些许置入健康人的鼻孔。几天以后这个人会出现轻微的天花症状，但痊愈之后就终生不得天花。这种"种痘术"一度西传欧美，可惜未能进一步发展，而且这种方法对脓液的摄取量不能准确控制，因此防病的同时风险也很大。

伏打
发明电池

Fa Ming Ding Chi

科学家的每一项发明，并不总是有意的行为。就像牛顿看到苹果落地发现万有引力定律一样，伏打在蛙腿的启发下发明了电池。

伏打本身不是生物学家，所以最初受到蛙腿启发的也不是他，而是另外一个意大利

↗ **英国科学家伏打**

酸性电池的发明者，他的发明将人类引入了一个新的时代。

人——伽伐尼，他专攻生物学和医学。在一次实验中，他不经意地用手术刀碰了已解剖的蛙腿一下，不料这时蛙腿突然抽搐了一下。生物学家对此有些不解，继而又试了几次，结果都相同。他觉得有必要深究一下，便把蛙腿平放在金属板上，再用一根细铁丝插入蛙腿，然后把铁丝的另一端与金属板相连，蛙腿就又开始抽搐。之后，伽伐尼把金属板换成玻璃板，把铁丝换成玻璃棒，蛙腿便没有反应，但要是将铜丝和银丝接在一起再与蛙腿肌肉接触，蛙腿则会更为剧烈地抽动。伽伐尼是这样解释该现象的：蛙腿神经中含某种肉眼看不见的流体，它在金属导体和肌肉间流动形成"生物电"，

进而刺激肌肉使之收缩，发生抽搐的现象。

起初，"生物电"的概念只在生物学界使用。后来物理学家伏打知道了，决定把伽伐尼的蛙腿实验跟自己的电学实验结合起来。他把各种不同金属，如金、银、铜、铁、锡、铅、锌等，两两一组地结合在一起做蛙腿实验，发现各组的实验效果各不相同。伏打想来想去觉得可能是由于不同的金属带有不同的电荷数导致两者之间存在电位差，而蛙腿将它们连接起来，就会形成电流，电流刺激了蛙腿上的肌肉使之痉挛，在整个过程中蛙腿并不产生电流，而仅仅起到传导电、证明其存在的作用。

为了证明自己的猜想，伏打摒弃了蛙腿，而是把两根金属线接起来，一端连着眼睛而另一端放入嘴中，因为他知道眼睛和嘴巴是两个很敏感的器官。在刚接触时，眼睛和嘴都产生了异样的感觉，不同的感受来自不同的金属组合。伏打进一步用盐水等物质把两种金属片隔起来，并用金属线加以连接，发现都会有电流产生。在大量的实验中，他还发现

第一组伏打电池

伏打电池是将化学能转变为电能的一种简单装置，即用一组锌盘、铜盘，中间以用盐水浸湿的纸片隔开。根据锌与硫酸的反应原理，酸溶液中的氢离子从锌片上得到电子生成氢气，锌原子失去电子变成锌离子，同时释放出一定热量。这两个反应分别在电池的两极进行，电子转移则需要连接正负两极和用电器，这时电子从正极（锌片）向负极（铜片）的流动就产生电流。

各种金属的起电顺序：锌—铅—锡—铁—铜—银—金。但这种以盐水隔开的"金属对"产生的电流极其微弱，如何使这种电流变得更强些呢？

经过对不同溶液实验效应比较，伏打发现若是把金属泡在酸中产生的电流极强，如果增加金属的片数，即由原来的一组两片（分别为不同金属）增加为一组40片（其中20片为同一种金属）或更多，产生的电流就更加强大，甚至可以使人感到"电震"。于是，伏打由此发明了历史上的第一组电池，并取名为"伽伐尼电池"，但伽伐尼坚辞不受，这种电源又被更名为"伏打电池"。这一年恰好是1800年，从此人们便开始大规模使用电池。

由于伏打电池可以提供持续而稳定的电流，科学家可以利用它开展一系列的电学实验，由此开始，众多的发明和发现汇成了电气时代的洪流。

伏打电池模型

富尔顿

成功建造世界第一艘蒸汽轮船

人不如鱼善游，但靠船也能横渡江河湖海。船的历史与人类历史几乎一样悠久。

远古时期，人们"刳木为舟，剡木为楫"，渡水如履平地。西方更有挪亚方舟拯救世界的传说。可见舟船对人们是何等重要。

到了近代，开始跨越大洋甚至环球航行，如中国的郑和七下西洋，曾一度到达阿拉伯半岛、东非等地，他所乘坐的木制帆船最大长度竟抵得上今天的中型航母。

西方的迪亚士、达·伽马、哥伦布、麦哲伦等人有的横跨大西洋，有的到达好望角，有的甚至完成环球航行。他们所用的交通工具就是帆船。

发明帆船的人是伟大的。几根桅杆，一角风帆，使人们省去多少体力。凭着它，人们

↗ 美国发明家富尔顿
富尔顿发明的汽船使人类告别了帆船时代。

可以到达地球任何一块水域。但帆船也有其致命的弱点，如船速低、受自然力制约、方向不便控制等。有什么比风力更稳定、更持久的动力吗？

有，在19世纪已出现了一种叫作蒸汽机的动力，它动力强劲，操作简便易于控制，但就是还没有人试着把它搬到船上。

到了19世纪初，一个叫富尔顿的美国人开始考虑这个问题。

在他考察各国的造船技术时，发现许多时候人们都在用帆船运载蒸汽机到各地。为什么不让这些笨重的家伙自己来推动船前进呢？富尔顿给自己提了这个问题后不久，便同工程师菲奇合作发明了一艘汽船，更确切地说，这仅仅是一个汽船雏形。然而遗憾的是他没有申请专利，因此他的发明被埋没了。

轮船的发展

自从富尔顿发明第一艘轮船后，轮船制造业便在欧美的一些沿海地区蓬勃发展起来。1819年，美国的蒸汽轮船"萨瓦纳"号横渡大西洋，其仅用了哥伦布横渡大西洋所需时间的1/3。这艘船的显著特点是既有风帆又有蒸汽机。1838年，"大西洋"号和"天狼星"号摒弃了船帆，完全以蒸汽机为动力横渡大西洋，将航行时间缩短为15天，这次航行向人们昭示了蒸汽机轮船的可靠性，风帆逐渐退出历史舞台。到1850年，轮船进一步改造：船壳由木质结构转为钢铁结构，击水明轮也换成了螺旋桨，轮船走上了平稳发展的道路。

1803 年，富尔顿来到巴黎。他把建造以蒸汽机作为动力的轮船的构想呈报给法兰西帝国的皇帝拿破仑，拿破仑答应给予资助。不久，第一艘以瓦特蒸汽机为动力，以桨轮推进的轮船在塞纳河下水试航。这次是逆水航行，其速度与岸上小跑的行人相当。可惜，没过多长时间，由于木结构船体经不起蒸汽机的剧烈振动，致使船体从中间断裂，翻沉入河中。

　　富尔顿倒没为这次首航失败而沮丧，而是积极地总结经验教训，准备再次试航。不料，拿破仑皇帝却失去了耐心。他认为这个发明对自己的军事扩张没有多大的帮助，拒绝为汽船的再次改造、试航提供资金。

　　无奈之下，富尔顿只得又回到了美国，从事这方面的研制工作。

　　一天，美国著名发明家利文斯顿亲自上门找到富尔顿，

　　世界第一艘汽船
　　这是富尔顿发明的第一艘汽船"克莱蒙特"号的模型船。

纪念富尔顿的邮票

答应提供资金、材料和人力，帮助他完成对汽船的研制。之所以这样做，是因为具有战略眼光的利文斯顿看到了这一发明的重要价值。

　　三年过去了，富尔顿于 1806 年开始建造一艘新的汽船，取名"克莱蒙特"号。

　　"克莱蒙特"号第二年在哈德孙河主航道首航成功，由于有了第一次失败的教训，"克莱蒙特"号建造得非常结实，而且更稳定、更快。

　　人类历史上第一艘汽船主体部分由铁板建造，以螺旋桨为推进器，动力为瓦特蒸汽机。从此人类造船史又掀开了崭新的一页。

　　自从出现了第一艘蒸汽轮船，世界好像一下子小了许多。随着技术的改进，横渡大西洋的时间从 72 天减少为 29 天，再减少为 15 天。两岸的贸易也迅速活跃起来，世界各地的联系也由此变得愈来愈紧密。

史蒂芬逊

与世界第一辆蒸汽机车

随着瓦特蒸汽机的问世，第一次工业革命迅速展开。这时，动力问题解决了，但由于各行各业都在发展，对材料和燃料的需求量大增。于是，运输的难题又摆在人们面前。

传统的马车运输，由于其速度低、成本高、运

↗ 乔治·史蒂芬逊

量有限，已远远不能满足大工业生产的需要。新的交通工具呼之欲出。

在 18 世纪末到 19 世纪初的几十年里，许多人投身研制蒸汽动力机车行列，其中著名的就有耶维安、斯敏顿、莫多克等人。他们研制的蒸汽机车由于有太多的缺点和不足，根本就没有实用价值。

最后，研制出具有实用价值、方便快捷、性能稳定的蒸汽机车的历史重任落到了史蒂芬逊肩上。

乔治·史蒂芬逊，1781 年出生于英国的一个矿工家庭。

这是当时世界上最为先进的蒸汽驱动的机车，它在当时具有速度快、牵引力大等优点。很快这种型号的机车便在欧美各国普及开来了。

1813 年的蒸汽机车，它用蒸汽作为动力。

贫寒的家境使他根本就没机会接受教育。从 8 岁起，他便开始放牛贴补家用，一干就是 6 年。别的孩子还在玩耍时，小乔治已过早地挑起家庭的重担。随后他到一家煤矿，当了一名见习司炉工，过早地品尝了生活的艰难。

但史蒂芬逊毫不为自己出身的卑微而消沉，而是积极地投入本职工作中，夜以继日地学习机械、制图方面的知识，并付诸实践，很快成长为一名机械修理工、机械师，最终成为蒸汽机车方面的权威。

1807 年以后，史蒂芬逊开始研究、改造耶维安等人设计制造的蒸汽机车。首先是把笨重的立式锅炉改成轻便美观、更实用的卧式锅炉。其次是为蒸汽机车设计了轨道，这种轨道与传统的马拉车铁轨有所不同，他在两条路轨间加装了一条有齿的轨道，目的是防滑。最后，史蒂芬逊将车轮内侧加上了轮缘，可以有效防止出轨。

经过一系列努力，史蒂芬逊终于在 1814 年设计制造了一辆全新的蒸汽机车，取名"布鲁克"。它形态粗笨，自重 5 吨，最打眼的是车头上的巨大飞轮。

在第一次试车中，"布鲁克"牵引重为 30 吨的 8 节车厢以 7 千米的时速行驶。尽管这比以前的机车已大有进步，但仍因为其丑陋、漏气、缓震性能差、易坏等缺陷受到人们的讥讽："喂，史蒂芬逊先生，你那个丑家伙是妖怪，还是魔王，把我们的牛都吓惊了，你小心从上面掉下来摔着！"

↖ 表现"旅行者"号第一次试车场面的图画

史蒂芬逊对此一言不发，他要用事实来回答他们。

史蒂芬逊花了十余年时间终于完成了对"布鲁克"的改造，于1825年制成了"旅行者"号蒸汽机车，并于当年的9月27日在达林顿至斯托克铁路上试车。

那天，斯托克镇人山人海，大家都要目睹"旅行者"号是怎样拖动6节煤车和20节客车的。机车在预定时刻开动了，它不负众望，毫不费力地拖动450名乘客和90吨煤，以时速24.1千米的高速，驶向达林顿车站。

试车圆满成功，从此人类运输史也驶向了新纪元。

随着性能优良的史蒂芬逊机车问世，人们很快发现铁路运输的优越性：运费低，速度快、运量大，尤其适用于大宗货物。于是，大规模修建铁路的风潮席卷英国，后来又波及美国及欧美其他主要国家。蒸汽机车的发明大大加快了西方主要国家的工业进程，世界格局也由此发生着日新月异的变化。

很快，火车取代了马车成为陆上最主要的交通工具。为了适应大规模货运和客运的需要，欧洲和美国加快了铁路的修建速度。

到19世纪末，世界上的铁路已超过5万千米。20世纪初，广大的发展中国家也开始修建铁路，到20世纪末，世界上的铁路运营里程已达到近百万千米。

法拉第
发现电磁感应

英国物理学家法拉第

他发现了电磁感应现象，使电规模化使用成为可能。

工业革命的迅速展开促使人类社会的发展进入快车道，在机械、能源等工业蓬勃发展之时，人们也在寻找一种利用效率更高、更清洁的动力。电理所当然地成为人们的首选，于是电气领域内的革命悄悄地展开了。

先是 1800 年丹麦的奥斯特发现通电的金属可以产生磁效应，接着是法国人毕奥和萨伐尔又发现了毕奥—萨伐尔定律，然后就有德国物理学家欧姆在 1825 年发现导体具有电阻，并在此基础上提出了欧姆定律，揭示了导线中电流和电位差的正比关系。这些重大的发现为电和磁之间的互相转化打好了理论基础，法拉第则在实践中解决了电和磁是怎样实现转化的这一难题，为电能的实际应用打开了通道。

法拉第 1791 年 9 月 22 日出生于英国的一个铁匠家庭，像与他同时代的许多发明家、科学家一样，只接受过几年的小学教育。法拉第从 13 岁到 20 岁做了 7 年的装订工人，但他一直热心于科学研究。

后来，在别人的介绍下投到著名物理学家戴维的门下，做一名助手。很快，法拉第得到了施展自己才华的机会。

受到奥斯特电可以产生磁的启发，法拉第从 1822 年就着手研究把磁转化为电的问题。

他先设计了如下实验装置：装置的两端以导线连接，并设置一个开关，左端为电源（伏打电池），右端为电流指示器，然后进行实验。接通电源（合上开关），电流指示器指针明显偏转，但很快又恢复到原位。断掉开关，切断电源，指针也同样发生偏转，既而复原。实验表明，在"开""关"的时点，

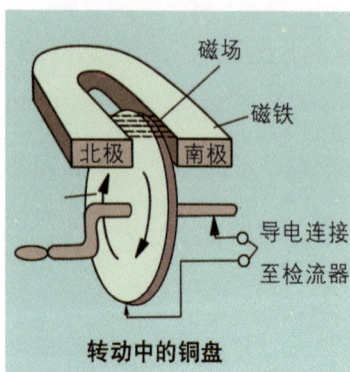

法拉第圆盘

这个装置证明电流的产生离不开磁。

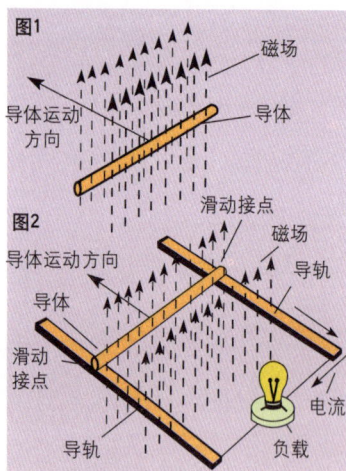

电磁产生电流原理

闭合线圈切割磁力线时就可以产生电流。

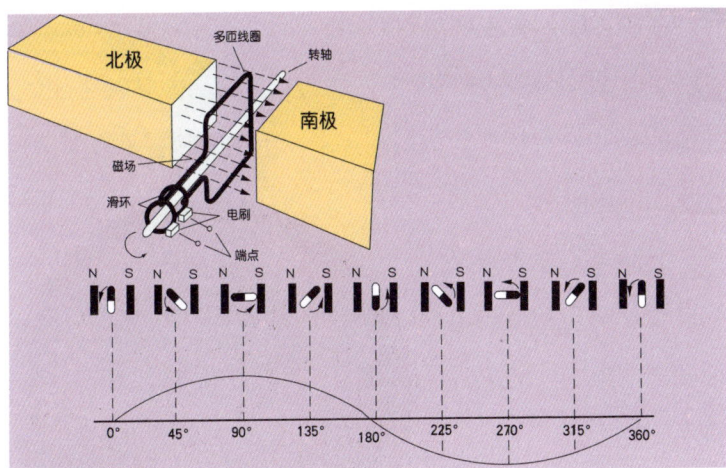

↗ 发电机示意图

发电机是用三组闭合的线圈同时在同一个磁场中切割磁力线，进而产生连续不断的电流。

指针各发生一次偏转，但都不能保持。

法拉第进而用永久磁铁加以验证。

1821 年 10 月 17 日，他完成了一个具有决定意义的实验：取一半径为 3/8 英寸、长为 8 英寸的圆纸筒，在上面绕 8 匝铜线圈，再接到安培计上。然后将一条形磁铁从线筒一端放入，发现安培计指针偏转；将磁铁从另一端抽出，指针再次偏转，只是方向相反。这便是发电机的基本原理，今天各种复杂的发电机都是根据这个原理设计制造的。

在总结实验的基础上，法拉第进行了深入的理论分析：他运用笛卡尔的磁力线概念对所谓的"电磁感应"进行解释——感应电流的产生是由导体切割磁力线所致，电流的方向则取决于磁力线被切割的方向。

为了便于现实中的操作，法拉第还以左、右手拇指与其他四指的位置特点为依据制定了左手法则和右手法则，至今我们仍在使用。

1838 年，法拉第又解释了从负电荷或正电荷发出的电力线的感应特点。

法拉第并不满足于已有的贡献，而是进一步将研究领域扩展到电解的规律。在这一过程中他发现了两个重要的

法拉第认为：既然电流能够产生磁效应，那么磁场必然也能够产生电流。1831 年，他通过图中这个简易装置证明了磁能够发电的原理，而这个装置就是世界上第一台变压器。

电学实验研究

《电学实验研究》是法拉第在电学领域的集大成之作，介绍了法拉第在电学领域的众多实验，涉及电、磁、光等方面。

法拉第在该书的第一卷就阐明了各种电的同一性，他认为无论是摩擦电、动物电、磁感应电、温差电还是伏打电，性质都一样。在以后的三卷中，法拉第向人们介绍了物质在电场中的特性，测定了物质的介电常数，提出了一些新的概念如电力线、磁力线、电磁场等。并且记录了电荷守恒定律的证明过程。

《电学实验研究》中的许多内容都具有首创意义，对后人研究物理学有重要的参考价值和借鉴意义。

比例关系：由相同电量产生的不同电解产物间有当量关系，电解产物的数量与所耗电量成正比。

这两个规律后来被称为法拉第电解定律，在电学工业领域获得广泛应用。

法拉第发现电磁感应定律和电解定律之后，一时名扬四海，但他仍然孜孜以求，在物理学领域默默耕耘。他澄清了各种关于电的说法，发现贮存电的方法，继而发现法拉第效应。

同时，法拉第试图通过实验发现重力和电之间的关系，寻找磁场对光源所发射的光谱线的影响，寻找电对光的作用等，但由于当时的实验条件有限，他的这些实验都没有成功，但他的思想和观点是正确的。

法拉第发现的电磁感应原理连同其他贡献，共同构成了发电机、电动机发明的基础，使人类从蒸汽时代疾步跨入了电气时代。

1867年，法拉第离开人世，享年76岁。亲人们按照他的遗嘱举行了简单的葬礼。

他墓碑上只刻了三行字：迈克尔·法拉第，生于1791年9月22日，死于1867年8月25日。

莫尔斯
发明有线电报

通信，它注定要伴随人类始终。从古代的烽火台到近代欧洲的"夏普通讯机"，再到今天的第五代通信技术（5G），信息传输速度愈来愈快，范围也更广。在通信事业发展的进程中，具有革命意义的一步则是有线电报的产生。

有线电报的发明者莫尔斯与其同时代的科学家、发明家有很大不同。他家境贫困，前半生从事的是与发明无关的美术，并且非常成功——从 1826 年起他担任了 16 年的美国美术学会主席。可到了 41 岁那年，画家莫尔斯迷上了发明。这其中还有一段故事。

1832 年 10 月 1 日，从法国勒阿弗尔港出发的"萨丽"号邮轮，横跨大西洋驶向纽约。这本是一次极平常的航行，谁也没想到它会激发一项重大发明。

航行中，一名叫作查尔斯·杰克逊的医生晚饭后在餐桌上展示

↗ 美国发明家莫尔斯

他发明的有线电报使人类第一次远距离通信变得"近"了许多。

了一个实验：他手上拿一块马蹄形的铁条，上面整齐地缠绕着绝缘的铜导线，然后给导线通电，这时铁条骤然产生了磁性，一下子将桌上的铁餐具吸了过来。人们睁大眼睛，伸长脖子看着杰克逊手上充满魔力的铁条。这时，杰克逊忽地切断电源，磁性顿消。人们吃惊不已，而他则略显得意地说道："先生们，这是一种无穷的力量。电流通过线圈时，就会产生磁性，而且无论线圈有多长，电线有多长，电流都会瞬间通过……"

这时人群中的莫尔斯突然问道："先生，那么电的速度到底有多快？"

杰克逊一时语塞："这个……反正是很快，瞬间通过！"

"要是电能用来传递电磁信号该有多好！"莫尔斯在心里对自己说。

说干就干，莫尔斯很快就找到物理学家亨利并拜他为师，学习电磁基础知识。以前他从没有接触过，现在他已年过不惑，再从零开始，其难度可想而知。功夫不负有心人，一年以后他已熟练掌握电磁方面的基础知识，着手电报研究。

经过夜以继日的实验、思考、总结，莫尔斯发明了"继电器"，其主体部分是一块电磁铁。他用电磁铁做成电铃，就可以把信号传到更远的地方。正当他准备把这一构思付诸实践时，另一问题向他袭来：他为了做电报实验花完了所有积蓄，而且几乎荒废了美术，没有了收入，生计就成了问题。

莫尔斯被迫重拾画笔，为了衣食作画，但无论如何他也放不下自己的发明事业。

在贫困的环境中，莫尔斯忽然想到了一种新的思路，即利用电流的有无及间隔时间，产生若干种符号，再将其按一定规律排列组合，代表不同的数字和文字。而电流的速度非常之快，可以瞬间将各种符号传递到遥远的地方。有了这一方案，莫尔斯似乎成竹在胸，开始不分昼夜对应字母编写符号。这时他前段时间卖画的积蓄逐步告罄，吃饭一度成了问题。

无论多么艰难，莫尔斯都要把实验坚持下去。他的精神打动了一位名叫威尔的技师。威尔出身富贵之家，答应为莫尔斯提供购买设备的资金。甚至亲自加入实验，作为莫尔斯的助手，二人一道改进电报机。

↗ 莫尔斯试验接收机

　它使用点和画组成的莫尔斯电码，通过断断续续的滴答声将信息记录下来。

莫尔斯电码

莫尔斯为发明电码煞费苦心。他先是对报纸、杂志、书籍中的常用字进行统计，进而向印刷工人讨教，按照常用的英文字母对应简单的电码、不常用的英文字母对应复杂的电码的原则进行系统编码。

电报的具体符号则通过"接通""断开"电路的方法，形成"点""画"和"空白"等不同组合，用以对应不同的字母、数字、标点等。如字母"A"用一点一画表示，阿拉伯数字"5"用5个点表示，字母"e"用"·"表示，"t"用"—"表示等。各个字符不仅在"点"与"画"的组合上有规定，还对"点"与"画"的长度，以及"间隔"的幅度确定严格的时间比例。这样，收、发报的准确性大大提高了。

不知不觉中，时间又过去了一年，莫尔斯等人认为电报机已经较为完善，可以为人们的生活服务了。于是他带上电报机的样品，前往华盛顿劝说国会通过议案，对其拨款3万美元修建华盛顿到巴尔的摩的电报线路。几经周折和反复，国会最终通过决议。该线路于1844年正式完工，并于5月24日进行了试验。莫尔斯亲自操作，从华盛顿向巴尔的摩的威尔发出以下电文："上帝创造了何等奇迹。"从这一时刻起，人类进入了电报时代。

有线电报诞生后迅速推广至欧美各国，并且出现了跨海电报线路。有线电报的出现，使人们在政治、经济、文化等方面的交流变得更快捷。

科学家的故事

郑士波 著

第 ② 册

北京燕山出版社

目录

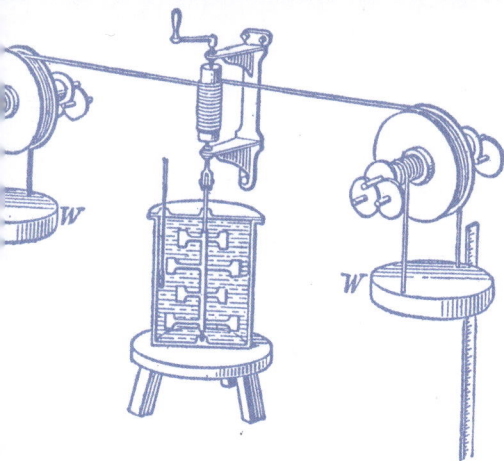

施莱登和施旺

创立细胞学说

任何一门学科的发展，都离不开前人的基础。细胞学说的创立同样离不开细胞研究先行者们的努力。

1665 年，荷兰科学家列文虎克用显微镜观察软木切片时，偶然发现其中的蜂窝状结构，他将"蜂窝"中一个个"蜂房"称为"细胞"。这是细胞概念的首次提出。

后来英国植物学家布朗和捷克生理学家普金叶先后观察到植物和动物的细胞核，这使人们对细胞的认识更进了一步。

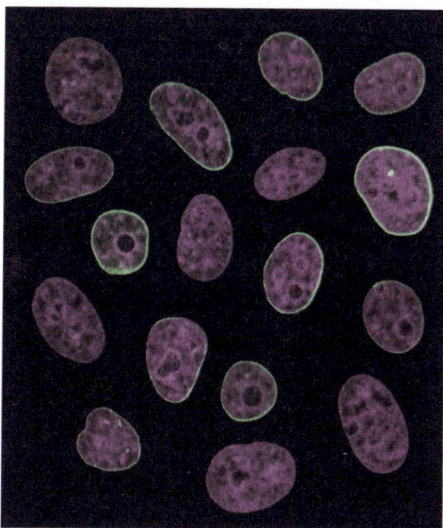

↗ 细胞放大图

德国植物学家施莱登

至此，施莱登、施旺等人创立细胞学说的条件基本成熟。

施莱登（1804—1881），20岁至24岁曾学习法律，并取得律师资格。但他更热衷于植物学研究，终于在1827年考入耶拿大学专攻植物学。

在治学过程中，他独树一帜。在其他植物学家专注于形态分类时，他却惯于用显微镜对各种植物的特征进行观察和描述。

施莱登重复了前人的实验，并对他们的实验结果进行了分析和总结。

在批判地继承前人成就的基础上，施莱登提出了自己的细胞学理论。

他认为细胞是构成植物体的基本单位，植物体所有组织、器官均由细胞组成，植物发育、成长的过程就是细胞发育、成长的过程。

在论述细胞生命特征时，施莱登指出了细胞生命的两重性，即细胞一方面要维持自身生命过程，另一方面又作为整个机体组织的一部分发挥其功能。

这种提法明显带有19世纪初奥肯"两重生命论"的烙印。

施莱登认为，细胞的生理过程就是旧细胞产生新细胞，而这个过程中细胞核是关键：新细胞的生成首先是细胞核的生成，接着便是细胞的其他组成物质从老细胞组织分裂出来，最后新的细胞核与刚分裂出来的细胞组织形成新的细胞。

谈及细胞的生理地位，施莱登明确提出，细胞作为植物体赖以生存和成长的根本依托，是植物生命体的基本构成单位。

以上几个方面的论述，构成了细胞学说的基本组成部分。从此，细胞学说开始建立起来。后来，德国生物学家施旺又把施莱登的植物细胞学说引入动物学，细胞学说从此更加完整。

施旺原来从事动物胚胎学、解剖学研究。19 世纪 30 年

林奈生物分类系统

林奈是近代生物分类学的奠基人。

林奈的最大功绩是把前人发现的全部动植物知识系统化，摒弃了人为的按时间顺序的分类法，选择了自然分类方法。他创造性地提出双名命名法，包括了 8800 多个种，几乎达到了无所不包的程度，被人们称为万有分类法。

林奈依雄蕊和雌蕊的类型、大小、数量及相互排列等特征，将植物分为 24 纲、116 目、1000 多个属和 10000 多个种。纲、目、属、种的分类概念是林奈的首创。林奈用拉丁文定植物学名，统一了术语，促进了交流。

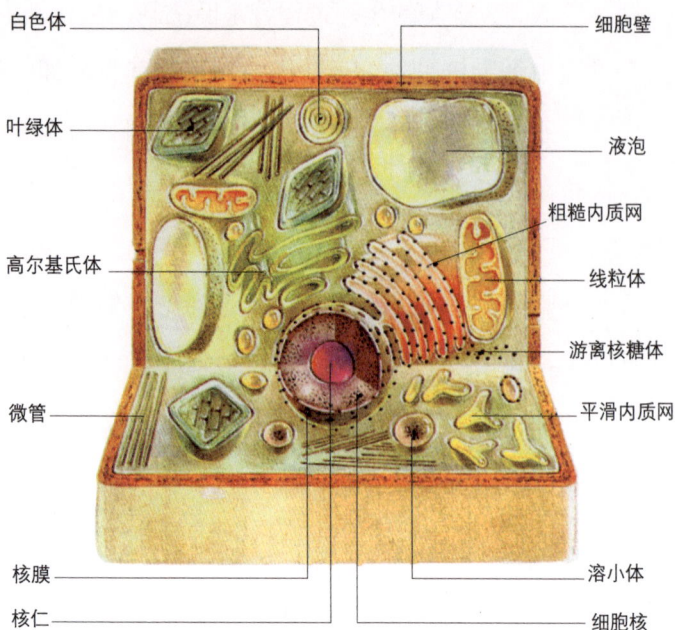

白色体　　　　　　　　　　　　　　　　　　细胞壁

叶绿体　　　　　　　　　　　　　　　　　　液泡

　　　　　　　　　　　　　　　　　　　　　粗糙内质网

高尔基氏体　　　　　　　　　　　　　　　　线粒体

　　　　　　　　　　　　　　　　　　　　　游离核糖体

微管　　　　　　　　　　　　　　　　　　　平滑内质网

核膜　　　　　　　　　　　　　　　　　　　溶小体

核仁　　　　　　　　　　　　　　　　　　　细胞核

↗ 植物细胞的立体剖面图

《植物学概论》

　　《植物学概论》是施莱登 1842 年完成的植物学教科书，集中阐述了他的细胞学说。在这本书的开始部分，他写了对于植物体所蕴含物质的研究成果，接着便转入了植物细胞学的集中论述。他认为细胞是"植物中普遍存在的基本构造"，无论如何复杂的植物体都由"各具特色的、独立的、分离的个体"构成，接着提到植物细胞两重特性，"一方面是独立的，进行自身发展的生活；另一方面则是附属的，作为植物整体一部分而存活"。然后，施莱登对植物学发展的历程进行了分段，即从古代到中世纪末，林奈时期，林奈以后。最后施莱登论述了形态学和组织学，为后世植物学家开辟了新的研究领域。

　　《植物学概论》结构、体例都是新的，为植物学研究确立了一个全新的角度，提出了植物学领域的新准则，激起了人们对植物学的极大热情。

代中期，胚胎学与细胞学并驾齐驱，使得施旺有意把二者加以结合。

他从另外一个角度解释了细胞的生理过程：新细胞的生成要借助新陈代谢将细胞间物质转化为细胞生成所需物质，借助细胞相互吸引力浓缩和沉淀细胞间质，进而生成新的细胞。

↗ 德国生物学家施旺

在解释生命发育过程时，施旺直接指出，动物个体发育过程都是从单细胞开始的。单细胞生成之后，不断分化出新的细胞，整个生命个体才不断发育成长。

只有当施旺把施莱登的细胞学说引入动物学之后，生物学中统一的细胞学说才形成，虽不够完善，但为日后生物学的发展指明了通路。

焦耳
提出能量守恒定律

科学家要想在某个领域有所建树，须有其过人之处。19 世纪英国物理学家焦耳的过人之处就在于：准确测量。

焦耳 (1818—1889)，出生在曼彻斯特的一个酿酒师家庭。酿酒工艺要求的是极为精确的测量，无论是原料的选配，还是酿酒池中的温度、湿度以及其他数据都

↗ 英国物理学家、化学家焦耳

必须一丝不苟地测量，并加以记录和分析。焦耳从小就接触酿酒技术，随着年龄的增长，他不但熟练掌握了这项技术，还开了一家酒厂。不过，做酒厂主人丝毫也不影响他对物理、化学的兴趣。

焦耳还专门向化学家道尔顿请教，从他那里获得不少基础理论知识。

同时，他也非常重视实验。1840 年前后，焦耳开始做通电导体发热方面的实验。

他的实验设计如下：准备一根金属丝，并测出其电阻，

然后将其连接安培计，接通电源插入水中。这时需要准确测定通电时间和水升温的度数，并适时读出安培计显示的电流强度，最后通过计算得出电流做的功和水由此获得的热量。

实验表明，电能和热能之间可以相互转化。通过整理该实验的精确数据，焦耳发现其中的固有规律：电流产生的热能与电流强度的平方、用电器电阻以及通电时间长短成正比。

焦耳的精确测量结出了累累硕果。但当时的科学权威对此不屑一顾，在他们看来，唯利是图的小商人还能有什么科学发明？

但啤酒商焦耳从来不让别人的看法左右自己。他很快就又投入各种机械能相互转化的实验中。

比如，他曾通过测量在水中旋转的电磁体做的功和运动线圈产生的热量，得出消耗的功和产生的热量跟感应电流的强度之平方成正比关系。

之后焦耳又做

↗ **实验中的焦耳**

了许多类似的实验，逐渐发现自然界的能量既不能产生也不能消失，只能在各种存在形式之间相互转化。

他还断定，热也是一种能量形式。这一论断强烈地冲击着当时科学界流行的"热质说"。

热质说可以解释温度不同的物体接触时，温度高的物体温度下降而低温物体温度上升的现象，认为那是因为热质从高温物体流向低温物体。

可是，相互碰撞摩擦的物体同时升温，热质是怎么创造出来的呢？热质说不能自圆其说，而焦耳的"热是一种能量形式"的说法却可以轻松解决这一问题。但由于先入为主，热质说仍然很有市场。

热功当量的测定

焦耳的主要贡献是测定了热和机械功之间的关系。他于1843年在英国《哲学杂志》第23卷第3辑上发表了论文《关于电磁的热效应和热的功值》，对热和功的关系做了系统的介绍。

此后，他用不同材料进行实验，并不断改进实验设计，结果发现结果都相差不多；随着实验精度的提高，趋近于一定的数值。

最后他将多年的实验结果写成论文发表在英国皇家学会《哲学学报》（1850年第140卷）上，他指出：第一，不论固体或液体，摩擦所产生的热量，总是与所耗的力的大小成比例；第二，要产生使1磅水（在真空中称量，其温度为50～60华氏度）升温1华氏度的热量，需要耗用772磅重物下降1英尺的机械功。他精益求精，直到1878年还有测量结果的报告。他近40年的研究工作，为热运动与其他运动的相互转换、运动守恒等问题，提供了无可置疑的证据，焦耳因此成为能量守恒定律的发现者之一。

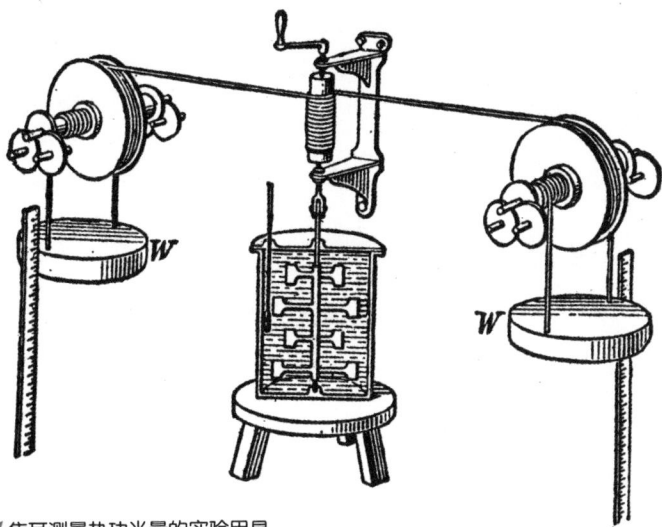

↗ 焦耳测量热功当量的实验用具

　　焦耳坚持不懈，继续做有关实验，最终以更多、更翔实的实验数据测得热功当量为 460 千克米／千卡，与今天物理学使用的 473 千克米／千卡已经很接近了。在铁的事实面前，焦耳的反对派（如威廉·汤姆生）不得不承认热功当量说。

　　最后，还是焦耳和汤姆生共同完成了对能量守恒定律的精确表述。

　　焦耳一生致力于能量、热功当量研究的时间超过 40 年，取得大量成果。这些成就多集中体现在他的专著里，如《论磁电的热效应和热的机械值》《论水电解时产生的热》《论热功当量》《关于伏打电产生的热》等。

　　1889 年 10 月 11 日，焦耳逝世。国际物理学界为了纪念他在物理学领域的贡献，把"焦耳"作为功的单位。

微生物学的奠基人
巴斯德

路易·巴斯德，近代著名的化学家和微生物学的奠基人。1822 年 12 月 27 日，法国东部裘拉省的洛尔镇，路易·巴斯德降生了。他的父亲曾是一名保家卫国的骑兵，退伍后成为一名皮革工人。

巴斯德是家中唯一的男孩。巴斯德上学期间，虽然表现得比较普通，却是一个很喜欢问问题的孩子，凡事追根究底，甚至一度令老师感到"头疼"。通过不断的学习和发问，这个曾经的不起眼的小男孩渐渐变成一个优秀的学生。

巴斯德早年家境贫困，靠半工半读于 21 岁考入巴黎高等师范学院，专攻化学。早期一直致力于晶体结构方面的研

🔍 **正在做实验的巴斯德**

巴斯德通过多次实验发现了物质变酸的原因，为后来在医学上确立热消毒法奠定了基础。

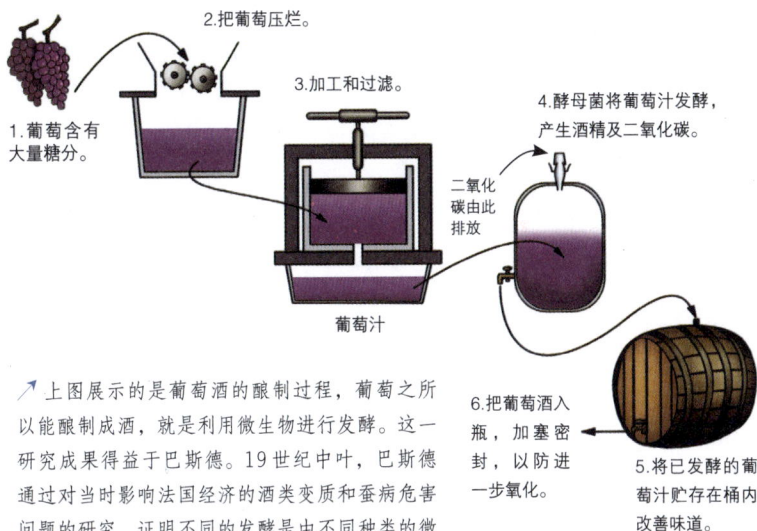

2.把葡萄压烂。

3.加工和过滤。

4.酵母菌将葡萄汁发酵，产生酒精及二氧化碳。

1.葡萄含有大量糖分。

二氧化碳由此排放

葡萄汁

6.把葡萄酒入瓶，加塞密封，以防进一步氧化。

5.将已发酵的葡萄汁贮存在桶内改善味道。

↗ 上图展示的是葡萄酒的酿制过程，葡萄之所以能酿制成酒，就是利用微生物进行发酵。这一研究成果得益于巴斯德。19世纪中叶，巴斯德通过对当时影响法国经济的酒类变质和蚕病危害问题的研究，证明不同的发酵是由不同种类的微生物引起的，并提出了科学的消毒方法——巴氏灭菌法，此法一直沿用至今。

究，并取得相当的成就。1854年以后，巴斯德逐步转入微生物学领域。

人们很早就发现做好的饭菜和奶制品等放久会变酸的现象，但不知到底是什么原因使其发生这样的变化。巴斯德于19世纪50年代投入这一问题的研究。他以牛奶为实验对象，准备一份鲜奶和一份变酸的奶，然后分别从中取出少量放到显微镜下观察，结果在两个样本中发现同一种微小的生物，即我们今天所谓的乳酸菌。区别仅在于所含细菌数目不同，鲜奶中的乳酸菌数量明显少于酸奶。接着，巴斯德又对新酿造的酒和放置一段时间已变酸的酒进行类似的实验，在两种酒中也发现同样的生物——酵母菌，而且前者所含菌数少于后者。

他经过进一步分析、研究，最终确认无论是牛奶还是酒变酸都是因为细菌数量的增加和活动的加强所致。巴斯德把这类极小的生物称为"微生物"。并且以乳酸菌和酵母菌作为它们的代表，对其生活习性、营养状况、繁殖特征等方面进行了深入研究。

1857 年，巴斯德关于乳酸发酵的论文正式发表。此文标志着一个新的生物学分支——微生物学诞生。

1863 年巴斯德发明防止葡萄酒变酸的高温密闭灭菌法，后来被称为"巴斯德灭菌法"。

在研究解决丝蚕病的过程当中，他对致病菌有了进一步认识，后来提出了病菌学理论，这引起了一些临床医学家的注意。当时的许多外科手术过程非常顺利，就是术后病人死亡率居高不下。英国名医李斯特意识到这可能与创口感染病菌有关，遂用巴斯德灭菌法对手术器械和场所消毒灭菌。此举使其术后病人死亡率从 45% 骤降至 15%。

进入 18 世纪 70 年代以后，达内恩医师受巴斯德灭菌法的启发，发明了碘酒消毒法。后来美国的霍尔斯特德和英国的亨特又开戴消毒手套和口罩的先河。这些灭菌法和防菌法至今仍在外科手术领域广泛应用。

巴斯德在开创微生物学之后更大的贡献在于对免疫学方面的研究。病菌侵入人体就会使人产生抗体，那么要是

让失去毒性的病菌进入人体，使之产生抗体以杀灭后来侵入的有毒病菌，不就可以达到免疫效果了吗？巴斯德在这方面进行了大量探索。其中最值得一提的是其培育的狂犬病疫苗。

1880 年，巴斯德收集了一名狂犬病患者的唾液，将其兑水后注射到一只健康的兔子身上。一天以后，兔子死去，他再把这只兔子的唾液接种给另外一只健康兔，它也很快死去。巴斯德在显微镜下观察死兔的体液，发现了一种新的微生物，进而用营养液加以培养，再将菌液注射到兔子体内，结果毒性再次发作。

他在观察这些染病动物的体液时发现了与培养液中相同的微生物，巴斯德初步确认是这种病菌（其实是病毒）

导致兔子死亡的，于是对这类病菌用低温（0～12℃）的方法减毒，后又用干燥的方法再次加以减毒。过了一段时间后，经实验发现其毒性已不能使动物致病，可以用来免疫。

1885年6月，巴斯德第一次使用减毒疫苗治愈了一名患狂犬病的男孩。从此，狂犬疫苗进入实用阶段。

在战胜了狂犬病之后，巴斯德被誉为与死神抗争的英雄。为了表彰其在微生物学领域的杰出贡献，巴黎建立了"巴斯德学院"。该学院后来为推进微生物学的发展起了重要作用。

1892年12月27日，在巴斯德70岁生日当天，法国举行了盛大的庆祝会。

在时任法国总统弗朗索瓦·卡诺的搀扶下，巴斯德受到人们的热烈的欢呼，在颁发给他的纪念章上，人们刻着这样的话语："纪念巴斯德70岁生日，一个感谢你的法兰西，一个感谢你的人类。"

1895年7月28日，路易·巴斯德因病去世，终年72岁。回顾他伟大的一生，他在微生物学和医学界留下了诸多史无前例的成就，并将永远造福于全世界人民。

达尔文
提出进化论

　　提起达尔文，你肯定会想到进化论，说到进化论，却不能不先讲拉马克。拉马克在其《动物哲学》一书中粗略地描述了动物界由简单到复杂的进化过程。这可以称为最早的进化论观点，达尔文正是在这样的基础上创立了成熟的进化论。

　　达尔文，1809 年生于英国的一个医生家庭，从小就热爱大自然，尤其喜欢打猎、采集矿物和动植物标本，但少年的达尔文学习成绩一般。

　　因此，父亲认为他"游手好闲""不务正业"，1828年将他送到剑桥大学，改学神学，希望他将来成为一名"尊贵的牧师"。

　　达尔文在大学期间仍然把大部分时间花在对自然科学的研究上。在 22 岁那年，经别人推荐，他瞒着家人，以"博物学家"的身份加入"贝

↗ 查尔斯·达尔文

格尔"号海洋调查船开启环球旅行。

"贝格尔"号环球航行之旅是达尔文一生最为快乐的时光，也是收获最大的时期。这期间，青年的达尔文精力充沛、兴趣广泛，沿途细致考察了各地的地质特点和生物分类，比较了化石和当前各种动植物的差别和联系，并且深入研究了多种生物的地理分布，还采集了大量稀有生物的标本，发现了许多在书中没有记载的新物种。

这次旅行中，达尔文开始思考人类是怎样起源的，动植物的遗传和变异等问题。在考察的过程中，达尔文根据物种的变化，一直在思考这样一个问题：人类及其他万物究竟是怎样来的？为什么会千变万化？彼此之间会有什么联系？

逐渐地，达尔文对神创论产生了怀疑，决定揭开这其中的谜团。

从1831年到1836年，达尔文先后在南美洲海岸考察了5年，收集了大量的标本和实物，尤其是在南美的科隆群岛的考察，使达尔文更坚定高等物种是由低等物种进化而来的想法，物种进化的理论逐渐在他的脑海中形成，并且有了一个清晰的概念。

1836年，达尔文还去了澳大利亚考察，了解那里的生物，进

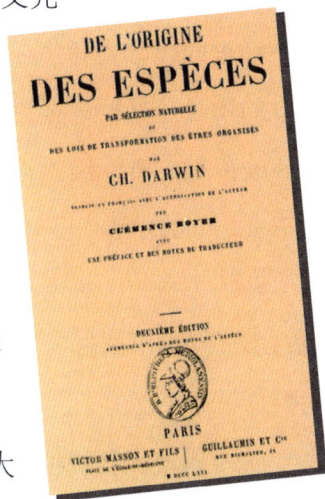

↗《物种起源》书影

拉马克对进化原因的分析

　　拉马克认为引起进化演变有两个互不相连各自独立的原因。第一个原因是谋求更加复杂化（完善）的天赋。"在相继产生各种各样的动物时，自然从最不完善或最简单的开始，以最完善的结束，这样就使得动物的结构逐渐变得更加复杂。"

　　引起进化演变的第二个原因是对环境的特殊条件做出反应的能力。拉马克说过，如果趋向于完善的内在冲动是进化的唯一原因，那么就只会有一条笔直的序列引向完善。然而在自然界中我们遇到的却是在种与属中各式各样的特殊适应，并不是笔直的序列。拉马克认为这是由于动物必须永远与其环境取得全面协调的缘故，当这种协调遭到破坏时，动物就通过它的行为来重新建立协调关系。

一步为他的物种进化理论搜集证据。

1836 年 10 月，达尔文结束环球旅行考察回到英国，在随后的时间里，他忙于整理带回来的标本和笔记资料，在不经意间接触到马尔萨斯的《人口论》一书。书中提到人口的增长速度要远远快于粮食的增加速度，只有依靠瘟疫和战争等灾难性因素抑制人口过快增长，才能缓解人口与粮食之间的矛盾。

这其实言明了种内竞争的必要性，为达尔文进化论思想的形成提供了依据。1842 年，他写出了《物种起源》的纲要，第一次提出了进化论的思想。

1859 年发表《物种起源》一书，在学术界引起轩然大波，标志着一个时代的结束和另一个时代的到来。它沉重打击了神权统治的基础，以全新的生物进化的思想，推翻了"神创万物"的物种理论。

达尔文的进化论思想可以概括为以下几个方面。

首先是遗传和变异。他指出，遗传和变异普遍存在于各个物种当中，进而推动各种生物进化或灭绝。而遗传、变异也相互作用，有的变异遗传给后代个体，而有的变异就不能，分别称为一定变异和不定变异。

关于变异的诱因，达尔文认为是生存环境的变迁、器官的使用程度等。

其次是自然选择，即所谓物竞天择，适者生存。

其实，"自然选择"概念是受了种畜场"人工选择"的影响而提出的，即人工选择是根据人的需要，而自然选择则是根据自然的需要。达尔文通过观察发现大多数生物繁殖过剩，而这些新生个体在残酷的生存竞争中，只能接受自然条件的再选择，适应当前环境者才能生存。

再次是性状分歧、种形成、灭绝和系统树生产。生活实践告诉人们，各种动植物可以从一个共同的原始祖先，经过人工选择，从而形成众多性状各异的品种。在自然界中，这个道理依然适用，一个物种会由于生存条件的差异，形成许多变种、亚种和种。时间久了，同一物种内的亲缘关系，会像一株枝权众多的大树，即称为系统树。

《物种起源》一书从以下几个部分论述了物种的起源和

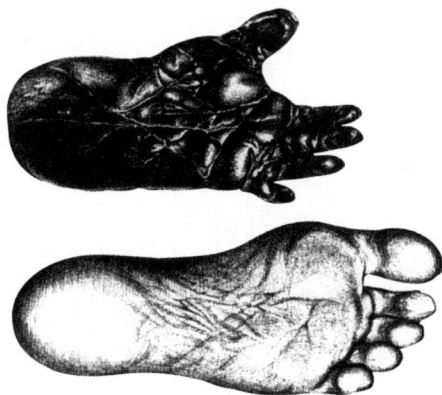

↗ **人脚与猿脚的比较**
　猿脚与猿手更接近，是抓握东西的需要，人的脚趾短则是为了提高站立的稳定程度；猿脚没有人脚的拱曲——足弓，人类能把每一步的冲压都化解在这种足弓结构中。

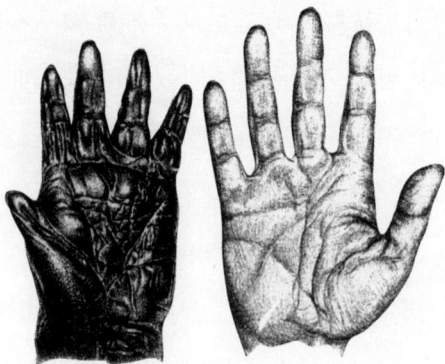

↗ 人手与猿手的比较

　　人手与猿手在结构上具有十分明显的相似性，但人手的拇指比猿手要长，且具有更大的活动范围；猿手的手掌比人手手掌长是由于握东西的需要而形成的。

　　其发展的史略：（一）家养状况下的变异；（二）自然状况下的变异；（三）生存斗争；（四）自然选择，即适者生存；（五）变异的法则；（六）学说的难点；（七）对于自然选择的种种异议；（八）本能；（九）杂种性质；（十）论地质记录的不完全；（十一）论生物在地质上的演替；（十二）地理分布；（十三）生物的相互亲缘关系。

　　《物种起源》一书近乎完美地表述了达尔文的进化论思想，为日后的生物学发展具有决定性意义。1882 年 4 月 19 日，达尔文因病去世，人们把他的遗体安葬在牛顿的墓旁，以表达对这位著名科学家的敬仰。

孟德尔
在遗传学上的突破

子孙长得像长辈这一现象并不稀奇，甚至可以说很普遍。历史上，科学家曾探索这一问题，如拉马克曾在其专著《动物学哲学》中提出遗传问题。

而稍后的达尔文对遗传的规律做了进一步探索，并在1859年发表的《物种起源》一书中把遗传和变异作为自然选择原理的基础。

↗奥地利遗传学家孟德尔

但是，到1866年孟德尔发表了《植物的杂交实验》一文，人们才弄清了这一现象的根本规律所在。

格雷戈尔·约翰·孟德尔（1822—1884）出生于西里西亚的一个农民家庭，受教育不是很多，但从小博闻强识，掌握了许多植物学、动物学等领域的知识。

他成年后进入修道院，协助克拉谢尔管理植物园，期间在多普勒和克拉谢尔影响下做杂交实验，从中发现了植物遗传性状的传递规律。

孟德尔主要贡献之一就是首先提出遗传单位即基因的概念。他通过实验发现植物种子内部存在稳定的遗传因子，这种遗传因子来自父本和母本，成对出现，物种的性状是由它们控制的。孟德尔还意识到基因分为显性基因和隐性基因。其差别在于前者表现出来，而后者往往不表现出其性状。

孟德尔在提出遗传基因的基础上，又进一步阐述两条重要的遗传规律，史称"孟德尔定律"，其中首推分离定律。

推出分离定律的实验材料用的是豌豆。这是因为豌豆表现的性状很容易准确识别，杂种也可育，便于观察多代遗传的特点。另外其生长期较短，可以缩短实验周期。尽管如此，杂交试验也持续了8年。科学创新的艰辛在此可见一斑。

孟德尔将具有不同性状的豌豆杂交，发现杂种性状只类似于亲本中的一个，而不是两个亲本性状的折中，而杂种自交产生的子二代发生了性状分离。

他通过大量试验，统计分析得出杂种后代性状的分离比例为3∶1。这就是有名的孟德尔第一定律——分离定律。

在得出分离定律之后，孟德尔又进行新一轮的实验。他先找出具有双显性基因的母本，如豆粒的黄颜色性状相对于绿颜色性状为显性，还有圆滑相对于皱形是显性。再找出具有双隐性基因的父本，最后将其杂交，发现子一代个体均呈现显性特征，子二代的个体不但出现显性和隐性特征，还出现了兼有显性和隐性特征的个体，如黄色皱形豆粒。孟德尔

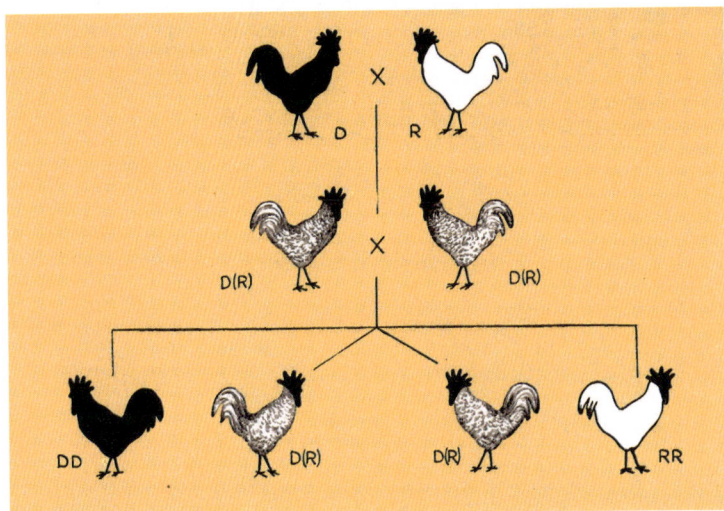

↗ 孟德尔证实，遗传特征可能是显性（D）的，也可能是隐性（R）的。如果显性不完整，那么可能会发生混合现象，正如图中这些家禽的颜色演示所说明的一样。当灰色的家禽互相交配的时候，原来的颜色基因会再次表现出来。

由此得出自由组合的遗传定律，即生殖细胞在形成过程中，不同对的等位基因可自由组合，且机会相等，继而形成具有不同性状的配子。这也被称为孟德尔第二定律。

孟德尔提出的生物遗传定律，虽然没有得到人们的重视，但它的意义十分重大，这些定律今天仍在育种实践领域广泛应用，而且他创立的遗传分析方法与细胞学方法、数学统计法、物理化学法并称生物学研究的四大方法。

孟德尔遗传理论为生物学开创了全新局面，可与达尔文的进化论并驾齐驱，不愧为现代遗传学的奠基人。

诺贝尔

冒着生命危险研制安全炸药

诺贝尔，全名阿尔弗雷德·伯纳德·诺贝尔，1833 年 10 月 21 日出生在瑞典首都斯德哥尔摩。幼年的诺贝尔家境贫苦，但受作为发明家的父亲的影响，热衷于发明创造。

诺贝尔从小勤奋好学，虽然只接受过一年的正规学校教育，但他精通英、法、德、俄、瑞典等多国语言，甚至可以用外文写作，其自学能力可见一斑。不只在外语，在发明领域小诺贝尔的学习劲头更足，他可以连续几个小时观察父亲的实验。

在诺贝尔 9 岁的那一年，父亲带他去了俄国，并为其聘请了家庭教师，教授数理化方面的基础知识，为他日后搞发明打下了基础。同时，诺贝尔学习之余在父亲开的工厂里帮忙。这使他的动手能力进一步增强，并具备了生产和管理方面的知识和经验。

当时由于工业革命的开展和深入，刺激了能源、铁路等

瑞典化学家诺贝尔

基础工业部门发展。为了提高挖掘铁、煤、土石的速度，工人频繁地使用炸药，但当时的炸药无论是威力还是安全性都不尽如人意。意大利人索布雷罗于 1846 年合成了威力较大的硝化甘油，可惜安全性太差。那时又盛传法国人也在研制性能优良的炸药，这一切促使诺贝尔的注意力转移到研制炸药上来。

1859 年，在家庭教师西宁那里，诺贝尔第一次见识了硝化甘油，西宁把少许硝化甘油倒在铁砧上，再用铁锤一敲便诱发了强烈的爆炸。诺贝尔对硝化甘油做了进一步分析，发现无论是高温加热还是重力冲击均可以导致其爆炸，他开

↗ **火箭燃料**
　它也是炸药的一种，虽然其爆炸威力小，但燃烧充分。

↗ **黑色炸药**
　它具有威力大的特点，但缺点是体积大，运输不便。

↗ **一般焰火**
　这是最原始的炸药，威力小，几乎没有实用价值。

始为寻求一种安全的引爆装置而忙碌。经过无数次实验，最后他发现若是把水银溶于浓硝酸中，再加入一定量的酒精，便可生成雷酸汞，这种物质的爆炸力和敏感度都很大，可以作为引爆硝化甘油的物质。

诺贝尔用雷酸汞制成的引爆装置装到硝化甘油的炸药实体上，亲自点燃导火索，只听"轰"的一声巨响，实验室的各种器物到处乱飞，他本人已被炸得血肉模糊。从废墟中爬出来的他用尽最后一点气力说："我成功了。"然后就昏死过去。科学的进程是如此悲壮！不管怎样，雷酸汞雷管发明成功，他在1864年申请了这项专利。很快，诺贝尔的发明传播开来，用于开矿、筑路等工程项目中，大大减轻了工人们的挖掘强度，工程进度也快了许多。正当人们沉浸在炸药给生活带来的幸福之中时，灾难却向诺贝尔一家袭来。

1864年9月3日，诺贝尔的弟弟埃米尔和另外4名工人在实验中被炸身亡，不久年迈的老诺贝尔因经不起丧子之痛含悲而逝。诺贝尔强忍巨大悲痛，在斯德哥尔摩郊外设厂，开始整批地生产硝化甘油。但世界各地的爆炸事故接连不断，有些国家的政府为此甚至禁止制造、运输和贮藏硝化甘油，这给诺贝尔的事业带来极大的困难。经过慎重考虑，诺贝尔决定赴美国加利福尼亚就地生产硝化甘油，并研制安全炸药。在试验中，他分析了一些物质的性质，认为用多孔蓬松的物质吸收硝化甘油，可以降低危险性，最后设定25%的硅藻土吸收 75% 的硝化甘油就可形成安全性很高的炸药。

威力强劲、使用安全的猛炸药的出现，使黑色火药逐步退出了历史舞台，堪称炸药史上的里程碑。诺贝尔在随后的几年里，又发明了威力更大、更安全的新型炸药——炸胶。1887年，燃烧充分、极少烟雾残渣的无烟炸药在诺贝尔实验室诞生了。

循着威力更大、更安全和更符合人的需要的原则，诺贝尔在发明炸药的道路上坚定不移地走下去，为人类的进步做出了杰出的贡献，受到后人的尊敬。

诺贝尔奖金质奖章的正面（左）和反面（右）

诺贝尔奖

1896 年 12 月 10 日，诺贝尔逝世于意大利。遵照其遗嘱，他的大部分遗产（约 900 万美元）作为设立诺贝尔奖的基金，每年提取基金的利息，重奖为人类进步事业做出重大贡献的后人。诺贝尔在他的遗嘱中明确，获奖的唯一标准是其实际成就，而不得有任何国籍、民族、肤色、信仰等方面的歧视；奖金每年颁发一次，授予前一年中在物理学、化学、生理学或医学、文学、和平 5 个领域里"对人类做出最大贡献的人"。该奖于 1901 年 12 月 10 日，即诺贝尔逝世 5 周年纪念日首次颁发，至今已有超过 500 人获此殊荣。诺贝尔临终设立此奖，是其对人类科学文化事业进步的又一重大贡献，永远值得后人景仰。

门捷列夫

发现元素周期率

19 世纪以来，化学领域重大突破接连不断。

继原子－分子论之后，对元素性质和分类的认识也进一步深化。

1864 年，德国化学家迈耶尔根据各元素的化学性质，排出"六元素表"，它已初具周期表的轮廓。

第二年，英国的化学家纽兰兹发现：若把已知元素按原子量大小顺次排列，相邻的八元素性质相似。由此，他戏称这个规律为"八音律"。

俄国化学家门捷列夫

他于 1869 年完成了第一张较为完整的元素周期表，形象地解释了各种元素之间的关系。

这些科学家对化学元素之间的关系的描述促成了人类对化学元素认识上量的进步，而俄国的门捷列夫发表的元素周期表则是质的飞跃。

门捷列夫 1834 年生于俄国的西伯利亚，由一个政治流放者完成了对他的科学启蒙。后随母亲来到彼得堡，进入中央师范学院自然科学系学习，逐步形成了唯物主义世界观，坚信各种元素的质量和化学性质之间必然存在某种联系，并试图找出这种联系。

大学毕业后，门捷列夫被派往敖德萨任中学教师，为了教学的方便和高效，他决定寻求一种合乎逻辑的方式将当时已知的 65 种元素进行排列组合，不过尝试了几种方法都失败了。

最后，门捷列夫决定按各元素的化学性质分门别类再插入教科书的各个章节。为此，在仔细研究了各种元素的特

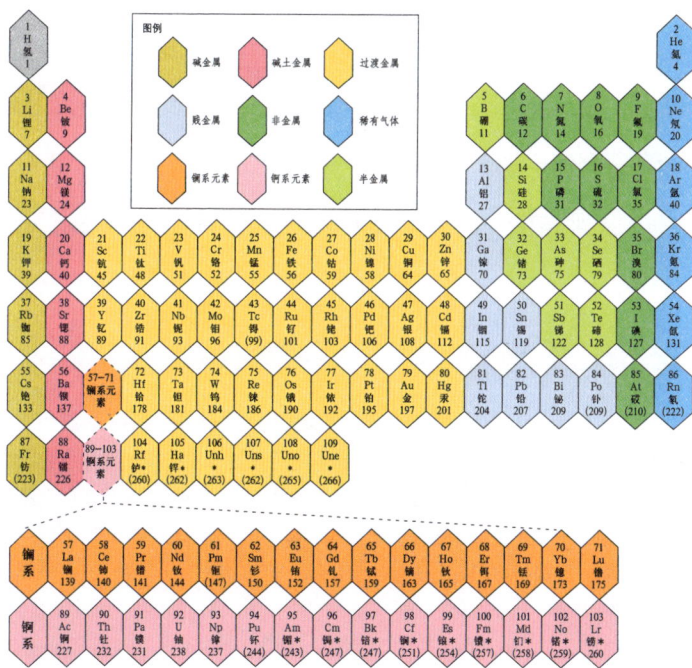

↗ 元素周期表

点之后，将每一种元素的化学性质、物理性质、化合价、原子量等都记在一张小卡片上，最后 60 多张卡片构成一副门捷列夫特有的"扑克牌"。

他把这副"扑克牌"时时刻刻拿在手里，不停地翻看、排序，翻了一遍又一遍，排完了又重排一遍，不厌其烦，甚至在吃饭、会客时也不例外。

久而久之，门捷列夫逐渐发现这些元素性质特点的规律：把全部已知元素按原子量递增顺序排列，相似元素就会依一定间隔出现。

同时，门捷列夫还预见了元素周期律表格中的空白应该由尚未发现的元素来填补。他还估计了这些元素的属性。门捷列夫于 1869 年 3 月 1 日完成第一份元素周期表，形象具体地解释了元素周期律。

门捷列夫在一篇名为《元素属性和原子量的关系》的

诺贝尔奖的遗憾

门捷列夫没能获得诺贝尔奖应该是诺贝尔奖颁奖史上最令人震惊和遗憾的事情。这位俄国科学家，发现了化学元素的周期性，制作出世界上第一张元素周期表，并据此预见了一些尚未发现的元素。据诺贝尔奖档案记载，诺贝尔奖委员会本已打算将 1906 年的化学奖颁给这位大师，但委员会中的一人最终将门捷列夫踢出了榜单。这位伟大的化学家于 1907 年去世。

论文中将周期律的基本思想阐述为：

（1）原子量的大小决定元素的性质，而其性质呈现明显的周期性。

（2）许多未知元素的同类元素将按其原子量大小被发现。

（3）可以通过元素的性质修正该元素的原子量。

门捷列夫发现的元素周期律说明，化学元素有着系统的分类体系，它们当中存在着一条严整的自然序列。这一发现为化学研究提供了新的理论基础，被称为化学的"圣经"。门捷列夫本人由于发现元素周期律，而被称为"俄国科学的门神"。

↗ 元素周期表的外文版形象展示

电气时代的缔造者
麦克斯韦

成功的百分之九十九要用汗水铸就，但也不可否认天才确实存在。

19世纪的詹姆斯·克拉克·麦克斯韦就是一例，但他像一颗划破夜空的耀眼的流星，转瞬即逝。

麦克斯韦1831年出生于苏格兰的一个名门望族。他出生的那年，法拉第刚刚发现电磁感应。他确确实实是一个天才，10岁左右便在数学上崭露头角。14岁时他发明了用大头针和棉线做出准确椭圆的方法，并将其整理成一篇小论文发表在《爱丁堡皇家学会学报》上，由此获得爱丁堡学院数学奖。很快，他又完成两篇论文——《关于摆线的理论》和《论弹性体的平衡》，交给皇家学会。

1850年，麦克斯韦进入剑桥大学的三一学院学习数学和物理。1855年，刚刚毕业的麦克斯韦进入电磁研究领域，

英国物理学家麦克斯韦

麦克斯韦在物理学上的主要贡献在于他对电磁学的研究，他的一系列研究成果为电和磁之间的相互转化奠定了理论基础。

这一年法拉第又恰好告退，但二人还是走到一起，看来他们的缘分确实不浅。

法拉第富有物理学洞察力，数学却一塌糊涂，专攻实验研究。而麦克斯韦长于理论概括和数学方法，他以数学方式准确地表述了法拉第的物理思想。二人珠联璧合，通力合作，联手把近代电磁学向前推进了一大步。

1855年，麦克斯韦发表了《论法拉第的力线》一文，第一次采用几何学的方法，对法拉第磁力线概念做出准确的数学表述。

此举不但直接推进了实验研究，而且暗含了他日后得出的一些重要思想，为其进一步研究扫清了道路。

麦克斯韦在1862年发表的《论物理的力线》中提出了"位移电流"和"涡旋电场"等概念，在诠释法拉第相关实验结论的同时，发展了法拉第的思想。这是电磁理论首次较为完整的表述。

1873年，麦克斯韦写出了著名的麦克斯韦方程组，以简洁、优美的数学语言对电磁场做了完整表述。

↗ 年轻时的麦克斯韦

此外，他汇总了从库仑、安培、奥斯特到法拉第再加上其个人的研究成果，写成《电磁学通论》一书。

该书堪称电磁理论的集大成之作，对麦克斯韦以前的电磁学研究进行了深刻分析和全面总结，具有极高的学术参考价值。爱因斯坦称之为"物理学自牛顿以来的一场最深刻最富成果的变革"。

↗ 麦克斯韦与妻子

麦克斯韦的高明之处在于把电和磁统一起来。

他意识到二者之间的相互转化，认为其以波的形式传播扩散。他称这种波为电磁波，并预言了光波的存在。

因为电磁波传播的速度与当时测定的光速相等，从而使麦克斯韦方程也成为光学的基本定律。

"尽管麦克斯韦理论具有内在的完美性并和一切经验相结合，但它只能逐渐地被物理学家所接受。"物理学家劳尼如是说。

事实也是这样，没有几个人能弄懂他的理论，他们认为"他的思维太不正常了"。

但是金子总有一天会发光的，麦克斯韦逝世十多年后，德国物理学家完成了对电磁理论的验证工作。至此，麦克斯韦理论广为世人所接受。

从法拉第到麦克斯韦，再到赫兹，科学的进程如同一场超越时空的接力赛。

无论如何，麦克斯韦的《电磁学通论》揭示了电磁现象的普遍规律，标志着电磁理论体系的成熟，麦克斯韦本人也因此被誉为电气时代的缔造者。

↗ 麦克斯韦的墓碑

贝尔
发明电话

Fa Ming Dian Hua

electr话是一个叫作亚历山大·贝尔的青年发明的。1847年3月3日，贝尔出生在英国的爱丁堡。他的父亲和祖父都热衷于语音学研究，这也许算得上贝尔发明电话的一点渊源吧。但儿时的贝尔可没意识到这些，他像普通的孩子一样不用功学习，后在爷爷的教诲下学习开始上进，为后来的发明奠定了良好的知识基础。

贝尔17岁时进入爱丁堡大学学习语言学，后又在伦敦大学深造。1870年，全家迁往加拿大，后又转移来到美国，继续从事语言方面的研究和教学。为了使聋人听到别人的说话声，贝尔试图在纸上描出声波细线，让聋人读懂别人的话。贝尔在描绘声波的实验中偶然发现：每当接通、切断电流时，线圈就会发出异样的声响。贝尔又反复开关电源，结果是相同的。他突发奇想：若是使电流变化与声波变化的频率及强度相同，那么声音不就可以与电流传播一样快、一样远吗？循着自己的思路，贝尔用薄薄的金属片做成电磁开关，电源也与开关连好。他认为只要对着金属片讲话，金属片就会随着声音的振动，导致开关有规律地闭合，电流也会由此产生相应的波动。但是结果失败了，他就这个问题请教几位电学

↗ 忙于发明创造的贝尔

家，不料他们不以为然。

贝尔不是那种轻易放弃的人，1873 年的一天，他登门拜访了美国科学院院长约瑟夫·亨利，向他讲了自己的想法：

"先生，您看我是发表自己的看法，由别人去做，还是自己动手去完成它呢？"

"祝贺你，你已有了一项了不起的设想，年轻人。"

"可是……"

"干吧，别担心！"

"可是，尊敬的亨利先生，在制作方面还有不少困难，主要是我不懂电学。"

"不懂电学？"

"是的。"

"搞懂它，你会行的，动手干吧。"

↗ **早期的电话及从事电话交换工作的人**

　　刚开始的时候，电话交换是靠手工来完成的，所以，电话局需要很多工人。

　　从亨利那里回来，贝尔开始刻苦攻读电学方面的书籍。一段时间下来，对于一般电学知识，他已了如指掌。贝尔在着手研究电话的过程中，又结识了助手沃特森，更是如鱼得水。贝尔按照原来的思路，做成两部所谓的电话机，分置在两个房间，中间以导线相连。二人一人守一处，反复调试，毫无结果，一直到1875年6月2日情况才有了些转机。

　　这天早晨，二人来到各自的房间，沃特森开始通过电话向贝尔发信号。贝尔则不停地调整听筒的振动膜，忽然听到话筒发出了一些异样的声音。他仔细加以分辨，最后确认这是沃特森发出的信号。他疾步冲向沃特森房间，让他把刚才的一切多次重复，结果证明这种信号的传播是稳定的。两人最终确认：人的声音首先振动了话筒的膜片，从而使底部的 U 型磁铁形成的磁场发生有规则的变动，促使缠在磁铁上的线圈产生的感应电流也发生相应的波动。这种波动随电流沿着导线传到另一端的电话。电流传递声音终于成为现实！贝尔终于在 1875 年的 3 月 10 日制成了一部可以清晰通话的电话机，并于第二年 2 月 14 日获得专利。

在完成了电话机的发明之后，贝尔充分利用一切机会向公众宣传，并于 1877 年成立贝尔电话公司，开始电话的商业运作。事实真的如他在给父亲的信中说的那样，"一切都是我的，我肯定会获得荣誉、财富和成功。"

↗ 早期电话机模型

↗ 贝尔发现了声音的震动原理，并在此基础上发明了电话。图为他亲自在试验通话的效果。

卡尔·本茨

与奔驰汽车

Ben Chi Qi Che

车的历史是悠久的，但汽车的历史却不是很长，它是19世纪末才开始出现的。

1854年，德国工程师奥托试制内燃机，几经挫折，最后制造出一台四冲程煤气内燃机，后又改进为以汽油为燃料的四冲程常规活塞内燃机，为日后的汽车提供了心脏。

到了1880年，发明家戴姆勒萌发了用内燃机改造蒸汽自行车的想法。他先制成了一台小型高效内燃机，然后把它安装在两轮自行车上。

这俨然是一辆摩托车，还算不上是汽车，但对于汽车的发明起到了很大的推动作用。

有了把内燃机装在自行车上的尝试，就有人试着把它装在马车上，制造所谓"无马的马车"。德国人卡尔·本茨就是其中杰出的一位。

他在1886年研制了

↗ 戈特利布·威廉·戴姆勒

↗ 卡尔·本茨于1886年驾驶着他发明的第一辆三轮机动车。

一台小型汽缸，并用它做成一部链式引擎，与戴姆勒内燃机相比更为小巧，更为高效。

之后，本茨将自己发明的内燃机安装在一辆三轮车上。鉴于它用汽油内燃机做动力，故人们称之为"汽车"。

第一部汽车重达250千克，功率为25～29千瓦，时速不超过20千米，当时售价约为2万马克。开始时本茨的汽车很不完善。它的车轮仍为木质的，外面包一层金属皮，9年以后才装上了轮胎，有了一点现代汽车的样子。

后来，美国的亨利·福特为提高汽车行驶的稳定性，研制成功了四轮汽车。这时汽车才基本具备了现代汽车的外形。

卡尔·本茨本人对自己发明的汽车，也不是十分满意，尤其是点火系统。多次实验后，他才发明出今天普遍使用的高压电火花点火。

正当本茨的汽车一步步走向成熟和完善，准备正式试车时，官方却莫名其妙地阻止他试车。这使他极为懊恼，但又没有办法。

最后还是本茨夫人帮了大忙。她不顾官方禁令，毅然

↗ **较为成熟的汽车**
到 20 世纪初，汽车已发展到比较成熟的阶段，已基本具备了现代汽车的雏形。

↗ **原始的奔驰汽车**
本茨的早期汽车还未脱离四轮马车的痕迹，它所用的轮胎还是木质实心的。

↗ **改进的奔驰汽车**
　　在实际使用中，本茨发现实心轮胎既颠又不安全，于是改用充气的橡胶轮胎。这样既安全又舒适。

推出车子跳了上去，发动好车，沿着门前的马路疾驶而去。行人望着这位妇女驾驶的奇怪车辆目瞪口呆，本茨夫人则旁若无人地开着车兜了一圈，又回到住处。

　　她可能是世界上第一个开车兜风的人，却无意间宣告本茨汽车试车成功。

　　对于本茨发明的汽车，人们惊诧不已，议论纷纷，媒体也十分关注。

　　当时的一家报纸是这样报道的："大家把这辆车子当作汽车……它不仅可以在笔直的道路上行驶，而且可以在较大的斜坡运输。正如一位推销商可以带上他的样品无拘无束地驾驶这辆车……我们相信，这种车子将有良好的前景，因为这种车使用简便，速度极快，是最便宜的运输工具，甚至也适用于旅游者。"

可见，当时的人们充分估计了汽车的发展前景和即将担负的责任。

尽管如此，汽车并没有很快成为实用交通工具。

其原因有二：第一，由于它的大部分零部件均系手工完成，制造成本注定很高；第二，由于工艺不是很精，乘坐舒适度较差。所以许多年里，汽车仅作为富人们外出备用的交通工具。

但这些不能阻碍汽车前进的步伐。

20 世纪初，汽车生产开始上规模，并很快形成汽车工业。人类由此跨入了汽车时代，本茨则被称为为世界安上轮子的人。

"发明大王"
爱迪生

托马斯·爱迪生是人类最伟大的发明家之一，一个人有 1000 多项发明，这在人类历史上实属罕见。

爱迪生，1847 年 2 月 11 日出生在美国俄亥俄州的米兰镇，在家中是最小的孩子。父亲是木匠，母亲是教师，家境很差。他只受过 3 个月的学校教育。

托马斯·爱迪生

就这些背景，无论如何与他 1000 多项发明成果都是不相称的，但这是铁的事实。

于是有人说，那是因为他有一位好母亲，她教子有方，才使爱迪生日后有所成就。

确实，爱迪生在小学当了 3 个月的"笨孩子"之后，就被母亲带回家，开始了"半工半读"的生活，即白天跟父亲做木工活，晚上跟母亲学文化。

这样的培养方式一方面使他有一定的知识功底，另一方面则提高了他的动手能力。爱迪生小小年纪，就在自己家中的地窖里搞起各种小实验。

爱迪生发明的留声机

后来由于家庭经济条件恶化，他出去为人赶过马车、当过报童，一个偶然的机会使他有幸成为一位火车电报员。不幸的是由于他在车上做实验引起大火，又被解雇。

但任何艰难困苦也不会使这位将来的伟大发明家有丝毫的退缩。

19世纪70年代，第二次科技革命已经展开。各种发明创造层出不穷，但如何记录人类的声音呢？最后爱迪生用发明创造回答了这个问题。

启发爱迪生发明留声机的灵感源于他发明碳粒电话受话器的实验过程。

在实验中，他偶尔发现随着人说话声的高低错落，接触在膜片上的金属针也跟着有规则地震颤。这时他突然想到把这一过程倒过来，就可以复制声音。于是爱迪生把锡箔纸卷在带螺纹的圆筒上，圆筒下有一层薄铁皮，铁皮中央装上一根短针。当他用钢针滑动锡箔纸，果然就发出了声音。

爱迪生按这一原理设计制造了世界第一台"会说话的机器"，后来人们称之为留声机。经过改进，留声机广泛传播开来，传到中国，老百姓叫它"洋喇叭"。

科学家是不容易满足的，爱迪生更是如此。就在留声机在博览会展出时，他又开始对另一问题着了迷：用电照明。

虽说当时已出现了电弧灯，但它需要 2000 块伏打电池做电源，而且光线灼眼，照明时间也很短，不适于家用。

于是，爱迪生开始了新一轮的攻坚战：他几乎把家搬到实验室，吃饭、睡觉都在那里。他有时连续几天做实验，不断地查阅资料，总结前人的成果，探索自己的道路。最后，他把注意力锁定在灯丝上。

他先后试着用铬等金属和碳化的棉线做灯丝，由于氧化作用，这些灯丝均被烧断。爱迪生又实验了 1600 多种材料做灯丝，但都归于失败。

最后，他发现抽净灯泡中的空气以后，再用碳化棉

↗ **爱迪生发明的灯泡**

47

丝做灯丝可以维持 40 个小时。爱迪生终于在 1879 年 10 月 21 日发明了家用电灯。

最终，电灯取代煤气灯为广大民众所接受。

爱迪生发明电灯以后，一时声名鹊起，成了公众人物。他却不为所动，又开始考虑如何利用人的视觉暂留现象设计一种可以迅速连续拍照的摄影机，然后把这些照片依次迅速地展现在人的面前，给人的感觉就好像是在看运动的景物或物体。

在这一思路指导下，爱迪生又利用他人发明的感光软片，很快制成了摄影机。

之后，他又制成了可以连续出现胶片的放映机。至此，爱迪生又完成了他的另一发明"留影机"。

1869 年，爱迪生来到纽约，靠自己娴熟的技术在一家通信所找到一份工作，不久他就发明了一种新式电报机。

1876 年，他又改进了贝尔的电话，使之投入实际应用。

爱迪生一生发明成果极其丰富，除了留声机、电灯、留影机之外，还有 1300 多项专利。从他的第一项发明起，以后每 10 天左右就有一项发明问世。

爱迪生经过艰苦卓绝的努力，在发明领域做出巨大成就，为人类进步事业做出了巨大贡献。

卢米埃尔兄弟

与现代电影

提起电影，大家并不陌生。但电影究竟诞生于何时，却存在颇多争议。用事物的影像来表现故事情节的艺术形式（如皮影戏）很早就出现了，而现代电影则产生于 19 世纪。

像其他许多发明一样，电影的发明经历了漫长的过程。电影的产生与视觉暂留现象是分不开的。

1825 年，英国人费东和派里斯发明的"幻盘"，以及 1832 年普拉托等人发明的"诡盘"，还有 1834 年英国人霍尔纳制成的"走马盘"，都是利用这一现象把转动的静态图像变成连续的动态图像。

↗卢米埃尔兄弟

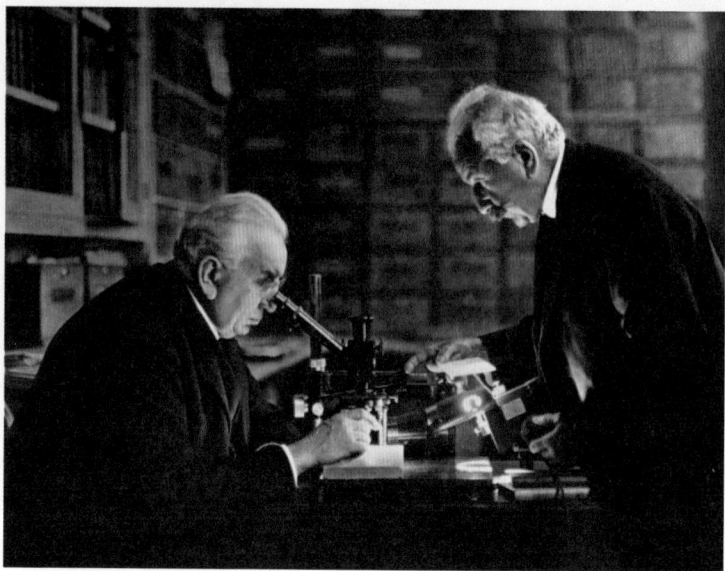

工作中的卢米埃尔兄弟

视觉暂留的时间大约为 1/10 秒，因此表现某个事物的动态过程，需要大量的图像。随着摄影技术成熟，以及曝光时间的缩短，使现代电影的产生成为可能。

1882 年以后，生理学家马莱在"摄影枪"的基础上，改进制成的"活动底片连续摄影机"，已经具备了现代摄影机的雏形。

法国的雷诺于 1888 年制造出了"光学影戏机"（使用凿孔的画片带），类似今天的动画片技术。从 1892 年起，雷诺时常在巴黎葛莱凡蜡人馆放映动画片。这些动画片在制作时已经利用了近代动画片的主要技术。

几乎是同时，爱迪生造出了每格凿有四组小孔的 35 毫米影片，并与"电影视境"同时使用，人们可以通过它看到放大后的影片画面。

爱迪生的发明成果传到法国后，很快被卢米埃尔兄弟采用，并加以改进。他们在1894年制成了第一台较为完美的电影放映机。它可以投射到宽大的银幕上，从而解决多人观看的问题。

卢米埃尔兄弟很早就开始了电影机的研制工作，他们曾制成一架应用"杭勃罗欧偏心轮"的"连续摄影机"。后来结合爱迪生的电影机技术，兄弟二人又于1895年研制出活动电影机。

这是一种兼为摄影机、放映机和洗印机的复合机器，在当时它是非常先进的。由于它性能上的优越，连俄国沙皇、英国女王、奥地利皇室以及其他许多国家的元首都要先睹为快。那时的火爆场面可想而知。

为了满足各方面的需求，卢米埃尔兄弟培养了上百名摄影师（兼放映师）到世界各地推广这种机器。

卢米埃尔兄弟获得成功还得益于他们的公演活动。1895年，欧美地区的电影放映非常盛行。卢米埃尔兄弟是1895年12月28日开始的，最初的地点选在巴黎的"大咖啡馆"。当天放映的有《工厂的大门》《火车进站》《园丁浇水》和《墙》等短剧，情节极其简单，却吸引了几千观众聚集在大咖啡馆漆黑的大厅里。

↗ 早期的电影拍摄现场

随着时间的推移，卢米埃尔兄弟放映的电影质量也有所提高。

他们改编了一些当时的动画片，如《可怜的比埃罗》。它主要描写了比埃罗和科隆宾娜的爱情，全剧只有短短的12分钟。卢米埃尔等人给它配上了歌曲，使它一下子声情并茂，激起了观众的热情。

《更衣室旁》原来只是叙述了海水浴场的更衣室旁发生的一段很无聊的故事，而经过卢米埃尔及其助手的改编，风格完全不同了。首先他们在故事开始前加上了海边风景的画面，海鸥悠闲地掠过微微荡动的海面，给人很清爽的感觉，观众觉得耳目一新。另外，情节中低级的动作被删除，代之以较为文雅的举止，让人产生美感。如此一改，显得情节更为巧妙，人物刻画也较为典型，给观众留下极深刻的印象。

该剧在同一个剧院就放映了多次。之后，兄弟二人还改编了许多旧作，其中成功的有《炉边偶梦》《桑陀教授》《消防员》《贺依特的乳白色旗子》等。

后来，卢米埃尔兄弟开始拍摄影片，初期以纪录现实生活为主。他们制作的影片情节曲折生动，而且真实、扣人心弦，一举获得了成功，从而为法国电影奠定了基础。当英国的电影生产还处于手工阶段时，法国的影片制作已步入工业化轨道。1903—1909 年，世界电影史上出现了所谓的"百代（法国）时期"。

卢米埃尔兄弟是世界电影的先驱和开拓者，为世界电影做出了不可磨灭的贡献。

↗ 卢米埃尔早期电影的海报

伦琴
发现 X 射线

Fa Xian X She Xian

　　19 世纪末的经典物理学理论已比较成熟，建立起所谓的"有序世界"，但就在 1895 年，德国物理学家伦琴发现了 X 射线，照出了这座看似完美的大厦的裂隙。

　　威廉·康拉德·伦琴，1845 年出生于德国的尼普镇，先后在荷兰机械工程

▶ 威廉·康拉德·伦琴

学院和苏黎世物理学院学习。1869 年，获博士学位，次年来到德国维尔茨堡大学，投到物理学家奥盖斯德·康特教授门下，从此开始了他长达 50 年的研究生涯。

　　在初始阶段，他的研究涉足热电、压电、电解质的电磁现象、介电常数、物性学和晶体等领域。随着时间的推移，许多物理学家把注意力投向了阴极射线。

　　在做放电管阴极射线实验时，许多人都发现放在该管周围的照相底片有感光现象发生，其中包括当时著名物理学家克鲁克斯。但他们都未能对这一现象进行深入研究，结果与科学发现失之交臂。

而以谨慎观察著称的伦琴及时抓住有利时机，最终发现了 X 射线。

1895 年 11 月 8 日，伦琴在实验室里像往常一样做着阴极射线的实验，因为有其他光线干扰，他便用黑纸片将放电管包严放入暗室。之后给放电管通电，结果又发现实验台一侧离放电管约 1 米远的氰化钡荧光屏发出微弱的光芒。目光敏锐的伦琴没有放过这一现象，而是多次重复实验，还把不同材质的物品，如书籍、木片、铝板等挡在放电管与荧光屏之间，发现不同的物品对该射线有不同的遮挡作用，同时也表明这种射线具备一定穿透力。

但它究竟是一种什么射线呢？伦琴一时搞不清，便先叫它 X 射线，意为未知射线。之后 7 个星期的时间里，他

克鲁克斯观察到 X 射线

早在 1876 年，英国科学家克鲁克斯（1832—1919）在用放电管进行实验时就发现，放在实验装置附近的没有打开的照相底片由于某种原因变得模糊不清了。克鲁克斯还以底片的质量有问题为由，去生产厂家退了货。克鲁克斯可以说是一个研究阴极射线的专家，他最早使阴极射线管的真空度达到百万分之一大气压，制成"克鲁克斯管"。他首先发现阴极射线有动量，有热效应，认为阴极射线是带负电的粒子流，当时，他制作的阴极射线管被许多实验室使用。

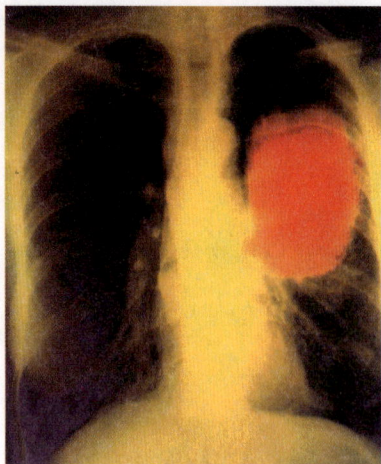

X 射线照片

利用 X 射线的特征，可以为人体拍照片，进而发现人体的病变，大大提高了医疗诊断的准确性。

全身心投入这一研究中。

为了进一步分析 X 射线的性质，他把砝码放入木质的盒子里，将盒子封严整个拿到 X 射线下，结果感光底片呈现出砝码模糊的影像。接着，他又用该射线照射金属片、指南针等物品，无一例外地发现类似的现象。

最后伦琴突发奇想，把妻子叫到实验室，居然拍下一张妻子右手的 X 射线照片。

伦琴在发现了 X 射线之后，对其进行了深入研究。他的研究成果对于后来贝克雷尔和居里夫人的放射性研究起了巨大的推动作用。

同时在医疗实践中得以应用，如诊断病情，放射性治疗癌症等；在工业领域，它主要用于检测物体的厚度，内部裂纹等；在生物学上，它为研究者提供了必要的原子、分子结构信息。

总之，X 射线被广泛用于科研、生产等众多领域，造福了人类。

马可尼
与无线电报的问世

纵观科学技术的进程，就如同一场接力赛，科学家们前赴后继，一步步地把科学推向前进。

无线电报的问世就是这样一个过程。

1888 年，赫兹发现了电磁波，使无线通信成为可能。但探索运用电磁波通信的人却寥寥无几。

1894 年，赫兹去世了，马可尼刚好 20 岁。当时他正在意大利

↗ **意大利发明家马可尼**
他发明的无线电报使地球变成了一个"村"，使人们实现了近在咫尺的联系。

的博洛尼亚大学攻读物理学，他在悼念赫兹的讣告中了解到了电磁波的一些特征。

当别人还在感叹赫兹一生的光辉时，他却萌发了用电磁波传递信息的想法，并马上行动起来，这充分体现了马可尼对科学的敏锐眼光。他还曾说："当我利用电磁波开始做第一批实验时，我简直不能想象，一些著名的科学家竟忽略了应用这些理论。"

马可尼一头扎进了电磁波实验中，父母的整个住所都

成了他的实验室。

他在楼房顶层建起无线电发射装置，楼下客厅里安放检波器。当他在楼顶上发出无线电波信号时，客厅中检波器的铃声就响个不停，他的父母开始对此大惑不解，并埋怨马可尼把家里搞得一团糟。当他们弄清事情的真相后，对儿子的行动非常支持，父亲还资助他买相关的资料和设备，马可尼决心抓住并利用好这些有利条件。

初战告捷后，下一步马可尼开始考虑提高设备灵敏度的问题。

↗ 这是马可尼最初使用的无线电报发射和接收装置。

他在实验中发现收发机的位置越高，接收信号的灵敏度也就越高。于是，他干脆把一只丢弃的油桶剪开，改造成一张铁板，作为发射天线挂在树梢上。这样收报机接收信号的灵敏度确实提高不少。

但他觉得检波器也不够理想，他用的还是洛奇发明的金属粉末检波器，于是对其做了一些改进，在玻璃管中加入少许银粉与原来的镍粉均匀混合，同时把玻璃管密闭并抽尽里边的空气。

如此一来，发报机的功率大增，无线收、发报的距离也达到将近3千米。

马可尼在欣喜之余，又想到进一步改进设备所需的大

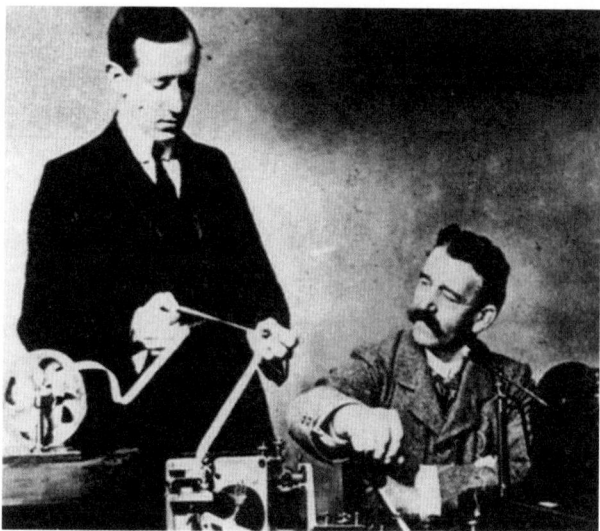

↗ 马可尼不断地改进无线电报的装置以提高其灵敏度，终于在1901年实现了跨大西洋发报的成功。

笔资金还没有着落。在父亲的提醒下，他找到意大利邮政部长，向他介绍自己的发明，并请求政府拨款予以资助，但部长回绝了他的请求。

马可尼无奈之下，悻悻地离开了意大利来到英国。在他的印象中，英国人很重视发明创造。

没想到在英国海关，马可尼带去的那套无线电收发装置竟被怀疑为间谍机器，马可尼为此费了半天口舌才获准进入英国。

英国的官员确实好一些，他申请专利时，他们还把他介绍给邮电部的总工程师普利斯先生。

普利斯的出现，给马可尼带来莫大的希望，他的实验

波波夫的贡献

波波夫，1859 年出生在俄国的一个牧师家庭，与马可尼生活在同一时代，但比马可尼更早制出电磁波接收机。

1888 年，波波夫就投身到电磁波的研究中，并于 6 年后研制出一台原始的无线电报机。而这时的马可尼刚进入电磁波研究领域。在改进无线电报机的实验中，他无意间发现了天线的作用，于是给自己的电报机装上了天线，从此他的机器灵敏度大为提高。波波夫于 1895 年 5 月 7 日在俄国物理化学学会会场当众演示了自己的发明成果，得到了与会人员的一致认可。

随着实验的深入，所需资金越来越多，而保守的沙皇政府拒绝提供资金支持，致使实验的进度受到严重影响，被后起的马可尼赶超。

波波夫最终也没有被世界承认首先发明无线电报机，但俄国物理化学协会却在 1908 年宣布波波夫享有发明无线电的优先权。

进展很快。

1897 年，在南威尔士至索美塞得丘陵之间的试发实验中，收发间距已达到 10 ～ 20 千米。同一时期，马可尼还在海岸和舰船之间试发电报，都获得成功。

而此时，在俄国的波波夫却因为沙皇政府不提供经费，实验几乎停滞。波波夫先于马可尼研制出无线电报机，这时却落在了后面，可见马可尼当初离开意大利去英国确实为自己的事业开辟了一条光明大道。

在普利斯的支持下，马可尼的无线电报事业蓬勃发展起来。通信距离也越来越远，一度可以跨越英吉利海峡，甚至在 1901 年实现了大西洋两岸的无线通信。而且马可尼的无线电报逐步投入商业使用，前景无限广阔。

1909 年 11 月，马可尼因发明无线电报而荣获当年的诺贝尔物理学奖。

尽管波波夫先发明原始的无线电报，却因后期发展滞后而无人问津。

后来，在英、美、德等国科学家的共同努力下，无线电报技术得到了更为长足的发展，其稳定性和安全性也大大增强。

现在，无线电通信技术已成为军事、民用最主要的联系方式。相信在以后，它会有更为广阔的发展空间。

居里夫妇

发现钋和镭

  玛丽·居里和皮埃尔·居里夫妇二人双双投身科学研究事业，并同时获得诺贝尔奖。这在科学史上是极其罕见的。

  玛丽·居里，1867 年生于波兰首都华沙，她在中学时代就非常优秀，不仅掌握法、英、俄、德等

↗ 工作中的居里夫妇

四门外语，毕业时还获得金质奖章。1891 年，玛丽进入巴黎大学学习物理，1893 年获得物理学硕士学位，第二年又获得数学硕士学位。

皮埃尔·居里，1859 年出生在法国，幼时反应迟钝，在家中接受启蒙教育，1875 年获学士学位，两年后获硕士学位，随后在索邦学院物理实验室担任助教。

1894 年，玛丽在巴黎索邦学院与皮埃尔相遇，为科学献身的共同理想使二人走到一起，他们于 1895 年结婚，从此开始新的生活。同时夫妻二人互助协作，相濡以沫，也迎来了他们科学发现的春天。

居里夫人先是证实了贝克勒尔的发现。她用压电石英静电计测定，铀物质辐射的强度与化合物中铀的含量成正比，至于其他化学组成成分则与此无关。而早在 1896 年，贝克勒尔就断言射线的发射来源于铀原子的性质，可见这一论断是正确的。

之后，居里夫人又着手测试各种元素，希望找出与铀一样具有辐射效应的元素，终于在一种沥青铀矿中获得突破性进展：她测得该物质的放射性强度比预计的要大得多。她认为对此唯一合乎逻辑的解释就是，沥青铀矿石中含有一种放射性更强的元素。居里夫人开始想办法找寻并确认这种元素，她把矿石样品溶于水中，再用化学方法将其分解。

后来丈夫皮埃尔·居里也加入进来。他帮助夫人用静电计对放射源——加以测定。终于在 1898 年 7 月，他们共同发现并确认这种新元素的存在。

正在夫妇俩为给该元素定

↗ **居里夫人的实验室**

玛丽·居里（右上）在她的实验室专心致志地做实验，正是在这里，她和她的丈夫一起发现了放射性元素钋和镭，这些发现将核物理研究大大向前推进了一步。

名而踌躇之际，居里夫人的祖国波兰被敌国占领而灭亡。这一消息对她震动极大，为了纪念祖国将该元素命名为"钋"。从此，元素周期表的大家族又添新丁了。

但居里夫妇并没有被喜悦冲昏头脑，经过几个月的艰苦劳动，他们在十几吨沥青铀矿石中又分离出镭，所以居里夫人素有"镭的母亲"之称。

↗ **大学讲台上的居里夫人**
作为索邦大学第一位女教授的居里夫人，于1906年11月5日登上讲台。

居里夫人还测出其原子量为225，镭的存在事实为世人接受。

在发现镭之后，居里夫人的知名度空前提高，人们甚至猜测她会因发现镭而赚多少财富，但居里夫人却淡然处之，她说："没有人应该因镭致富，镭是一种元素，它是属于全世界的。"居里夫人根本就没有申请专利，并且将镭的提取方法公布于众。这一惊人的举措，令当时无数人感动得流下热泪。

不仅如此，居里夫人还为将放射性元素应用于医学而奔波，在人类历史上首开放射性疗法之先河，使千千万万的癌症患者受益。1903年，因为在天然放射性研究领域的巨大贡献，居里夫妇二人同时获得了诺贝尔物理学奖。

正当他们在科学的大道上携手阔步前进时，不幸发生了：1906年，皮埃尔·居里因马车车祸不幸逝世，享年只有47岁。这对于居里夫人的打击太大了。她几乎承受不住这突如其来的打击，但一想到当年两人为科学而奋斗终身的誓言，她又顽强地承担起生活和工作的重任，并于1911年因分离出纯的镭，再次获诺贝尔化学奖。

玛丽·居里是诺贝尔奖第一位女性得主，同时也是极少数两度获得该奖的科学家。她于1934年因白血病逝世于法国。尽管一生获得无数荣誉，但她始经保持低调。

压电效应的发现

皮埃尔·居里的第一项研究是在1880年与德斯爱因斯（P·Desaims）合作进行的，他们采用一种由温差电偶与铜丝光栅组成的新装置来测定红外线的波长。皮埃尔与他哥哥雅克·保罗很亲近，保罗比他大三岁。他们两人共同发现了一些晶体在某一特定方向上受压时，在它们的表面上会出现正或负电荷，这些电荷与压力的大小成正比，而当压力排除之后电荷也消失。1882年，他们证实了李普曼（G·Lippmann）关于逆效应的预言：电场引起压电晶体产生微小的收缩。利用压电现象，他们还设计了一种压电石英静电计——居里计。这种仪器能把分量极微的电量精确地测量出来，并且成为当代石英控制计时机与无线电发报机的先驱。

普朗克
与量子假说

↗ **德国科学家普朗克**
　19世纪末20世纪初世界著名的物理学家，量子力学的创始人之一。

　　19世纪中后叶，经典物理学日趋完善，但科学的进程是不会就此止步的，在继续前行的路上遇到了黑体辐射，从而引发了"紫外灾难"。

　　在研究热辐射时，德国物理学家基尔霍夫提出"黑体"概念。所谓黑体，即为可以全部吸收电磁辐射能量，且毫无反射、透射，看上去全黑的理想物体，如只有一个小孔的空腔物体，可近似地视为理想黑体。黑体辐射区别于其他辐射的特点在于，其辐射能量的分布只取决于黑体自身的温度，而与其成分无关。

　　1884年，奥地利人玻尔兹曼对黑体辐射做了初步理论解释。1896年，德国人维恩根据热力学定律，对其实验结果进行归纳，给出一个半经验性质的，用于描述黑体能量分布的理论公式，称为维恩公式。按照公式计算得到的数据在高频部分（即短波区）与实验结果趋于一致，而在低频部分则与之相去甚远。

1900年，英国的瑞利从统计力学和经典电磁学的结合部出发，给出一个新的辐射公式，与维恩公式相反，它在低频部分的计算结果与实验数据较为一致，在高频部分与实验值相差很远。根据瑞利公式，黑体辐射的能量将随着频率的提高在接近紫外光区趋于无穷大，而实验测得值趋于零。如此一来，该公式显然是不成立的，但它又是完全符合经典物理学原理的。

后来，人们就把这个困难局面称为"紫外灾难。"

紫外灾难的出现，给了普朗克施展才华的机会。

↗ 青年时期的普朗克

马克斯·普朗克是20世纪初德国最著名的物理学家之一。他从小就表现出超群的数理才能，19岁便获得物理学博士学位，1880—1890年发表大量论文，精辟地阐述了化学平衡理论。

1894年，年仅36岁的普朗克成为柏林物理学界最具影响力的物理学家，同时为了克服"紫外灾难"而转入黑体辐射方面的研究。

　　对于瑞利公式与维恩公式都不能与实验结果完全相符的问题，他给出了自己的辐射公式加以解决，他的公式以瑞利公式为基础。普朗克利用了数学内插法将上两个公式中的谬误改正，使之无论在高频部分还是低频部分都与实验值相符。普朗克的这一公式被称为普朗克公式。

　　它虽然与实验结果非常吻合，但仍带有很强的经验性，理论性是不够的。为此，普朗克开始在理论上重新解释自己的公式，可惜经典物理学中通常被奉若神明的原理在此派不上用场。

普朗克的"悲情"人生

　　普朗克在德国称得上是学术界的权威，然而这并不能带他逃离"悲情"二字。他的一生，完整地经历了德国的崛起和德国引起的两次世界大战的悲剧。普朗克原本幸福的家庭，就像他的经典物理信仰一样开始土崩瓦解。

　　1909 年，普朗克的妻子因病去世。他一共有四个孩子，长子于凡尔登战场战死，两个女儿在第一次世界大战期间也死于难产。次子埃尔文在"一战"期间就曾被法国俘虏，1944 年，他卷入刺杀希特勒的政变中，被纳粹投入监狱。1945 年，埃尔文被处以绞刑。那时的普朗克几乎动用了自己所有的力量，都没能把他唯一在世的亲人救出来。也就在那一年，他位于柏林的家在一次空袭中被摧毁，家中无数的藏书和毕生的研究成果也毁于一旦。一时间，他失去家园和亲人，只留下一副病躯。但即使如此，他还是远赴英国伦敦参加了因战乱推迟了四年的牛顿诞生 300 周年纪念会。他是唯一被邀请的德国人。

　　1947 年 10 月 4 日，普朗克在哥廷根逝世，享年 89 岁。

既然沿着经典物理学的道路走不通，普朗克就提出一个异常大胆的假设：黑体的腔壁由无数能量不连续的带电谐振子组成，其所带电量是一个最小能量单元量子的整倍数。带电谐振子通过吸收和辐射电磁波，与腔内辐射场交换能量。这些谐振子的能量不是连续变化的，而是以某一固定值的整数倍跳跃式变化。这就是著名的普朗克量子假说。他将这一假说整理成《关于正常光谱的能量分布定律的理论》一文，并于1900年12月发表。

普朗克提出量子假说也不是偶然的。从其所运用的术语和主导思想可以看出，该假说明显受到奥地利物理学家玻耳兹曼的影响。

玻尔兹曼曾于1877年提出把连续可变的能量分立，将其看成是无数带电谐振子的思想。普朗克的量子假说由于突破了经典物理学的成规，很难让人接受，就是普朗克本人，有时也对自己的学说产生怀疑。但无论如何，他的量子假说首次将能量不连续的思想引入物理学，在物理学的发展历史上有着里程碑式的意义，为后面的量子理论的创立和发展起了引导作用。

普朗克投身这一领域，缘起于"紫外灾难"。他的普朗克公式将这场灾难圆满解决，而他为解释该公式提出的量子假说又为物理学研究开辟了新领域。

卢瑟福
创立原子结构模型

　　欧内斯特·卢瑟福1871年出生于新西兰的一个普通家庭，凭借着自己的天赋和谦逊、刻苦的治学精神，成为20世纪初伟大的科学家之一。他在原子物理领域有着不同凡响的成就，同时也造就了一大批物理学家和诺贝尔奖获得者，被称为"物理学研究的最伟大导师之一"。

　　卢瑟福毕生从事物理学研究，主攻放射性原子物理和核物理。其主要建树始于1904年，那一年他出版了《放射学》一书。这使他一跃成为放射学权威人物。此书中，他初步描述了原子模型的概况。还谈到，一束小粒子直射金箔的单原子层，其中少数小粒子弹回时出现大的角度偏转。他猜想这是由于射出的小粒子与某种很重的物体发生撞击，从而为日后发现原子核埋下了伏笔。

　　1906年，卢瑟福的一

↗ 欧内斯特·卢瑟福

名研究生又重复了这一实验，即用一束小粒子"轰击"一片金箔。结果发现相当部分粒子可以直接穿透金箔，其余部分偏斜，部分反向弹回，卢瑟福称之为小粒子散射现象。那么散射现象又是如何形成的呢？卢瑟福凭借多年的研究和对实验的观察，认为每个原子中心都有一个带正电的原子核，大部分小粒子错过原子核，所以穿透金箔片，只有少部分击中它进而发生偏转或弹回。卢瑟福根据这一解释，正式建立原子模型，即结构致密的原子核周围是众多按一定轨道运行的电子。

在原子模型的基础上，卢瑟福于 1911 年又进一步提出

↗ 电子、中子、质子图
　　量子力学描述的是已知存在的最小物质单位是如何相互作用的。此图显示了一个原子的结构以及构成它的亚原子粒子。

"行星式原子结构模型"。基本可以表述为，带正电的原子核居于原子的中心位置，其质量占总质量的绝大部分，而电子则像行星围绕恒星转动一样绕原子核运转。这一设想最后在1913年得以证实，使人们对于原子结构的认识向前跃进一大步。

整个20世纪20年代，卢瑟福一直专注于原子研究。1914年，他进行了一次被戏称为"现代炼金术"的实验，即以小粒子轰击氮原子，从而得到另外两种元素氧和氢。古代炼金术士梦寐以求的元素转变在此得以实现。但卢瑟福的实验没有炼出金子，而是开辟了核物理的广阔天地。

卢瑟福并没有止步，1920年6月，他发现原子量和原子电荷数之间存在一定偏差。由此他推想，原子核内部除了质子，还应存在一种不带电荷但质量与质子相当的中性粒子。在主持卡文迪许实验室期间，他曾用一定实验方法试图将其从原子核中击出，结果失败。

尽管他没能发现中子，但他发现了原子核，创立了原子模型，已经对物理学做出巨大贡献。不仅如此，他在研究科学的同时，还为世界物理学界培养出玻尔、查德威克、阿普尔顿、鲍威尔、考克饶夫、瓦尔顿等8名诺贝尔奖获得者，以及盖尔、马斯顿、莫斯莱等著名物理学家。

兰德斯坦纳

揭开血液的秘密 *Jie Kai Xue Ye De Mi Mi*

　　人们很早就意识到了血液的存在及其重要性。1628 年，英国人哈维发现血液循环，并对其进行了详细的描述。之后就不断有人尝试对严重失血的病人进行输血救治。

　　据记载，1667 年法国的哲学家丹尼斯和外科医生默累兹曾进行用羊羔血给人输血的实验。后来不断有人效仿，但导致大量病人迅速死亡。1819 年布伦德尔又大着胆子进行一次输血试验，获得成功。可是其他人如法炮制，还是死亡的居多。血液的秘密到底在哪里呢？

　　1900 年，医学家卡尔·兰德斯坦纳开始了实验：他随机抽取两个人的血浆通过混合实验，发现二者血清中的红细胞有时会凝结。他认为这一现象若发生在病体内非常危险，只是当时的医学界没有对此给予足够的重视。兰德斯坦纳又把该实验

↗ 实验室中的兰德斯坦纳

关于 Rh 血型

Rh 是恒河猴英文名的前两个字母。猴子与血型有什么关系呢？原来兰德斯坦纳等人在 1940 年的实验中，发现恒河猴体内的红细胞上存在 Rh 血型的抗原物质。之后，在某些人体内也发现有相同的抗原，于是把有 Rh 抗原的血液称为 Rh 阴性，没有的则为 Rh 阳性。据相关资料显示：Rh 阳性血型在我国汉族及大多数民族的人中占 99.7%，个别少数民族约为 90%。在国外，情况差异较大：如一些民族 Rh 阴性血型的人约为 85%，而欧美的白种人，Rh 阳性的比例仅为 15% 左右。

推向更大的范围，他抽取了 22 位同事的健康血液，进行两两交叉混合实验，以观察血浆中红细胞的变化，发现有时发生凝集，有时则不发生凝集。他把实验过程详细记录在案，经过仔细研究，最终按红细胞和血清中抗原和抗体的不同将人类的血液分成不同类型。之后归结为三种：A、B、O。至此，兰德斯坦纳初步确立了输血原则：输血时供血者和受血者应为相同血型。1902 年，他带领 2 名学生继续实验，把被试者扩大到 150 多人，发现除了基本的 A、B、O 三种血型外，还有为数不多的人是 AB 血型。这样，血型系统理论框架基本形成。尽管它具有很强的现实指导意义，是后来输血学的基础，但在当时由于历史上大量的输血失败案例的存在，人们还是不敢轻易尝试。

兰德斯坦纳具有开创意义的重大发现几乎被淡忘了，一直到 1908 年。这一年他到威海米娜医院当医生。一天下午，

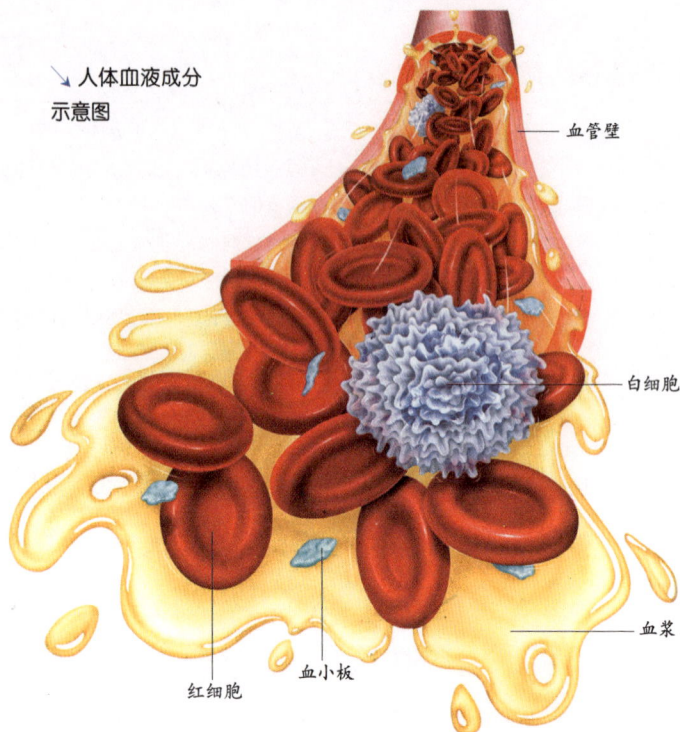

人体血液成分
示意图

血管壁

白细胞

血浆

红细胞　血小板

该医院的急诊中心传来阵阵妇女的啼哭声。兰德斯坦纳恰从此处经过，便停下脚步问个究竟。原来那位妇女的孩子几天前生病发起高烧，到今天又出现下肢浮肿、瘫痪。而所有参与治疗的医生却束手无策，于是妇人也就只剩下了哭。兰德斯坦纳出于医生的本能，不由分说，上前粗略检查了孩子的病情，觉得似乎尚存一线希望。他从理论上曾探讨过类似疾病的治疗，但没有成功的病例。孩子的母亲决定让兰德斯坦纳一试。他先从孩子身上取出一定量的病原因子注入猴子体内，等猴子产生抗体后，将猴子的血抽出一部分制成血清，最后将其注入孩子体内。妇人的孩子得救了。

从此，兰德斯坦纳声名远扬，许多知名大学向他发出聘书。但他的研究仍没得到应有的重视。后来他来到了美国的洛克菲勒医学院。这里有更好的工作、实验条件，兰德斯坦纳进一步揭示了溶血现象的奥秘：A 型血的红细胞上带有抗原 A，B 型血的红细胞上带有抗原 B，AB 型血的抗原也就为 AB，只有 O 型血没有抗原 A、B 或 AB。当不同血型的血混合后，每种血浆就产生针对自身红细胞所缺乏抗原的抗体，如 O 型血与 B 型血相混合，O 型血液中的"抗 –B"就会立即截获 B 型血的 B 型分子并与之黏连形成凝块，这种凝集若是发生在体内，会十分危险。从另一角度看，溶血现象是一种免疫反应，可以防止外界血液污染自身的血液，保持自身血液的纯洁和健康。可是等到需要输血的时候，这种机理的"好心"便干了"坏事"。

这一发现使人们可以放心大胆地输血了，无数的危重病人起死回生。尤其在第一次世界大战中，成千上万的伤员被医生们通过输血技术从死亡线上拉回来。兰德斯坦纳的血型理论最终得以为实践所证实。

1930 年，由于他发现了血液的秘密，造福了全人类，因而被授予诺贝尔生理学或医学奖。

莱特兄弟
研制飞机

美国的莱特兄弟梦想着像鸟儿一样飞上天空。从古至今，想飞的人绝不止他们两个，但是他们兄弟二人第一次圆了人类想飞的梦。

莱特兄弟出生在美国俄亥俄州的代顿市。哥哥威尔伯·莱特生于1867年4月16日，弟弟奥维尔·莱特生于1871年8月19日。他们的父亲密尔顿·莱特是一名牧师，收入微薄，但为人正派，心地善良，而且知识丰富。兄弟二人从小受父亲的熏陶，喜欢读书和思考问题，动手能力也很强。

一次，父亲从欧洲回来，给兄弟俩带回一件直升机玩具，可把他们乐坏了。他们除了读书学习和帮助母亲干活外，便一起拿着玩具飞机来到一片开阔地上玩了起来。

飞机是用陀螺制作的，以橡皮筋作为动力。一般总是弟弟把飞机稳稳托在手中，哥哥则拧紧橡皮筋，然后猛地一松手，小飞机便"噗噗啦啦"地飞过头顶，向远方滑翔过去。时间一长，兄弟二人对玩具本身没了兴趣，于是把它拆散，俩人凑在一处观察它的构造。然后不约而同地到做木匠的爷爷那里找一些边角余料和斧凿等工具，自己动手做起了玩具

↗ 1903年，莱特兄弟研制的世界上第一架机械动力飞机试飞成功。它标志着一个新的时代的到来。

飞机。

一架，二架，……一个多月过去了，沙地上整整齐齐摆满一行"直升机"，如同随时准备起飞的战斗机群，蔚为壮观。

谁也没想到，从此兄弟二人与飞机结下了缘。在他们生活的时代，已经出现热气球和飞艇等飞行工具，但都不是

↗ 征服蓝天的莱特兄弟

威尔伯（左）沉默寡言而又灵敏机智，是自学成才的科学家。奥维尔比较开朗，具有做生意的本事。正是这样一对天才的合作给世界带来了第一架飞机。

很理想。因为气球升空后飞行速度、方向完全取决于风力、风向，而飞艇自身虽然有动力和方向控制装置，但其体积过于宠大（有时它长达数百米，直径也在几十米），控制起来极为不便。于是人们开始研制新的飞行器。

当时在德国已有利林塔尔制造出滑翔机。消息传到美国，莱特兄弟终于按捺不住内心的激动，他们首先通过报纸、杂志和图书资料广泛搜罗有关飞机的情况，同时也学习一些空气动力学方面的知识。一段时间后，他们尝试着造了一架双翼滑翔机。这架飞机居然能飞到 180 米的高度，还可以在空中转变方向。

莱特兄弟不会满足于先进的滑翔机，他们开始考虑给这架飞机加上发动机。

可是经测定，兄弟二人发现它最多能载重 90 千克，而当时通用的发动机最轻也得 140 千克。为了克服这一难题，他们找到机械师狄拉，三人一起设计制造了一台重 70 千克的发动机，该发动机具有 12 马力的功率。

莱特兄弟把这台发动机草草安装在自己的飞机上，并且赶制了两叶长为 2.59 米的推进式螺旋桨，在发动机与螺旋桨之间以链条相连。人类的第一架飞机初步完成。

1903 年 12 月 17 日，莱特兄弟的首架飞机"飞行者 I"号试飞。这天早上，他们先把飞机拖到海滩，进行全面的检查。然后由弟弟奥维尔登上飞机，启动了发动机。

在马达的轰鸣声中，飞机向前冲去，滑行的速度越来越快。终于，在众人的欢呼声中飞离了地面，升到空中约 3

飞机在两次世界大战中的"贡献"

莱特兄弟发明飞机，本意是为人类造福。遗憾的是，飞机在诞生后，不出几年便被请到战场上充当杀人利器。

在"一战"中，飞机初露锋芒：各国总共生产了约 18 万架飞机，种类包括歼击机、轰炸机、强击机、运输机等。整个战争中，这些飞机共投下 5 万余吨炸弹，同时被击落的飞机达 8000 架。到了"二战"，各参战国生产飞机更达 70 万架，出动飞机在 120 万次以上，仅在诺曼底登陆一役中，美军就出动了 1 万多架飞机。苏军在攻克柏林时，投入的飞机也超过 8000 架。飞机在战争中使用规模之庞大，可见一斑。

米的高度。12 秒钟以后，"飞行者 I"号安全着陆，飞行距离超过 30 米。

时间太短了，距离太短了，但它标志着一个崭新时代的到来。

稍后，两兄弟又轮番驾驶"飞行者 I"号试飞了几次。其中滞空时间最长为 59 秒，飞行距离为 260 米。

1904 年，莱特兄弟又造出了改进后的"飞行者 II"号。它的滞空时间延长到 5 分钟，能连续飞行 5 千米。

其后，他们在"飞行者 II"号的基础上推出"飞行者 III"号。它可以在空中连续飞行半小时，飞出 40 千米的距离。

莱特兄弟发明的飞机，连创佳绩，逐步引起了美国军方的兴趣。军方动用巨大的人力物力在他们的基础上研制军用飞机。

其他国家也纷纷仿效，飞机的发展步入快车道。到第一次世界大战前飞机时速已达 76 千米，飞行距离增加到 186 千米，已具备实用价值。

莱特兄弟一生致力于飞行事业，甚至都未曾结婚，为人类运输工具的发展做出了巨大贡献。

巴甫洛夫
的条件反射实验

　　巴甫洛夫是俄国卓越的生理学家，中学是在梁赞教会中学读的，而他的兴趣在科学而不在当牧师。父亲也成全了儿子，送他到圣彼得堡大学的数理系生物科学部学习，一手把巴甫洛夫送上了科学之路。

　　大学期间，巴甫洛夫曾担任西昂教授的助手，从教授那里学到了许多知识和技术。后于1884年赴德国留学，在路德维希和海登海因的教导下继续深造。

　　两年后，巴甫洛夫回到祖国，来到名医波特金教授处做助理。师徒二人在一间浴室改建的小实验室里一同工作多年。

　　↗ 巴甫洛夫（左）和同事在实验室中留影，中间是他用来做实验的一条狗。

在巴甫洛夫科学生涯的开始阶段，他主攻血液循环生理学，就在波特金教授那间不起眼的小实验室中，完成了心脏神经实验。从而证明了心脏功能受4条神经支配，并测定了它们的功能：4条神经分别传送阻止、加速、抑制、兴奋指令。

同时他还研究了人的主观情绪和化学药物对心律、血压的影响，使人们对于神经和心脏之间关系的认识大大加强。

随后，巴甫洛夫把注意力转到消化系统生理学实验上，其中最为著名的是他设计的"假饲"实验。

该实验的设计大致是：将一条饥饿的狗放在实验台上，在它前面的盘子中放些狗爱吃的食物。但在狗吃食之前，将其食管在脖子下方开一个口，同时给它一个胃瘘，以便获取胃液。这时允许狗进食，但当狗吞咽时食物却从食管的切口掉出落到食盘中，狗的胃依然是空的，它再吃，食物仍到食盘中。过了一会儿，奇迹发生了：尽管狗没有把食物咽到胃里，但它分泌的胃液却从胃瘘不停流了下来。显然，胃液是因为大脑下达了命令而不是因为食物刺激而分泌的。

原来胃的消化过程是由大脑来控制的。

巴甫洛夫在科学领域的主要贡献还集中在高级神经生理学领域，最为出名的是其创立的"条件反射"学说。

一般认为他的条件反射学说是通过如下实验过程证明的：先摇铃，然后给狗喂食，重复多次以后便只摇铃而不再给其喂食，发现狗口中依然分泌大量唾液，从而证明狗的神经系统已形成条件反射。

1924年的一场大雨把巴甫洛夫的实验室灌满了水。狗由于在笼里只能眼巴巴看着大水漫过来，为此它们极为惊惧。等到巴甫洛夫赶来将其救出，这些狗都出现病态反应，已形成的条件反射消失殆尽。

巴甫洛夫重新培养建立起它们的条件反射，然后再一次做条件反射实验。这时实验室的门缝突然渗进许多水，尽管水不足以漫过实验台，但台上的狗却狂吠不止，极力挣扎，条件反射再次消失。

巴甫洛夫通过这一实验，向人们证实：过度的刺激会导致神经症等病理反应。他由此推论，人类的精神病是由客观环境中的强烈刺激造成的。这是人类历史上首次用唯物主义的方法来解释精神病理。

巴甫洛夫一生的大部分时间在实验室度过，他的故事也就多发生在那里。

一次，他与助手在实验室中由于出现操作失误而吵了起来。他一时气极，对其助手大喊："明天你不用再到这里了。"事后助手很懊悔，正要拿过纸笔写信向巴甫洛夫承认错误，却突然发现巴甫洛夫给他的便条："偶尔的争吵，不应妨碍正事，请你明天继续来帮忙。"

爱因斯坦
提出相对论

2000年，爱因斯坦入围"千年风云人物"名单，而且名列前茅。曾经被视为孤僻、迟钝、表达不清的"傻"孩子是如何成为千年风云人物的呢？故事还得从19世纪70年代末说起。

1879年3月14日，阿尔伯特·爱因斯坦在德国南部乌尔姆城的一个犹太人家中呱呱坠地。这是一个温馨、和睦的家庭，父亲精通数学，以经营电器为业，母亲温雅贤淑，倾心于艺术。

小爱因斯坦的出世为全家带来喜悦和幸福，但很快又给这个幸福之家笼罩了一层忧郁。因为他与同龄的孩子比较起来，智力发育好

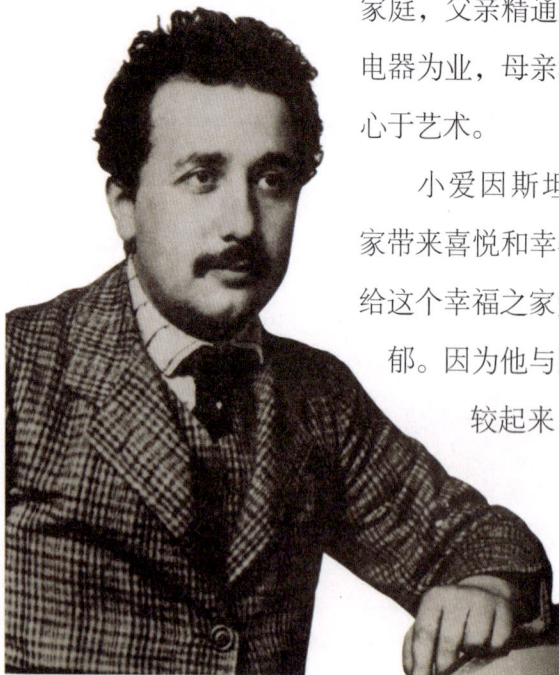

↖ 年轻时的
爱因斯坦

像有些迟缓。

别家的孩子1岁多时就会说话了，缠着母亲问这问那，而小爱因斯坦只会偎依在母亲怀里呆呆地望着周围的一切，一点学说话的迹象都没有。邻居见此情形，不无担心对他母亲说："这孩子怎么不说话呀？"母亲内心一阵酸楚，却又自我安慰道："他在思考，将来没准会成为教授。"

爱因斯坦的父母确实是非常优秀的父母，深知旁人对他抱有偏见，自己不能再伤害他。他们发现儿子虽然不苟言笑，却对万事万物表现出强烈的兴趣，于是就买回许多新奇、结构复杂的玩具给他玩，但小爱因斯坦更多的是"研究"这些玩具。

时光匆匆流过，爱因斯坦进入了小学，除了数学之外，其他功课平平甚至不及格，这种状况一直持续到中学。中学时他的兴趣科目多了一门——物理，他不喜欢体育，更讨厌军训。由于严重偏科，爱因斯坦中学毕业都没拿到文凭。为了上大学，他又补习一年才进入联邦工业大学师范系，攻读数学和物理。最后，他为自己选定了终生努力的方向：理论物理。

四年之后，爱因斯坦大学毕业，尽管专业成绩异常突出，却因为性格的原因找不到一份工作。待业期间，爱因斯坦曾做家教，有时帮人清理账目。最困难的时候，他甚至以拉小提琴卖艺为生。

1902 年，经朋友的大力推介，爱因斯坦在瑞士专利局找到一份技术员的工作，其职责是审核一份份专利申请。这使他大开眼界，同时他夜以继日地钻研物理学。1905 年，爱因斯坦在德国《物理学年鉴》上发表《论运动物体的电动力学》，从而创立了狭义相对论，开始解释牛顿经典力学所不能解释的现象。

狭义相对论的两条基本原理分别是：

①相对性原理：物理学定律在所有惯性系中的描述形式是相同的，即所有的惯性系是等价的，不存在特殊的惯性系。

②光速不变原理：在所有惯性系中，真空中的光速具有相同的定值。

根据这一理论，时间会随着运动速度的变化而发生迟滞和提前。假如宇宙飞船以光速在太空中飞行一年，那么地球上就已经过了 50 年。同时爱因斯坦还提出，长度、重量都会随着运动速度的变化而变化，并得出质量和能量之

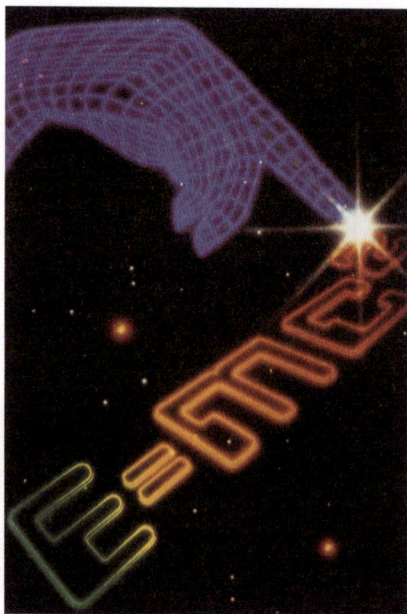

↗用计算机绘制的 "E=mc²" 的质能方程式

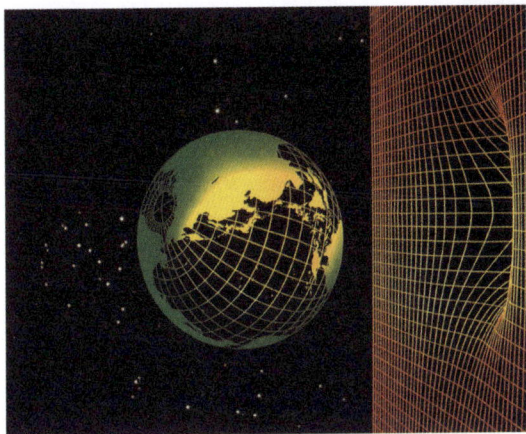

↗计算机绘制的关于"光会弯曲"理论图

↗1933年，爱因斯坦提出能量聚集的新理论，并邀请科学界的精英与记者一起参加他的学术论坛。

间转换的准确表达式：$E=mc^2$（m 为物体质量，c 为光速，E 为能量）。

这一方程式向世人昭示：原子核内部蕴含着巨大能量。质能方程式成为核物理和高能物理的基础。

尽管当时极少有人理解爱因斯坦的理论，但他坚信自己理论的正确性，并且将其进一步发展成为广义相对论。1916年，他发表了《广义相对论的基础》一文。这一旷世之作标志着他的研究水平已达 20 世纪理论物理的顶峰。爱因斯坦曾就相对论解释说："狭义相对论适用于引力之外的物理现象，广义相对论则提供了引力定律以及它与自然界其他力之间的关系。"

几乎是同时，爱因斯坦又做出了涉及光学和天文学的三大预言，这些预言不久一一应验。鉴于他的相对论和预言，人们赋予他极高的荣誉，如"20 世纪的牛顿""人类历史上有头等光辉的巨星"等。但爱因斯坦淡泊名利，尽量回避吹捧他的公众集会。

1955 年 4 月 18 日，因斯坦在美国的普林斯顿悄然离世，并留下一份颇为特殊的遗嘱：不发讣告，不举行葬礼，不建坟墓，不立纪念碑。作为一名伟大的科学家能如此谦逊，闻者无不肃然起敬。

魏格纳

与大陆漂移说

科学发现需要灵感，灵感有时来得很突然，魏格纳创立大陆漂移学说就源于一张世界地图给他的灵感。

魏格纳（1880—1930），德国著名的气象学家和地理学家，1905年获得柏林大学博士学位，先后担任过观象台研究部主任、大学教授等职。

1910年，魏格纳因病住进医院，休养期间，他躺在病床上百无聊赖，只有对面墙上挂着的一幅世界地图与之为伴。久而久之，他发现非洲西海岸凹进的几内亚湾与南美洲东部的突出部分有惊人的吻合，可以想象，若没有大西洋，这两块大陆可以完全拼接在一起。其他的大陆与大陆的边缘轮廓也有类似性质。

待出院后，魏格纳继续研究这一问题，他设想，也许远古时代世界上只有一块大陆，这块大陆由于受到某种力的作用而四分五裂，破碎后的小块陆地则沿着不同的方向移动，形成今天的海陆分布格局。为了证实这一设想，魏格纳在大西洋两岸之间往返奔波，考察两地的地质、生物科系、古地磁、古气象的特征，而这些特征无一例外地佐证了自己的地理假说。

1915年1月，魏格纳将这一结论初步整理成《大陆和

↗相信大陆会漂移的魏格纳

大洋的形成》一文，把自己的观点公布于众。但当时他的这一学说尚不成熟，难以令人信服。魏格纳不厌其烦地向公众解释他的学说。他提到北美洲纽芬兰地区的褶皱山系与欧洲斯堪的纳维亚半岛的褶皱山系相呼应；美国的阿巴拉契亚的褶皱东北端延伸至大西洋岸边骤然消失，而在中欧地区和英国西南，类似的褶皱又陡然出现……

这时，突然有人诘问魏格纳，是谁竟把如此一张硕大、厚实的"报纸"扯裂的呢？他对这一问题的解答是：大陆由较轻的刚质硅铝质组成，漂浮在很重的黏性硅镁质上面。几亿年以前，地球上只有一片海，即泛大洋，一块陆地，即泛大陆，泛大陆处于泛大洋的包围之中。后来由于地球自转产生的自赤道向两极的自转力和太阳月亮产生的自东向西的潮汐力，泛大陆逐渐地分裂为几部分，又慢慢分离，在黏性硅镁质底的泛大洋上向各自的方向漂移。经过几亿年的漫长岁

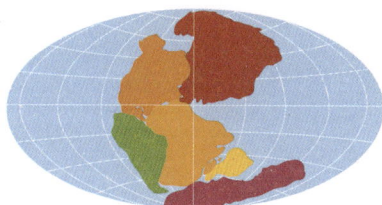

1.地球在两亿年前大概只有这一块联合大陆。专家认为海底大陆斜坡廓线才是各大陆的真正边界，这张构想图便是根据这一理论绘制而成。图中可见大洋洲与南极洲相连，而印度半岛还在非洲与南极洲之间。

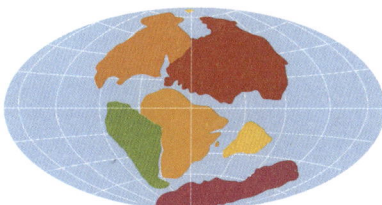

2.约在1.35亿年前，联合大陆沿着在赤道稍北的一条东西断层裂开了。北美洲正与欧洲分离，南美洲从非洲完全分离出来，大洋洲与南极洲还连在一起，印度半岛迅速向北漂去。

3.现今的地球形势图如左图所示。南北美洲向西漂移后，由新形成的大西洋海盆把它们与东半球隔开。印度半岛撞及亚洲下侧，此时非洲向北微微移动。大洋洲从南极洲分裂出来，漂到现在的位置。

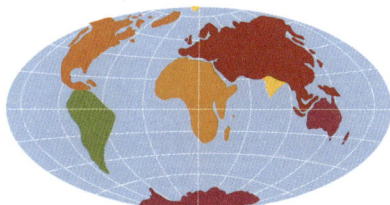

4.这张5000万年后的地图是依现有趋势绘出来的。大西洋特别是南大西洋会扩大，但太平洋会缩小。印度半岛一直保持东移的趋势，大洋洲慢慢靠近东南亚，非洲东部和美国加利福尼亚州一部分移入大海。

月，终于形成今天海洋和大陆的格局。

这样的答案看似天衣无缝，可仔细推敲还是有漏洞。那就是，根据当时的技术测定，潮汐力和地球自转离心力都不足以使上万亿吨的大陆扯裂、漂移。因此，人们仍然难以相信他的学说。但执着的魏格纳不会放弃，直至生命的最后一刻。

1929—1930 年，魏格纳数次带队到格陵兰岛考察，以证明大陆漂移学说。为此，他经常和队员们顶着零下 50 ~ 60 摄氏度的严寒，测量该岛的经纬度和漂移速度。1930 年 11 月 1 日是他的 50 岁生日，这一天他像往常一样与队员一起赴野外考察作业。由于积劳成疾，零下 54 摄氏度的严寒使他突感不适，不一会儿竟猝死在格陵兰狂暴的风雪之中。

魏格纳的逝世使他的大陆漂移学说几乎无人问津，直到 20 世纪 60 年代板块理论提出后，大陆漂移说才又获新生，为世人所重视。

海底扩张说

1961 年，美国普林斯顿大学的赫斯等提出了"海底扩张说"。该学说以地幔对流说为基础，认为洋壳生成于大洋中脊，地幔物质从此处挤出，形成新的大洋底部，如此便形成一个地幔对流环；当该对流环分离时，新洋底就会背离洋脊运动，在海沟处再次深入地幔；陆地边界若遇下降的对流环，这一带地形、地貌就会发生剧烈变动；海底平顶山由原洋脊处的火山喷发形成，后经侵蚀逐渐变平，进而随着洋底运动远离洋脊，淹没于大洋之中。

海底扩张如同传送带一样不断翻转，洋底不断更新，而大陆则同海底一道在地幔对流层上漂移。海底扩张说在一定程度上佐证了大陆漂移说。

摩尔根

创立基因说

　　托马斯·摩尔根（1866—1945），出身美国的豪门大族，但从小养成了良好的生活习惯。他热爱大自然，喜爱户外活动，经常四处游历，最后决定献身于探索自然的科学事业。

　　1880年，摩尔根考入肯塔基州立学院预科，后转入学院本部。1886年获得学士学位，同年进入霍普金斯大学研究生院进修，主攻生物形态学，4年后获博士学位，此后在该领域颇有建树，成为一名年轻的博物学家。曾随美国地质勘探队赴野外考察，期间对各种生物的性状发生兴趣，遂逐渐转入实验生物学研究领域。

　　那时，生物学已发展到一定水平。特别是1904年美国的萨顿证明了染色体成对存在，每个配子只包含一对染色体中的一条，每条染色体携带多个遗传因子。到1909年，丹麦的植物学家约翰逊以"基因"一词替代以前的"遗传因子"一词。"基因"的称谓由此而来。

　　为了进一步探索染色体中基因的存在状态和排列特征，1908年，摩尔根开始了著名的果蝇实验，专门研究这一课题。

　　摩尔根将捕获的果蝇放在实验中特定条件下加以培养，如让它们吃各种各样带刺激性的食物，让它们的产卵过程以

白眼果蝇

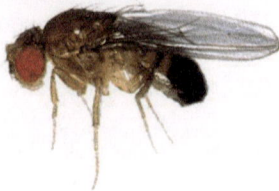
红眼果蝇

↗ 托马斯·摩尔根与他研究的果蝇

及幼虫的成长分别在高温或低温环境中完成，必要时则对其进行紫外线照射以促其发生变异。经过很长一段时间，摩尔根发现果蝇有 4 对染色体，但雌雄果蝇所产生的配子的染色体状况有所差异：雌配子产生时从母体细胞的 4 对染色体中各得一条，所以该种配子所含染色体相同，均呈棒状；而雄配子的染色体中只有 3 条相同，第 4 条为钩状。在此基础上，雌雄配子结合发育成的雌性果蝇体细胞中的 4 对棒状染色体完全成对，雄性果蝇的细胞中则仅有 3 对棒状染色体成对分布，第 4 对由 1 条棒状染色体和另外的 1 条钩状染色体共同组成。摩尔根将区分性别的染色体称为性染色体。他由此得出结论：生物性别由性染色体决定。

1910 年 4 月，摩尔根的实验又获得突破性进展。一次，他对一群红眼果蝇进行 X 射线照射，在子一代个体中发现一只白眼雄果蝇。他随即让这只白眼果蝇与未经 X 线照射的红眼果蝇交配，结果完全符合孟德尔法则：子一代全是清一色的红眼果蝇，子二代的个体则出现分化，1/4 为白眼果蝇，且全部是雄性，其余的 3/4 则为红眼果蝇。摩尔根对此分析后认为：眼色由一对基因控制，其中红眼为显性，白眼为隐性。

为了清晰地解释这一过程，摩尔根把雌性染色体称为 X，雄性染色体称为 Y。他认为未经 X 线照射的果蝇的 X 染色体携带红眼基因，而 Y 染色体只携带性别基因，没有决定

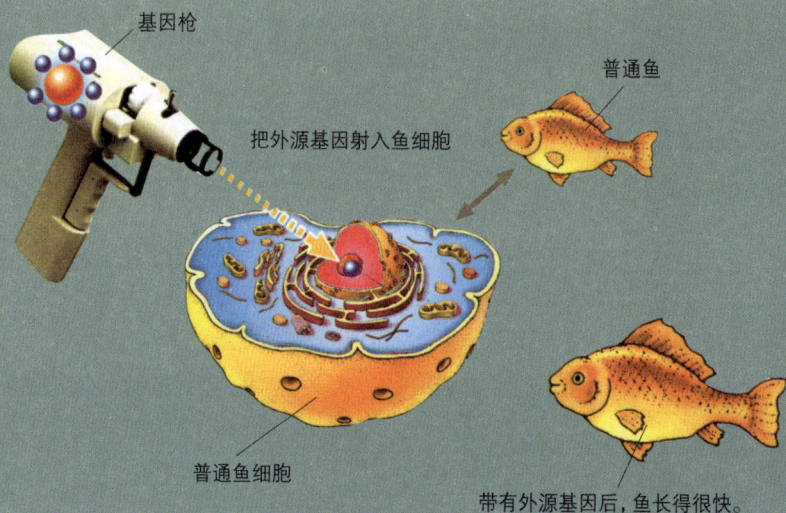

基因枪

把外源基因射入鱼细胞

普通鱼

普通鱼细胞

带有外源基因后，鱼长得很快。

基因枪

基因枪可以把外源基因射入鱼的细胞内，进而改变鱼的基因，从而达到使鱼长得更快的目的。

眼色的基因。在 X 线的照射下，其中的一只雄果蝇的 X 染色体生成了隐性白眼基因。子一代中雌蝇的两条染色体分别来自母方的 X（带红眼基因）和来自父方的 X（带白眼基因），最终显性的红眼基因性状得以表现；雄蝇的染色体组成是来自母方的 X（红眼基因）和父方的 Y（仅带性基因），也呈现红眼特征。子二代个体的眼色出现分化，按照孟德尔法则揭示的规律，红、白眼果蝇数量比为 3 ∶ 1，而且白眼果蝇均为雄性。

在实验的基础上，摩尔根整理出版了《基因论》一书，总结自己在基因领域的研究成果，并且归纳了 20 世纪以来 20 多年的遗传学研究成就，标志着孟德尔—摩尔根学派的成熟。摩尔根本人也因创立基因学说，被誉为经典遗传学的泰斗。

淡泊名利的摩尔根

1933 年的一天下午，摩尔根正坐在家中院子里看一本当年流行的小说，家里突然收到了一份电报，内容说的是正值诺贝尔 100 周年诞辰之际，"托马斯·亨特·摩尔根由于对遗传的染色体理论的贡献而被授予诺尔奖"。摩尔根并没有到瑞典去出席颁奖仪式，借口是自己工作太忙。其实是因为他本人不喜欢一本正经地在公众集会中出现，除了科学讨论会，他对于政治和其他集会均不感兴趣。在得到奖金后，摩尔根执意一分为三，自己留下一份，两个实验室的学生每人一份。在摩尔根看来，荣誉和奖金应该属于大家。1941 年，摩尔根以 75 岁高龄宣布退休，离开了实验室。1945 年底他因病去世。人们对他最好的纪念，也许要算将果蝇染色体图中基因之间的单位距离叫作"摩尔根"，使他的名字作为基因研究的一个单位而长存于世。

哈勃
与观测宇宙学

天体物理学是 20 世纪天文学发展的大潮流，而艾德温·哈勃在 1929 年发现的哈勃定律为这门学科的进一步深入发展奠定了雄厚的基础。

哈勃定律又称红移定律，旨在阐明星系移动的规律。而相关探索很早就开始了，1912 年，专注于恒星光

↗ 艾德温·哈勃

哈勃的主要天文学成就

哈勃（1889—1953）是星系天文学的奠基人和现代观测宇宙学的主要创始人。1917 年，哈勃获得博士学位，以后在天文学领域建树颇多：1924 年发现造父变星，从而解决了"旋涡星云"的本质问题，认识到它们就是日后称为"河外星系"的遥远恒星系统。1922—1926 年，提出星云的分类体系，进而建立了星系形态的哈勃序列。1929 年他发现"哈勃定律"，该定律的发现导致宇宙膨胀观念的形成。由于在天文学研究领域的广泛成就，哈勃受到后人的缅怀和尊敬。

谱研究的美国天文学家斯里弗发现，河外星云的光谱线广泛存在着向红端移动的现象。两年后，他又在其他人测得数据的基础上，确认 13 个星系的视向速度，为当时研究太阳活动规律的科学家提供了大量依据。1916 年，特鲁曼发现扣除太阳运动速度后的星系移动速度值仍为很大的正数。同年，为了更好地表述星系的退行，维尔茨引入了 K 项。接下来的两年中，德西特在前人的基础上建立一种较新的宇宙学。他认为星系的光谱可能被错误地认为向红端退行，原因是随着距离的增加原子振动在变缓。这一理论在爱丁顿 1923 年发表的《相对论的数学理论》一书中有较为详尽的介绍。

这一领域经过一系列的量变之后，终于在 1929 年发生

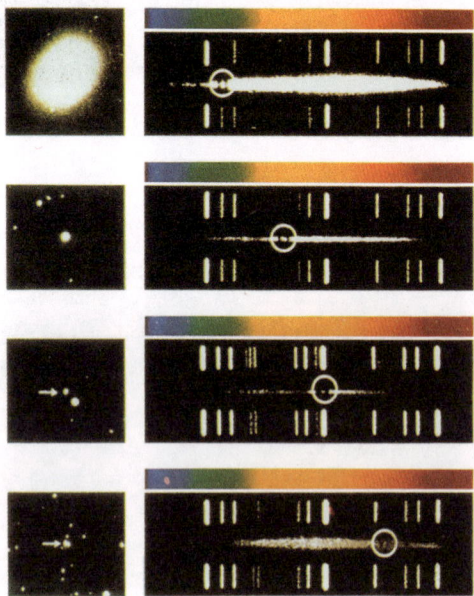

↗ **红移现象**

　　科学家通过红移现象来确定其他星球与地球的距离以及它们远离还是接近地球。红移速度越快，说明星体离地球越远。

哈勃定律与爱因斯坦相对论共同奠定了现代宇宙学理论。

了质的变化。这一年，哈勃根据 24 个已知距离和视向速度的星系，正式提出：星系红移的快慢不是杂乱无章的，而是与星系离开地球的距离成正比。之后，他又用正比于距离的 k 项去解条件方程，确立了退行速度与距离间的线性关系。

哈勃发现的这一重要规律，表明宇宙中的星系正在不断远离我们，即宇宙处于不停膨胀状态，这一规律反映了整个宇宙的基本特征。

哈勃定律的重要价值，首先在于它有力地支持了星系"红移"理论。以前，许多科学家试图把红移现象敷衍过去。如曾有人认为红移并不意味着较大的速度（如哈勃曾根据多普勒效应推算出处女座星云的速度达到每秒 1000 千米），而是意味着光经过很大一段距离后丧失了部分能量。这就是著名的"疲劳光"论，它看似很有道理，却从根本上违反公认的物理规律。

但人们仍然对哈勃定律抱怀疑态度。他们认为，如果其他的星系都在逐渐远离我们，那必然意味着地球处于膨胀的中心，哈勃是不是犯了常识性错误？要知道认为地球是宇宙中心的观点早被否定几百年了。

后来，人们发现所有的星系都远离我们并不一定意味着地球就是宇宙的中心。举个例子：当你把一个上面画着米老鼠的气球逐渐吹大时，米老鼠脸上各个器官会渐渐散开。这时另一个人把左眼贴定气球一点，会发现其他部位都会距离左眼愈来愈远，换一个点仍然是这个样子，而且离左眼越远的部位，看起来离开速度越快。根据哈勃定律，宇宙就如同那个被吹起的气球一样，地球就是上面一点。当宇宙膨胀时，我们就会发现离我们越远的星系退移的速度越快。

哈勃定律为宇宙学研究提供了新方法，将观测和理论结合在一起，形成一门新的学科——观测宇宙学，这是天文学史上的重要里程碑。

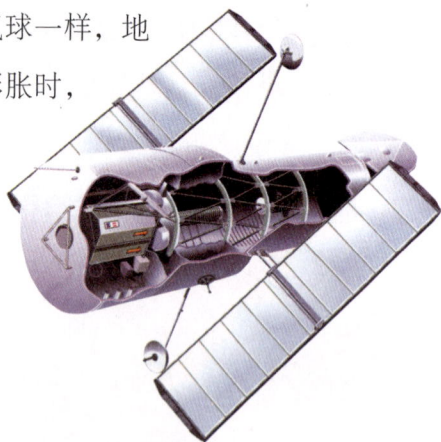

↗ **哈勃太空望远镜**

1990 年，由美国航空航天局发射升空。它在太空中可以避开大气的阻挡，对整个宇宙进行系统的观测。

弗莱明、瓦克斯曼

发现青霉素和链霉素

青霉素和链霉素在今天看来是最普通不过的药物，而20世纪前半叶，发明这两种药物的科学家在当时却被顶礼膜拜。

青霉素和链霉素虽然性质类似，其被发现的方式却迥然不同。青霉素是由一个叫作亚历山大·弗莱明的英国人发现的。他是一位细菌学家，致力于抗菌物质的研究。

↗ **弗莱明在实验中**
这位出身于平民家庭的医学家凭借自身的努力发现并提取出了青霉素，拯救了无数人的生命。至今，青霉素仍发挥着重要的作用。

这位苏格兰细菌专家不像其他自然科学家那样把实验室打扫得一尘不染，实验器具摆列得整整齐齐，上面干干净净。弗莱明本人在做实验时，各种器皿随意摆放，用完后洗也不洗，随意丢在某个角落。别人有时规劝他，要他养成良好习惯，他却说那些没洗的器皿还有用呢。万没想到，弗莱明那脏兮兮的器具真派上了用场。

1928年9月的一天，他同往常一样信步走进实验室，开始一天的工作。他想用一下培养皿。向四周找了一圈，发现上次做葡萄球菌实验都占上了，也没洗，凌乱地堆在墙角，

↗ 药用青霉素

青霉素是用途极广的抗生素，它能有效治疗梅毒、淋病、猩红热、白喉以及某些类型的关节炎、支气管炎、脑膜炎、血液中毒、骨骼感染、肺炎等许多疾病。青霉素的另一个优点是使用的安全范围大，虽然有少数人对青霉素过敏，但是对大多数人来说，它是既有效又安全的理想药物。

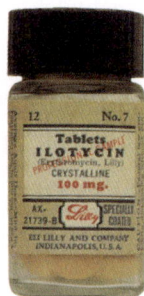

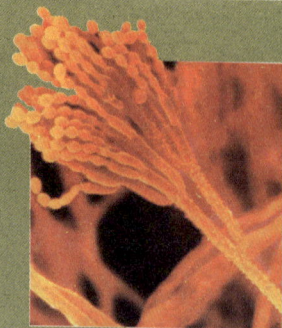

▼ 电子显微镜下的青霉素

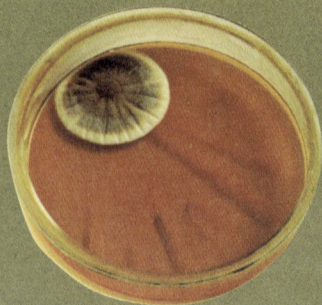

▼ 正在进行中的用青霉素对抗细菌的实验

不得已他只得拿起一个培养皿去洗。可他突然发现葡萄球菌培养液周围生了青色的霉菌，而凡是与霉菌接触的葡萄球菌全被消灭了。

他意识到这种青色霉菌是一种神秘物。接下来的几天，弗莱明进一步实验，发现青霉菌的培养液

↗ **弗莱明和他的学生**

青霉素的发明为弗莱明赢得了世人的尊敬和无上的荣誉。

也极具杀菌能力。他终于明白真正的杀菌物质是青霉菌的代谢物，他将其称为青霉素。

其后的几年，弗莱明进入局部实验，证明青霉素对许多导致严重疾病的细菌具有抑制和杀灭作用，而对人体或动物的危害却很小。这为成千上万的传染病患者带来福音。但美中不足的是，弗莱明不懂生化技术，无法提纯青霉素，不能使之被大范围、大规模地使用。

到了20世纪中后期，弗洛里和钱恩等人组成专门研究小组，最终分离出像玉米淀粉似的黄色青霉素粉末，并把它提纯为药剂。这种药剂药性极强，比弗莱明的青霉素粉末强

1000 倍，且几乎无毒副作用。

1940 年起，青霉素开始大量投入实用领域，从此人类抗击传染病的历史进入了一个新阶段。而为发现、发展青霉素做出突出贡献的弗莱明、弗洛里和钱恩也被授予 1945 年的诺贝尔生理学或医学奖。

如果说青霉素的发现是靠了偶然机遇的话，那么链霉素的发现则是有目的、有组织、有步骤地进行的。

链霉素的发现与结核病分不开。19 世纪中叶，结核病肆虐，当时欧洲有 1/4 的人口死于该病，人们视之为洪水猛兽。但这种病菌有一个显著特点，即只要被埋入土壤就消失得无影无踪。

鉴于这一点，1924 年，美国结核病防治协会委托美籍

青霉素第一次投入使用

1941 年 2 月，一名警官由于面部受伤感染而患上了败血症。病情很快恶化，病人全身浮肿，体温达到 41 度，生命垂危。但关键时刻磺胺类药物一律无效。这时弗洛里和钱恩向院方推荐他们的新药——青霉素。院方一开始怀疑其药效和安全性，后来因实在找不到什么其他好办法，就死马当活马医，给病人注射了青霉素。奇迹发生了，病人有所好转，随着该药剂接连不断地注入，患者的病情稳定下来。不料钱恩等人先前培养的青霉素却很快用完了，制备新的时间上来不及。结果病人眼看就要康复了，却因为供药停止而病情恶化，最终被死神夺去了生命。这件事深深刺痛了弗洛里、钱恩等人的心。之后，他们夜以继日地工作，终于在最短时间内改进了青霉素的提取方法，使之实现大规模生产。

俄裔土壤学家瓦克斯曼一项庄严而神圣的任务：研究土壤中的结核菌是如何被消灭的。

瓦克斯曼经过大量实验，认定进入土壤的结核菌被土壤中的微生物给"吃掉"了。而土壤中含有至少 10 万种微生物，要找出谁是这个大功臣犹如

↗ 实验中的瓦克斯曼

大海捞针一般。但顽强的瓦克斯曼竟然真的一种一种地去实验。从 1939 年到 1943 年，他验过了 1 万多种微生物，终于找到了灰色放线菌（即后来的灰色链霉菌），发现其对结核菌有强烈抑制作用。

几个月后，瓦克斯曼就与其助手一道提炼出专克结核菌的链霉素，并在 1944 年 1 月将之公布于众。

1952 年，瓦克斯曼因为发现链霉素而荣获诺贝尔生理学或医学奖。至此，链霉素和先前发现的青霉素成为人类对抗瘟病的有力武器，被誉为瘟病的克星。

沃特森·瓦特

Fa Ming Lei Da

发明雷达

汉语中的"雷达"一词是由英语"radar"音译过来的，原意为无线电检测和定位。雷达的发明是20世纪30年代无线电技术领域的重大突破。

雷达的工作原理很容易理解：雷达发射机向空中发射一束电磁波，如果有物体在空中飞过或滞留，那么它就会把一部分电磁波反射回去，被雷达接收器侦测到，进而经过分析确定目标物体的准确方位和运行速度。简而言之，就是发射、反射。

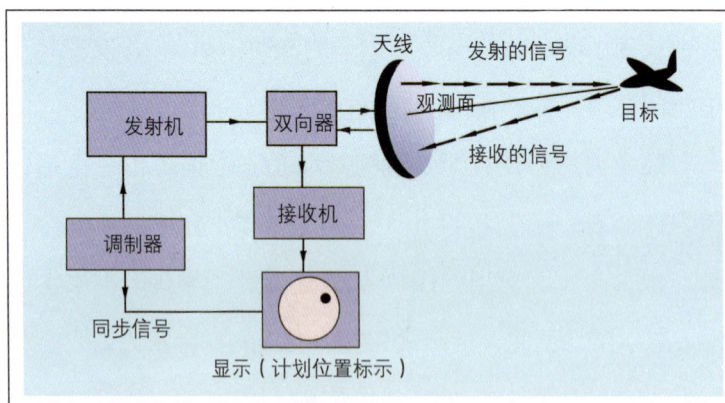

↗**雷达应用原理**

雷达的原理相对简单，就是发射、反射和探测无线电波的踪迹，进而确定目标的方位。

然而人们从发现电磁波的反射现象到发明雷达，却经历了几十年的时间。

19 世纪末，物理学家在做电磁波的实验时，经常发现发射出去的电磁波会被一些物体反射回来。当时他们认为这是理所当然的事，谁也没有想到这个简单的反射现象会派上什么大用场。

不过，有心人还是有的。到 1897 年，俄国科学家波波夫在游弋于波罗的海的"非洲"号军舰和"欧洲"号练习船之间做无线电通信实验时，发现当有舰船在二者之间通过时，通信会立即中断，稍后又很快恢复正常。他在实验总结报告中详细记录了这一现象，并预言将来电磁波的这一特征会被

阵控雷达

阵控雷达可以监测空中的人造飞行物或来自外太空的信息。

↗ 现代雷达的设计者罗伯特·沃特森·瓦特

用于舰船的导航。

这是最早关于雷达的假想。

时光流过了 20 世纪的门槛。20 世纪对于人类而言，既是一个多灾多难的世纪，又是一个取得长足进步、飞跃发展的世纪。

1934 年，英国的罗伯特·沃特森·瓦特正在主持一项对地球大气层的研究，正当他和助手们忙得焦头烂额，感到疲惫不堪的时候，忽然瞥见测控器的荧光屏上出现一系列闪动的光点。

这一新的发现勾起了他极大的兴趣，就连疲劳感也顿时消失得无影无踪了。瓦特抑制住内心莫名的激动，定了定神,对光点的亮度、距离进行细致入微的分析。他惊奇地发现,它们竟然不是被大气电离层反射回来的无线电波信号。这更触动了他那敏感的神经。

实验又反复做了多次,他终于发现这些光点是发射出去的无线电波信号被实验室附近的一栋大楼反射回来的信号。瓦特由此意识到:这种无线电波既然可以被建筑物反射回来,那么空中的飞行物不也可以同样反射电磁波,在测控器的屏幕上有所反映吗?

说干就干,瓦特很快着手研制用于侦测飞行物的雷达系统。

由于当时战争的阴云逐渐笼罩欧洲和全世界,早期研究雷达的目的仅仅在于军事。1935年,瓦特取得成功,其他各国也出于自身利益的考虑,竞相研制雷达,不过都是秘密进行的。

从某种意义上讲,战争真是科技进步的推动器,雷达的发明和发展就是极好的证明。1935年到1939年,短短4年时间,西方主要国家的雷达探测技术就已发展到非常实用的程度,因为大家都认为这玩意儿会在战场上发挥重要作用。

1939年9月1日,纳粹德国悍然发动入侵波兰的战争,第二次世界大战正式爆发。英国人出于自身防卫的考虑,沿英吉利海峡的海岸线布设雷达防御网,这在英德开战初期起到一定作用。随着战争的深入，双方都在雷达方面花了很大心思。

由于英国布下的地面雷达网频率很低，测角和跟踪精度不够，防空高炮在它的指挥下打飞机屡屡失误。德国的飞机在英伦三岛频频得手，伦敦也遭受惨重损失。

血的教训，逼迫专家夜以继日地研究以提高雷达的性能。

最后终于研制出多腔磁控管，这使得新式雷达可以发出更高频率的电磁波，功率也提高很多，现代雷达由此产生。

旷日持久的战争，使得英国研制出机载 3 兆赫轰炸微波雷达。稍后美英又联合研发了 10 兆赫的轰炸雷达，同盟国的雷达技术很快超越了德国，这对加速战争的结束起到了一定作用。

"二战"结束后，像其他许多技术一样，雷达从军用转向民用。开始主要是用于航空、航天领域，如星载雷达使卫星更准确观测地面的目标，进而又应用于国民经济和科学研究的众多领域，造福了人类。

费米

指导建成世界第一座核反应堆

　　20 世纪早期放射性元素的发现，以及量子物理、相对论的进展，最终导致了 30 年代末 40 年代初"裂变"理论的出现。

　　1925—1926 年，美籍意大利科学家费米根据鲍利不相容原理与他人合作导出"费米—狄拉克统计"。在此基础上，费米又开始有关原子核反应的研究，逐步形成热中子扩散理论模型。实验中，他用中子轰击铀原子核，结果生成一种新元素，他称之为"超铀"元素（其实不是真正的超铀元素），从而创立了 β 衰变定量理论。这一理论成为原子能研究的

↗ 恩利克·费米

关键基础，在当时轰动整个物理学界。德国科学家哈恩与斯特拉曼得到消息后，立即动手检验费米的实验。他们用慢中子轰击铀核，发现一种放射性物质，其性质与钡类似，后又经过多次实验和化学分析确认，有镧和钡同时生成。他们二人把这一结论发表在《自然科学》杂志上，引起了奥地利女物理学家迈特纳的注意。她在对整个过程进行仔细研究后，提出铀原子核在俘获一个中子后分裂为两个大致相等的原子核，即所谓的核裂变。迈特纳还根据 $E=mc^2$ 计算出每次裂变要释放 200MeV 的能量，后经弗里希实验证实，裂变理论逐步形成。

↗ 这是考克劳夫特 1932 年在剑桥大学卡文迪许实验室粒子加速器（与沃尔顿共同建造）旁的照片。为了表彰他们的杰出研究，1951 年考克劳夫特和沃尔顿一起获得了诺贝尔物理学奖。

核裂变理论的不断成熟催生了人们的另一设想：链式反应。其一般原理为，先是让中子轰击铀核使之发生裂变释放大量能量，同时又产生新的中子，这些新产生的中子又被用于轰击别的铀核，如此环环相扣，持续不断，就会在短期内释放出超乎想象的巨大能量。那么怎

图为 1942 年科学家在芝加哥大学观察原子反应堆中的可控裂变链反应情况。因为辐射的原因，无法拍下当时的情景照，这是一位画家描绘的当时的情景。

样实现整个过程，获此能量呢？于是建立核反应装置（俗称反应堆）便成为势所必然。

反应堆依据核裂变的链式反应原理设计建造，它的主要功能，一是促成核裂变的链式反应，即防止高速中子大量飞散，使之减速以增加与原子核碰撞的机会；二是及时疏散链式反应释放的热能，以防止系统过热烧毁，这主要采用循环水（或其他物质）带走剩余热量。所以说，反应堆的一般结构设计为：核燃料（经过精选、碾碎、酸浸、浓缩的铀棒）＋慢化剂＋热载体＋控制设施和防护设备。

1942 年 10 月，在费米的指导下，美国的芝加哥大学秘密建起了世界上第一座反应堆。它高达 6 米，主体结构由石墨层和铀层相间堆砌构成。其中的石墨层就是用来减缓铀原子核释放的中子的速度，以保证其有效地引发下一级的核反应。而控制核反应强度的任务由插入其间的镉棒来完成，当镉棒被抽出时，核反应装置就启动了。同年的 12 月 2 日，该反应堆试运行，它在 10 天内运行功率从 0.5 瓦上升至 200 瓦。

核反应堆建成后，首先是用于军事，如美国在 1945 年造出原子弹，并用它轰炸了日本的广岛和长崎。战后的 50、60 年代世界其他主要国家也制造出了原子弹以及威力更大的核武器。

待两极格局形成后，世界局势趋于缓和，反应堆的用途才扩展到军事以外的其他领域，如作为热源。反应堆可以持久地低温供热，既可用于居民采暖，又可以用于为煤的气化、钢铁冶炼等耗热较高工业部门供热。另外，核反应堆还可以是良好的动力能源。首先，它无须空气助燃便可以工作；其次，可以在各种复杂的环境下运行，如地下、水中甚至是太空；第三，它能量密集，具有耗料少、能量高的优点，装填一次燃料可以维持很长时间。反应堆还有一大功绩就是可以大量生产各种放射性同位素以广泛用于工业、农业、医学等领域。

总之，反应堆是一个巨大的能量库。随着科学、技术的不断进步，它在各个领域的潜力将被进一步挖掘。

休伊什和贝尔
发现脉冲星

Fa Xian Mai Chong Xing

　　1967 年底，剑桥大学的天文学家接收到了来自宇宙空间的微弱电波。

　　当时这则消息被炒得沸沸扬扬，都说是外星球的智慧生命向地球发射的无线电波。但最终被证实是遥远的天体发出的射电波。

　　为了弄清这些电波的来龙去脉，剑桥大学的休伊什教授专门打造了一台新型望远镜。它占地 12000 平方米，由 2048

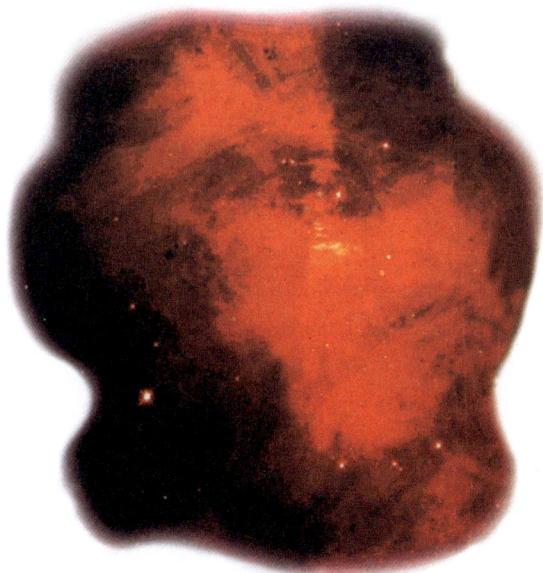

↗脉冲星、蟹状星云示意图

个镜面组成。

这台庞大的机器从 1967 年 7 月开始工作，密切注视天区的各个角落，以随时捕获从任何方位发来的射电波，观测结果由休伊什的研究生 J·贝尔负责记录。

一个多月的时间过去了，贝尔从未间断过，在记录、描绘射电波曲线时，贝尔有时会发现某些异常现象。其特征既不像一个稳定的射电源发出的，又不像人为无线电干扰。她初步分析后认为这来自宇宙空间。又过了一段时间，她发现，这些电波由一系列脉冲组成，而相邻脉冲的时间间隔竟然都是 1.337 秒。

贝尔兴冲冲地把这个结果告知导师休伊什，他也大为惊讶。师徒经过一番考虑，弄不清这到底是怎样一回事，只是感性地认为这是外星人发来的信号。

他们的一个小小猜测，被外界媒体得知后，马上被炒得

关于中子星

中子星全部由致密的中子结合形成，体积很小，一般为恒星。许多中子星直径只有几十千米，却具有普通恒星的质量，所以其密度极大。如若太阳变成一颗中子星，其直径不会超过 30 千米。中子星密度之大可见一斑。形象一点说，一汤匙的中子星物质，质量就相当于一座大山。假使一小块该物质从空中坠落到地表，地球会被轻而易举地穿透，中间留下一个小洞洞。到时我们人类可以用一根钢柱穿过地球，地球便有了一个名副其实的地轴了。不过从地球诞生之日起到现在，以至将来，这种情况出现的概率几乎为零。其实，真有这么一颗中子星给地球义务打眼，也未必是件好事。

热火朝天。"外星人"这个词在当时绝对是人们街谈巷议的焦点及各大报纸上出现频率最高的，这使得休伊什为自己的鲁莽有几分后悔。

他一面组织专门研究小组，一面让贝尔继

↗ 英国天文学家休伊什

续观察、记录，并让她把结果打印在纸带上，以便于分析比较。没几天，贝尔又发现类似的信号从不同的天区传来，脉冲间隔为 1.2 秒。

这时他们想到，怎么会在茫茫宇宙中有两批外星人同时向微不足道的地球发射信号呢？这种信号一定是某些天体自身产生的。

根据当时发现的信息，休伊什分析认为：发出这种电波的天体应该是一种脉动着的恒星，它不断变形，时而膨胀时而收缩，每变幻一次就伴随着一次能量爆发。

于是他形象地称之为脉冲星。

根据这些射电波，天文学家很快就测定了脉冲星的确切位置，然后又通过光学望远镜加以搜索。

出人意料的是，在被认为是脉冲星的位置却明白无误地存在着一颗完全正常的恒星，根本就没什么脉动、膨胀和

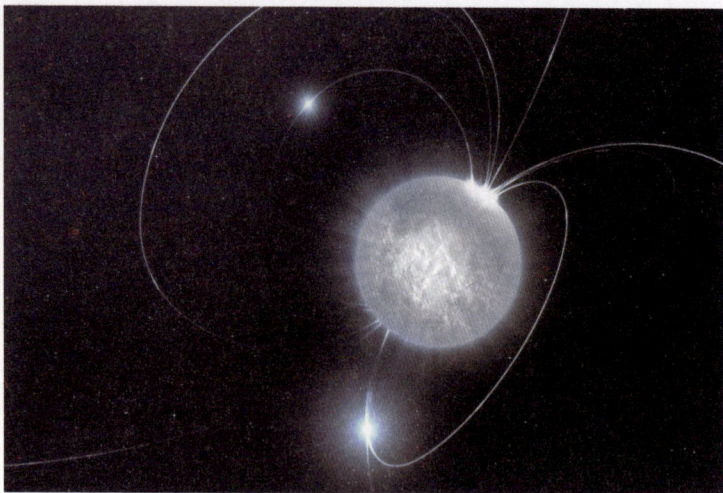

↗ 密度极大的中子星模拟图。科学家认为，脉冲星是自转的中子星。

收缩。

其实这些所谓的脉冲星对人类来说也许并不陌生。比如我国古代天文学家于 1054 年在金牛座旁边发现了"客星"，现在称之为超新星。

超新星爆发后会产生蟹状星云余迹。1968 年，天文学家探测到了蟹状星云方向的脉冲星信号。千年前的"客星"与脉冲星是怎样一种关系，这片星云中是否就有一颗脉冲星？

尽管一些问题目前还没有搞清楚，但天文学家还是确认脉冲星与超新星爆发的联系：超新星爆发后，其残余部分就会发出脉冲信号。

此后不久，人们又探测到了从船帆星座传来的脉冲星信号，并测出其周期为 0.09 秒。如此短暂的周期又引发了科学家们新的思考。

进一步研究发现，在极短的周期中，脉冲信号结构仍很复杂，万分之几秒内就可能发生较大变化。根据脉冲强度的细微变化，科学家们可以推断出该天体的大小。结果测得脉冲星的直径不超过几百千米，甚至几百米。

如此小的体积却能产生极其强烈、快速的辐射，且脉动周期又是那样稳定，按照天文学规律，它的密度必须相当之大，才能保证振荡周期短且稳定。然而即使是密度极大的白矮星也做不到这一点。

既然人们循着常规思路找不到答案，大胆的猜想就会破壳而出。

德国人 W·巴德和瑞士人 F·兹威基提出：白矮星的亚原子粒子在一定条件下，可以全部变为中子，致密地结合在一起。这时的恒星密度极大，可以达到每立方厘米数十亿吨。

美国的汤米·哥达德在此基础上提出，脉冲星是自转的中子星。他的这个解释不但解决了关于脉冲星体积小、质量大的问题，而且诠释了它高速自转的疑惑，被认为是较为合理的说法。

哥达德的这一理论澄清了脉冲星的构成问题，成为20世纪天体物理学的最伟大成就之一。

科学家的故事

郑士波 著

第 3 册

北京燕山出版社

目录
Contents

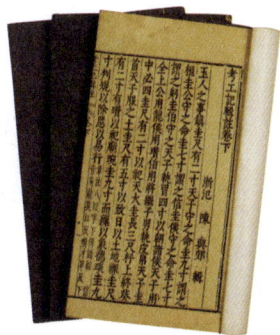

嫘祖
教人养蚕抽丝

嫘祖，又称傫祖、累祖，民间谓之蚕母娘娘。传说是她最早发明养蚕抽丝。

《史记·五帝本纪》记载："黄帝居轩辕之丘，而娶于西陵之女，是为嫘祖。"从史料文字看，嫘祖是传说中"五帝"之首轩辕黄帝的正妃，她出生在西陵，大致在今天的湖北宜昌。

嫘祖是与炎黄二帝并列的"人文始祖"，是中华民族伟大的母亲。

关于嫘祖发明养蚕抽丝有这样一个奇异的故事。传说嫘祖偶然间发现了蚕在桑树上吃桑叶，而后蚕结成了茧，这个蚕茧不知怎么就掉到了嫘祖旁边的热水里，然后蚕茧

纺织考古

（1）河南荥阳青台村出土的罗织物距今 5600 年，是黄河流域发现的最早的丝织品；（2）浙江湖州钱山漾出土的绢片距今 4700 年，为长江流域出土的最早、最完整的丝织品；（3）浙江余姚河姆渡出土的原始织机的使用，是我国新石器时代纺织技术上的重要成就之一。

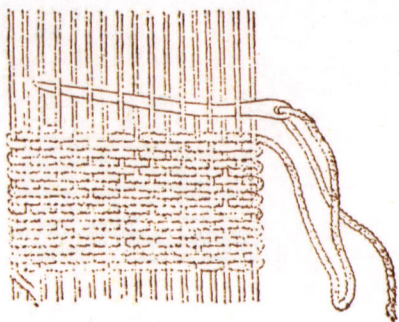

骨针编织法

这是最原始的手工织布的方法，经线垂吊在一个横杠上，用骨针带动纬线在经线中左右穿梭，经纬线交替，编织出布帛。

江浙一带出土的玉蚕

此蚕身上缺少蚕体的蠕动弧线，应是柞蚕。养殖柞蚕在农牧业交错地区很流行。

在热水中开始慢慢变软，她就很好奇地把蚕丝抽了出来。这个无意间的发现让她欣喜若狂，很快她就掌握了一整套的方法。

她开始无私地向人们传授养蚕抽丝的方法，从而解决了人们的穿衣问题，为促进人类社会的文明发展做出了杰出的贡献，故被后人供为"蚕神"或"先蚕"。

嫘祖的传说故事，从一个侧面说明了：中国很早就开始养蚕抽丝了。

1926年在山西西阴村新石器时代的遗址中，发现了半个切割过的蚕茧，表明早在5000多年前，我们的祖先已经开始养蚕；1958年在浙江吴兴钱山漾新石器时代遗址中出土有绢片、丝带和丝线等丝织品，所用的丝均为家蚕丝。

世界上所有养蚕的国家，最初的蚕种和养蚕方法，都是直接或间接地从我国传过去的。

早在3000年前，我国的蚕种和养蚕方法就传到了朝鲜；

2000多年前传到越南和日本；1600年前传到中亚诸国；1400年前传到欧洲；400年前又传到了美洲。所有这些都充分证明了我国养蚕抽丝技术在世界历史上，曾长期处于遥遥领先的地位。

这一切都毫无例外地要归功于我国历史上这位养蚕抽丝行业的始祖——嫘祖。

从科学史上客观地分析，我们知道嫘祖只是我国古代千千万万勤劳的劳动人民的一个代表，真正发明养蚕抽丝的是普通的劳动群众。我们的祖先在日常的劳动生产中，运用自己的聪明才智，不断发明创造。养蚕缫丝是我国古代人民在利用纤维方面最重要的成就之一。

为了使大家对我国古老的纺织业有大体的了解，这里首先介绍我国的养蚕业。在我国广阔的土地上，生长着许多的桑树，有一种吐丝作茧的昆虫，喜食桑叶，人们叫它"桑蚕"。在桑蚕还没被饲养驯化之前，我们的祖先就懂得利用

桑叶与蚕茧

野生的蚕茧来抽丝了。关于人工养蚕的确切时间已经无从考证了，但可以肯定的是：至迟在殷周时期，我国养蚕业已颇具规模。

要发展养蚕业，首先必须种植桑树，扩大桑园。蚕以桑叶为食，桑叶的品质与蚕的健康和蚕丝的质量息息相关。

我国古代劳动人民在栽植桑树方面有丰富的经验。他们很早就发明了修剪桑树的技术，通过修剪促生新枝条来提高叶质。通过压条法来繁殖桑树，比播种要节省时间。用嫁接的技术来培育优良的桑树品种。

到了周代，我国已经大面积地种植桑树了。《诗经》里有这样的语句："十亩之间兮，桑者闲闲兮。"可见桑树已成片种植，而且一块桑田有十亩之大。

要发展养蚕的第二个关键是制备蚕种，早在2000多年前，人们就知道用清水洗卵面来保护蚕种，并通过选蚕、选茧、选蛾、选卵四道工序来提高第二代蚕的品质。在长期的养蚕生产过程中，我国古代人民还积累了丰富的防治蚕病的经验，他们通过喂药、烟熏和隔离病蚕的方法来防治蚕病。他们还认识到蚕的生长发育和周围环境有着密切的关系：

适当的高温和饱食不仅有利于蚕的生长和发育，而且可以缩短蚕龄。

蚕丝的主要成分是由纤维组成的丝素和包裹于丝素之外的黏性丝胶，其中的丝素就是丝织品的原料。

丝素是不溶于水的，丝胶却能溶于热水，不过遇冷又会凝固。要从蚕茧中制取蚕丝，最简单的方法就是抽丝。

人们最早发现蚕茧可以抽丝可能有这么几种可能：一是人们吃蚕蛹的时候，必须撕掉茧衣，并用唾液湿润茧层，这两个过程当中，都可能抽出茧丝来；二是利用野蚕的蛾口茧。

缫丝是在抽丝的基础之上发展起来的。我们的祖先早在新石器时代就已经掌握了初步的缫丝技术。我们试想一下，野蚕的茧壳，在经过雨淋风吹日晒和微生物的作用之后，丝胶会溶解掉，人们就很自然地把丝素牵引出来。

人们也由此了解到水温的作用，用热水溶解丝胶得到丝素的缫丝技术就被人们掌握了。

《夏小正》
与历法的创立

《夏小正》是我国现存最早的物候学专著，也是现存最早的历书。

隋代以前，《夏小正》只是西汉戴德汇编的《大戴礼记》中的一篇，而且还加了注（经传在一起）。《礼记·礼运》中记载说："孔子曰'我欲观夏道，是故之杞，而不足征也，吾得《夏时》焉'。"郑玄注云："得夏四时之书也，其书存者有《小正》。"后人根据内容判断，孔子所说《夏时》就是《夏小正》，也就是夏代的历法。以后在《隋书·经籍志》中首次被单独著录。

关于《夏小正》成书的确切年代，学界还有争议，但可以肯定不是夏人所写。《夏小正》包含着夏代已经积累起来的天象和物候等方面的科学知识。

《夏小正》由

↗记"十三月"的甲骨卜辞

商朝卜辞常见"十三月"，西周金文中也有"十三月"。"十三月"是在十二月的基础上重复一个月，这是把闰月放在岁末的置闰方法，称为"年终置闰法"。以后改行"岁中置闰法"，"十三月"之名就消失了。

"经"和"传"两部分组成，全文有463字，逐月记载物候变化，其内容涉及天象、气象、植物和动物变化、农事等方面。天象的内容为每个月的昏旦星象变化；气象包括各个时节的风、降雨、气温等；植物的内容涉及常见的草本和木本植物；动物的内容涉及昆虫、鱼类、鸟类和哺乳类动物；农事活动包括各个季节从事的各种农业生产，如谷物、纤维植物、园艺作物的种植等；畜牧、蚕桑、采集、渔猎均首次见于记载。

《夏小正》文句简奥不下甲骨文，大多数都是二字、三字或四字为一完整句子。其指时标志以动植物变化为主，星象则是肉眼容易看到的亮星，四季和节气的概念还没有出现。而且，《夏小正》所记载的生产事项无一字提到"百工之事"，这反映当时社会分工还不发达。所有这些都体现了《夏小正》历法的原始和年代的古老。

我们现在仍在使用的农历（阴历）是在夏历的基础上发展而来的。孔子告诉颜回，国家要治理得好，就必须"行夏之时"，这里的"夏之时"就是阴历；中国人几千年来一直过的阴历年也是"夏之时"；正月拜年也是夏朝的遗风。

众所周知，人类根据太阳、月亮及地球运转的周期，制定年、月、日等顺应大自然时序及四季寒暑的法则，称为历法。所谓阴历，就是以月亮的运行规律为依据而设置的历法。阴历一个月29日或30日；每19年须置7闰月；每月以合朔之日为首，每年以接近立春之朔日为首。

《周髀算经》记载："伏羲作历度。"历度即是历法。史载，伏羲创上元太初历，即八卦八月太阳历。神农继承伏羲上元太初历，创连山大火历。然后黄帝派羲和、常羲占日月，作归藏太阴历。颛顼承伏羲作十月颛顼历。最后夏禹承颛顼作《夏小正》十月太阳历。到了夏朝，中国社会经济快速发展，国家重视兴修水利，发展农业。农业与物候时令关系愈加密切，加上人们早期积累的相关知识的不断丰富和综合，《夏小正》就很自然地诞生了。作为我国现存最早的历法书，《夏小正》不仅在夏时使用，而且留存于典籍之中。因此，《夏小正》算得上是有案可查的最早的历法。

关于《夏小正》是否为"十月历"问题的探讨

有学者将《夏小正》和彝族的太阳历对比研究，认为原本《夏小正》是一年分为 10 个月的太阳历，今本的《夏小正》一年分 12 个月是后人添加的。以下几点可以论证这一说法。

（1）《夏小正》有星象记载的月份只有 1～10 月，11、12 月没有星象记载。（2）从参星出现的情况看，从"正月初昏参中"日在危到三月"参则伏"日在胃，再到五月"参则见"日在井，每月日行 35 度。若以一年 12 月计，每月日行 26 度，不合理。（3）从北斗斗柄指向看，《夏小正》记载北斗从下指到上指 5 个月，从上指回到下指也应是 5 个月，刚好 10 个月。（4）《夏小正》记载从夏至到冬至只有 5 个月，那从冬至到夏至也是 5 个月，刚好 10 个月。

杜康
与酿酒技术

酒在我们的生活中随处可见，它已经深深根植于中华民族的血脉之中。逢年过节、婚丧嫁娶等重要的场合都少不了它的身影。

我国酿酒起源很早。《说文解字》中说："古者仪狄作酒醪……杜康作秫酒。"最普遍的说法就是杜康造酒。

杜康，传说是黄帝手下的一位大臣，主要负责保管粮食。那个时候还没有仓库，所以杜康就把丰收的粮食堆在山洞里。尽管杜康很负责任，但是由于没有科学的保管方法，山洞过于潮湿，粮食全霉坏了。黄帝知道这件事情后，十分生气，降了杜康的职，还警告他说，如果再让粮食霉坏，他就会被处死。

杜康经历了这件事情之后非常伤心，就想办法补救。有一天，他看见森林里有几棵枯死的大树，就想，如果把树掏空，用来储存粮食该多好。他这样一想，马上就付诸行动了。可是没想到，两年以后，装在树洞里的粮食经过风吹雨淋，慢慢发酵了。时间一长，就从里面渗出一种闻起来特别清香的液体，喝上一口，味道辛辣而醇美。但喝多了就会头晕目眩，昏昏沉沉。

①将酿酒原料蒸煮，加上酒曲（人工培植的酵母）。

②将煮好的酒料放在大口罐中，待其发酵。

③酿成酒，用漏斗装进储酒器内。

↗ 中国古代酿酒工序图

商代酒器

瓠、罍、盉、爵、杯、卣、壶、尊、瓯、彝等。

杜康没有保管好粮食，却意外发现了由粮食发酵而来的液体，他不知是福是祸，可还是如实报告了黄帝。黄帝召集群臣商议，大臣认为这是粮食的精华，无毒。于是命仓颉取名曰"酒"。后人为了纪念杜康，就尊他为酿酒始祖。

杜康造酒的故事，从一个侧面表明了酿酒技术在我国起源极早。

在农业产生以前，人们在采集野果时，发现成熟落地的果实，经过一段时间，会产生酒的醇香，口感很好。人们自此开始接触到天然的果酒。

在农业产生后不久，人们才开始酿酒，我国人工酿造最早的酒是谷物酒。从新石器时代就有了农业，储藏在陶器中的谷物，因受潮发芽，再经过发酵，就会变成天然的谷物酒。后来人们通过观察实践，开始模仿自然酒的产生过程，有意识地制造谷物酒。人工酿酒的时代到来了。

从化学的观点来看，从谷物生产出酒来，实际上需要两个过程：第一个过程是淀粉转化为糖类的糖化过程，第二个过程是糖类变成酒的酒化过程。

我们也知道，第一个过程需要催化剂作用才能发生，后一个过程有微生物参与很容易发酵成酒。所以酿酒的关键就在第一个过程。

这个过程所需的催化剂也就是酶，有两种方法可以获得酶：其一，利用人口中的唾液淀粉酶。咀嚼过的谷物在天然状态下非常容易发酵，日本就有少女嚼谷粒造酒的方法。其二，利用植物体中的糖化酶。谷物受潮发芽后含有这种酶，古巴比伦人就用此法酿造啤酒。

我国在商代就已经掌握了用麦芽做反应酶酿酒的方法。《尚书·说命》中记载："若作酒醴，尔惟曲蘖。"蘖就是

"五齐"之法

《周礼·天官·冢宰》记载："酒正，掌酒之令……辨五齐之名。一曰泛齐，二曰醴齐，三曰盎齐，四曰缇齐，五曰沉齐。"五齐可能指酿酒的五个阶段，表明西周时代，酿酒技术有了很大提高。

谷物的芽。

商代人们还使用"曲"。曲是利用微生物发酵，将稻米、大小麦和豆类分解而成的有益霉菌。酿酒过程使用酒曲，糖化和酒化可以同时进行，不仅大大减省了工序，而且能酿造出更醇美的酒来。

商代酿酒所用的"曲蘗"，实质就是由谷物芽和生霉谷物所组成的"散曲"。曲与蘗在酿酒中的区别是：曲是酿酒中的发酵剂，酿出的酒酒精成分多而糖的成分少；蘗本身就是原料，酿出的酒里酒精成分少而糖分多。我国最初酿酒以蘗为原料，到了商代既用曲也用蘗，到西周时就基本只用曲了。

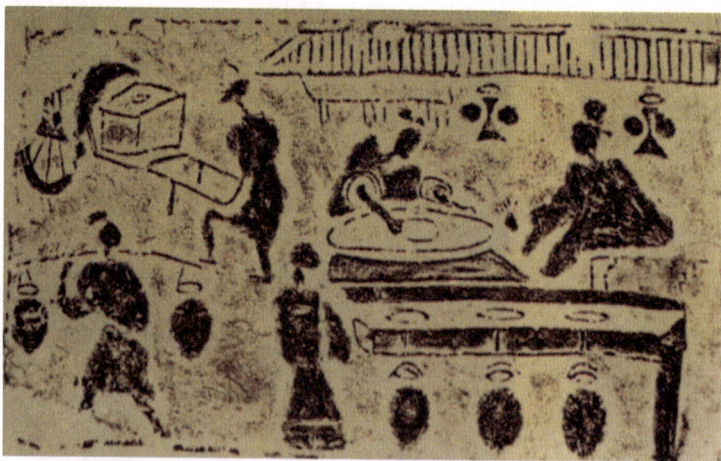

↗ 酿酒画像石

春秋匠人
的科技专著《考工记》

《考工记》是先秦的一部重要科学技术著作，是手工业技术规范的总汇。

经过秦灭六国的战火，又遭焚书之劫，《考工记》曾一度散佚。相传西汉河间献王刘德因《周官》六官（天、地、春、夏、秋、冬）缺《冬官》篇，遂以此单行之书补入。刘向、刘歆父子校后，改《周官》名《周礼》，故亦称《周礼·冬官·考工记》。

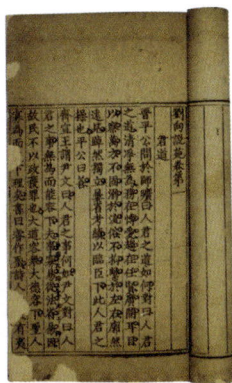

↗《考工记》书影

一般认为，《考工记》是春秋末年齐国人记录官府手工业技术的官书，主要反映的是春秋时期官府手工业技艺的总体水平。

《考工记》主要记载了有关百工之事，分为攻木之工、攻金之工、攻皮之工、设色之工、刮摩之工、抟埴之工六种，共有30个专门的生产部门。轮、舆、弓、庐、匠、车、梓，被称为"攻木之工七"；筑、冶、凫、㮚、段、桃，被称为"攻金之工六"；函、鲍、韗、韦、裘，被称为"攻皮之工五"；画、缋、钟、筐、㡛，被称为"设色之工五"；玉、柳、雕、矢、磬，被称为"刮摩之工五"；陶、瓬，被称为"抟埴之工二"。《考工记》内容涉及车辆、兵器、冶金、乐器、酒器、玉器、量器、陶器、染色、皮革、建筑、水利、农具等门类，是研究中国古代科学技术的重要文献。

下面我们从以下六个方面来介绍《考工记》的内容。

一、在车辆的制造方面，《考工记》记述了一套比较完整的官府制车技术和规范。它针对车辆的关键部件车轮提出了 10 项准则，是商周以来长期制车和用车经验的总结。其技术要求之高，检验方法之合理，考虑之周全，实在是令后人叹服。如第一项，"欲其微至也。……无所取之，取诸圜也"，"不微至，无以为戚速也"，即校准轮子为正圆，若不是，则轮与地的接触面不可能最小，也就转不快。简短的语言包含着科学的合理性，即轮子与地面相切时，可使滚动摩擦阻力降到最低。除此以外，《考工记》还专门论及车舆材料的选择及连接方法，车架、车辕的制作，不同用途的车辆的不同技术要求等方面。

二、在弓箭的制作方面，《考工记》对"弓人""矢人"和"冶氏"进行专门分工，对其制造程序有详细规范的技术规定。在弓方面，《考工记·弓人》分别对弓干、弓角、弓筋和起连接或保护作用的胶、丝、漆等材料进行了深入的考察研究，尤其注重材料的选择。在箭矢方面，《考工记·矢人》分述了 5 种不同用途的箭矢的差别和杀伤力，还探索了箭矢在飞行中的重心平衡和定向等问题。

三、在钟、鼓、磬等乐器的制作及发音机理的探索方面，《考工记》也做了详细的记述。《考工记》不但记载有钟、鼓、磬等乐器的制作技术规范（内容包括尺寸、形制和结构等），而且对发音机理进行了可贵的探索，得出了理论性结论：钟声源自钟体的振动，其频率的高低、音品与合金成分相关，也与钟体的厚薄、大小、形状相关。

四、在涑丝、染色和皮革加工技术方面，《考工记》分别做了记述，内容涉及处理工序及应注意的事项，反映了当时的技术水平。

五、在城市和宫室的规划设计与建筑方面，《考工记》做了初步的总结。内容涉及都城建设的制度、城市建设的规范以及南北定向等诸方面。

六、《考工记》还涉及分数、角度、标准量器以及容积的计算等方面的知识。

综上所述，不难看出，《考工记》全面反映了春秋以前以及春秋时期我国手工业生产的发展和技术成果，是研究我国古代科技的珍贵文献。

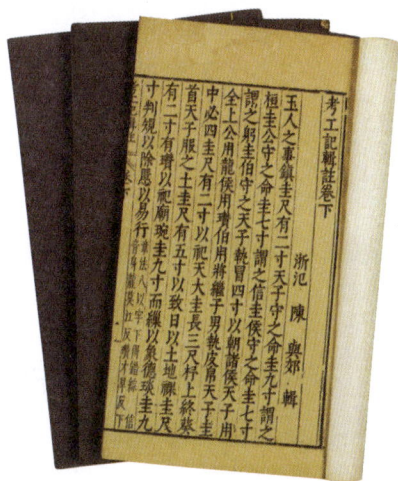

↗ 《考工记》中记述玉制礼器圭因爵位不同而有不同的尺寸。

甘德、石申等
的天文学成就 *Tian Wen Xue Cheng Jiu*

　　春秋战国时期，各个诸侯国为了自身生存、发展乃至争霸的需要，都十分重视天文观测和研究，尤其是其中的占星术和关于节令的安排。由于政治的需要，一批世代以天文历算为业的星占家，在各自的诸侯国里大显身手。《晋书·天文志》记载说："鲁有梓慎（活动年代约在前570至前540年）、晋有卜偃（活动年代约在前676至前650年）、郑有裨灶（约与孔丘同时）、宋有子韦（前480年左右）、齐有甘德、楚有唐昧、赵有尹皋、魏有石申，皆掌著天文，各论图验。"

　　在这些天文星占家之中，最著名的当推甘德和石申。甘德著有《天文星占》，石申著有《天文》，均为8卷，这是我国最早的天文学专著。这里需要提一下的是，《甘石星经》非甘德和石申所著，是后人托名而已。

　　早期的人们一直努力，想把天空恒星背景划分为若干

关于哈雷彗星的最早记载

　　《春秋·文公十四年》中记载，鲁文公十四年（前613年）"秋七月，有星孛入于北斗"。此后，自秦王嬴政七年（前240年）起，到清宣统二年（1910年），哈雷彗星总共回归29次，每次回归在我国古籍中都有详细记录。

特定的部分，建立一个统一的坐标系统，以此作为确定、描述日月五星和诸多天象发生位置的依据。春秋时，人们的努力已经有了成果，将邻近天区划分成 28 个星宿体系，每一宿中取一颗星来作为这个宿的量度标志，称之为该宿的距星。这样一来就建立起了一个便于描述某一天象发生位置的较准确的参考系统。

前面提到的甘德和石申在这项工作上做出了卓有成效的努力。值得一提的是石申，他对二十八宿距度和其他一些恒星入宿度的测量，是我国早期恒星观测的重大成果。他还给出了 12 颗恒星的赤道坐标值和黄道内外度，这就是世界

中国古代星图

上最早的星表之——"石氏星表"。

除了恒星研究之外，甘德和石申在行星的观测和研究上也颇有建树。他们两人率先发现了火星、金星的逆行现象。《开元占经》中载，甘德曰："去而复还为勾……再勾为巳。"石申曰："东西为勾……南北为巳。""勾"和"巳"是用来描述行星从顺行到逆行再到顺行这段运行弧线的状况。并且，他们都发现火星和金星在顺、逆行转换之间经历了静止不动的现象。石申曰："不东不西为留。"石申和甘德通过观测，对于行星晨见东方、夕伏西方所经的时间、每天运行的度数等都有定量的描述。例如，甘德明确给出了木、金、水星的会合周期，石申给出了火星的恒星周期（即公转周期）为1.9年（实际应为1.88年）。

春秋战国时期星占家们的工作不仅为我们留下了十分珍贵的天文学遗产，也为后世天文学的发展奠定了基础。

最早关于流星雨的记载

《春秋·庄公七年》中记载，鲁庄公七年（前687）"夏四月辛卯夜，恒星不见，夜中星陨如雨"，是世界上最早关于天琴座流星雨的记录。英仙座流星雨记录于公元36年，狮子座流星雨记录于公元307年。

建筑和木工"祖师爷"

公输般

公输般，名般，字若，春秋末期鲁国人。因其为鲁人，且古时般与班同音通假，所以后人常称他为鲁班。

传说鲁班出生在一个工匠世家。他父亲以木匠为业，在鲁班很小的时候就带着他参加许多工程的营建。鲁班12岁的时候，父亲让他求师学艺。由于机缘巧合，他碰上了一位隐居终南山的木工大师，得到了他的倾囊相授。

鲁班从小就参加工匠劳动，耳濡目染，积累了丰富的经验，再加上他自己勤于思考，不断创新，一生的发明非常多，不胜枚举。

根据《物原》《事物绀珠》《世本》《古史考》以及《墨子》等古籍的记载，鲁班的发明主要有曲尺、墨斗、凿子、钻子、铲子、石磨、锁、机动木马车、木马、云梯、钩强等，这些器具发明又大体可以分为三类，即手工工具、简单机械和兵器。

木工常用工具曲尺（也称矩），就是鲁班发明的，至今还有人依习惯称作"班尺"或"鲁班尺"。至于凿子、铲子、锯、钻等，传说也是鲁班的发明，至少经过他的改造。

关于锯的发明，民间流传着一个生动的故事：为了营建一座大型宫殿，需要大量木材，可是工具太原始，伐木进度缓慢。鲁班亲自去察看，上山时不小心被野草划破了手，他观察发现了草叶上的细齿，深受启发，于是就发明了伐木的锯。

从历史记载到民间传说，都一致承认鲁班发明了刨子。我们知道刨子由刨床和刨刀等几个构件组成，结构比较复杂。人们早先用刀和斧头把木头削平，劳动强度大，效率低下，加工质量也比较差。为了省力，就在刀刃下捆上一定坡度的木件，刀就成了刨刀。这项发明是生产工具发展到一定阶段的标志之一。

鲁班的发明不但种类多，而且涉及面也很广泛，这和他勤于观察研究是分不开的。在他的带动之下，他周围的亲人朋友，也都成了发明家。

传说鲁班发明墨斗之后，使用时总要让母亲拉住墨线头，后来他母亲建议线端用一个小钩钩住，这样就不需要两个人了。这个小钩就叫作"班母"。

鲁班的妻子云氏也是一个巧匠。鲁班发明刨子后，加工木料需要一个人顶着，他妻子就建议加个橛子，这个橛子因此也被称作"班妻"。据说云氏还是雨伞的发明者呢！

在兵器方面，鲁班也有不少发明。他曾为楚国造攻城的云梯和水战使用的钩强（又叫钩拒）。根据《墨子·公输》记载，鲁班为楚国造了攻城器械，吓得墨子千里迢迢赶去与

↗ 攻城工具撞车的模型

鲁班奖

　　鲁班奖的全称为"建筑工程鲁班奖"，是 1987 年由中国建筑业联合会设立的。

　　该奖是行业性荣誉奖，属于民间性质。当时每年数额为 20 个，有严格的评选办法和申报、评审程序，并有严格的评审纪律。评审工作由评审委员会进行。评审委员会由 21 人组成，评审委员必须是具有高级技术职称、熟悉工程专业技术并担任过一定专业技术职务的专家。

　　1996 年 7 月，根据原建设部的决定，将 1981 年政府设立并组织实施的国家优质工程奖与建筑工程鲁班奖合并，奖名定为中国建筑工程鲁班奖（国家优质工程）。每年评选一次，奖励数额为每年 45 个。

　　2000 年 5 月 15 日，中国建筑业协会发布了新的中国建筑工程鲁班奖评选办法，每年评选出鲁班奖工程 80 个。

他斗法，终于制止了一场战争。后来鲁班就不再造兵器了，而是潜心于造福人类的发明。

无论是在典籍记载还是在民间传说中，鲁班都是一个勤奋多产的发明家。

他不停地发明新的工具，改进旧的工具。因为他的努力和他的发明创造，大大改善了人们的居住条件，减轻了工匠们的劳动强度，也提高了劳动效率，为我国早期的土木建筑发展做出了杰出的贡献。

↗ 鲁班奖奖杯局部

扁鹊
的四诊合参法

扁鹊，姬姓，秦氏，名越人，渤海郡人，是战国时期著名的医学家。

扁鹊年轻的时候，是一家馆舍的主管人，他认识了一个叫长桑君的人，通过长时间的交往和了解，长桑君觉得扁鹊人不错，就把自己多年来的医疗经验和珍藏多年的药方都传给他。扁鹊经过钻研学习，成了一名杰出的医生。

扁鹊此后就在今陕西、山西、河北一带行医，为人民解除疾病痛苦。

↗ 扁鹊像

↗ **春秋铜匜**

　　扁鹊经过虢国的时候，听说虢国公子因血行不畅而忽然倒地身亡。他认真询问了公子的病情和症状，认为公子并没有真正死亡，他可以把公子救活。于是他求见虢国国君，用针石药剂很快就救活了公子。大家都认为扁鹊能够使死人复生。扁鹊谦虚地说，不是我能起死回生，是他本来就没有死，我只不过是让他恢复过来而已。

　　扁鹊经过齐国的时候，看见蔡桓公（齐国国君田午，因迁移国都到上蔡，故也称蔡桓公）气色不好，就很直率地告诉他："您生病了，病在皮肉之间，现在还比较容易治。"可是蔡桓公自我感觉很好，坚称自己没病。又过了十日，扁鹊见到蔡桓公说："您的病已在血脉里，不治就要恶化。"蔡桓公又没有听扁鹊的劝告。又过了十日，扁鹊见到蔡桓公，见他面色灰暗，又说："您的病已在肠胃之间，再不治的话，就有生命危险了。"这次蔡桓公还是没理会。又过了十日，扁鹊最后一次见蔡桓公，见他面色已全无光彩，知道已是无药可救，就走了。没过多久，蔡桓公果然发病而亡。

此后，扁鹊开始周游列国，随俗为变，处处为病人考虑。经过邯郸时，那里重视妇女，他就当妇科医生；经过洛阳时，那里尊重老人，他就当起了耳目科医生；在咸阳时，那里人疼爱小孩子，他就做儿科医生。总之，他各种科目都很擅长，努力为天下百姓解除病痛。

扁鹊是一代神医，因为名声太大，遭到小人的嫉妒，最后被秦太医令李醯派刺客杀死。

扁鹊在医学上的成就，有以下几个方面：

一、在诊断方面，扁鹊采用了望色、闻声、问病、切脉的四诊合参法，尤其擅长的是望诊和切诊。在给蔡桓公看病的过程中，通过察看蔡桓公气色，就知道其疾病症结，就

↗ 古代药物加工器具

是望诊的体现。《史记》中称赞道："至今天下言脉者，由扁鹊也。"

二、在经络藏象方面，扁鹊提出病邪沿经络循行至脏腑，以及病由表及里的传变理论。在诊治虢国公子时，他就深入分析了经络循行与脏腑的关系，并给出了救治的方案。

三、在治疗方法方面，扁鹊提出辨证论治与综合治疗结合。从史籍记载中，我们看出扁鹊已经熟练掌握了砭石、针灸、汤液、按摩、熨帖、手术、吹耳、导引等方法，将其灵活兼用于具体病案之中，综合治疗。

四、在科学预防方面，扁鹊提出了6种病不能治。即"骄恣不论于理，一不治也；轻身重财，二不治也；衣食不能适，三不治也；阴阳并，藏气不定，四不治也；形羸不能服药，五不治也；信巫不信医，六不治也。"其中不治"信巫不信医"，反映出扁鹊朴素的唯物主义思想。

综上所述，扁鹊是中国医学史上第一位继往开来的大医学家，奠定了我国传统医学诊断法的基础。他对我国传统医学的贡献将永载史册。

诸子百家
的宇宙观和自然观

上天是运动着的吗？

大地是静止的吗？

日月为什么不断地轮回？

是谁在推动着宇宙的运行？

是谁在维系着宇宙的秩序？

是谁在无意间推动了宇宙的运转？

宇宙的运转是不能自己停下来的吗？

是否有一种机关在推动宇宙，使它无法停止？

在 2000 多年前的春秋战国时期，庄子面对着无边无际、玄奥深邃的宇宙，经过哲理性思考后，发出深刻的追问。这些追问历经千载，仍然以其深远的气魄，叩击着每个宇宙探秘者的心扉。

那是一个思想繁荣的年代，

↗《五星占》帛书残片

这是西汉初年写成的有关天文星象的占卜书，记载了大量的天文现象，具有很高的科学价值，是中国现存最早的天文书。书中记载了金星、木星、土星的位置和它们的活动规律。其中包括庞杂的"天人感应"说，是当时流行的占卜书，故称"五星占"。

屈原《楚辞·天问》里对宇宙生成与演化的考问

遂古之初，谁传道之？上下未形，何由考之？冥昭瞢暗，谁能极之？冯翼惟象，何以识之？明明暗暗，惟时何为？阴阳三合，何本何化？

那是一个学术自由的年代，那是一个人才辈出的年代。春秋战国，随着分封制度的土崩瓦解，庶族地位有所上升。私学的兴起，造就了一大批士人。思想的开放，学术的自由，造就"百家争鸣"的盛况。这一时期也顺理成章地成为我国科学技术体系奠基的年代。

春秋战国时期的诸子百家，虽然在治国方略、哲学思想以及社会伦理等方面主张各不相同，但是在利用科学论证自家学说的正确合理性上却是一致的。他们不拘形式，不一而足，阐述了他们对于天地万物乃至人本身的思考，都是科学合理的，颇具前瞻性和深刻性，加深了人们对周围世界的了解，促进了自然科学的发展。

诸子百家在这场论争中批判和摒弃（或是避而不谈）了早期的天命观和有神论，更加关注于自然界的客观存在及其发展变化的内在规律性问题，保证了科学的健康发展。在先秦诸子里面，荀况对天命观的批判最具代表性。在《荀子·天论》中，他提出了自然界按一定规律运行的思想，肯定了"天行有常，不为尧存，不为桀亡"，即自然法则是不以人们的意志为转移的客观规律。从这些观念出发，荀况进一步提出了"制天命而用之"的人定胜天思想。这种坚决反对鬼神迷信、坚持朴素唯物主义的思想，有力推动了科学的长足发展。

当时，诸子百家就以下几个重要的自然科学方面的问题展开了讨论：

一、宇宙的无限性。

尸佼（约前4世纪）曾给宇宙下了一个定义："四方上下曰宇，古往今来曰宙。"即"宇"就是指东西南北上下各个方向延伸的空间，"宙"就是指过去、现在和将来的时间。

关于宇宙空间无限性的问题，《庄子·天下》篇记载惠施说："至大无外，谓之大一；至小无内，谓之小一。"惠施认为：宇宙之大是没有边际的，就是无限大；宇宙之小，

青龙　　　　　　　　　　　　　　　　　　　　白虎

↗二十八宿衣箱

这个衣箱在曾侯乙墓出土，环绕"斗"字按顺时针方向排列二十八宿名称。将二十八宿与北斗、四象相配合，是中国黄河流域观象所独有。证实了至迟在公元前5世纪，中国已经形成了完整的二十八宿体系。

儒家经典里的"天地起源"

《易·系辞上》："易有太极，是生两仪，两仪生四象，四象生八卦，八卦定吉凶，吉凶生大业。"两仪，指天地或阴阳。四象，一说为金、木、水、火。

向内也是没有尽头的，就是无限小。而且他还指出万物都是由"小一"组成的，之间差异只是量不同而已，即"万物毕同毕异"。

另外需要一提的是墨家提出物体分割到不能再分的时候，叫"端"，与古希腊德谟克利特提出的原子说有些相像。

二、宇宙的本原与演化。

老子在《道德经》中认为宇宙万物的本原是无，从无中生有，然后才生出天下万物。他指出，这种"先天地生"的东西叫"道"，是一种绝对精神的东西。道生天地，天地分别生阳、阴，阴阳交合生万物。

庄周继承并发展了老子的观点，指出"泰初有无，无有无名，一之所起，有一而未形，物得以生，谓之德。"

当然，也有不同的看法。《管子·内业》中就记载着另外一种主张，认为精神和物质世界的本原是精气，把道作为生成万物的原质。荀况则认为气是万物之本。

综上可知，春秋战国时期，宇宙本原的论争，主要是老庄学派认为万物生于无和著作《管子》的齐国学者主张万物生于有的论争，两者都有一定的道理和影响。

三、天与地的关系。

春秋晚期，邓析认为天地不存在截然的尊卑差异。惠施进一步认为天是可以"与地卑"的。春秋战国时期，人们对天圆地方产生了怀疑，其中慎到明确提出了天浑圆说。

诸子百家关于自然观、宇宙观的看法、主张虽各有异同，但是在争鸣中，他们相互取长补短，将科学问题逐渐引向深入。其哲理性思辨和推测为后来的科学进步提供了思想养分。

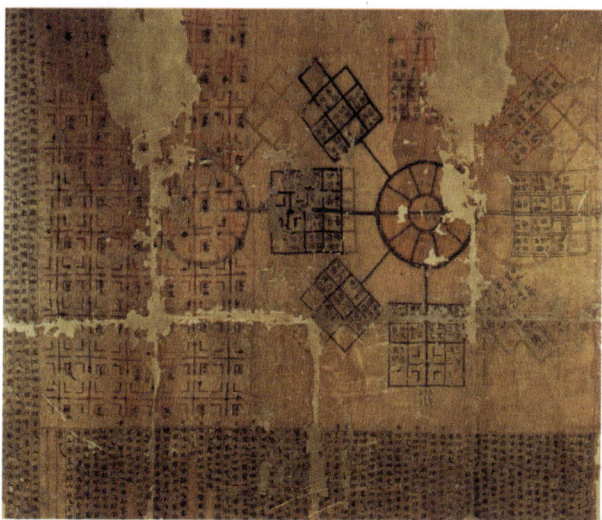

↗ **天文气象杂占帛书**

　　这是西汉初年写成的有关天文星象的占卜书，以根据气象变化进行占卜为主要内容，也穿插天文范围的彗星和其他星象，共有350条占卜，每条都配有示意图。

堪与西方科学家比肩的

墨子

Kan Yu Xi Fang Ke Xue Jia Bi Jian

墨子，姓墨名翟，春秋
战国时期鲁国人。墨子是一
位杰出的思想家、哲学家、
社会活动家，同时也是一位
杰出的科学家和发明家。

墨子可能出生于一个以
木工为谋生手段的家庭里，
从小耳濡目染，加之聪明巧
思，使他很快就成为一名技
艺高超的木工匠师和机械制

↗ 墨子像

造家。墨子非常好学，一方面不断汲取前人各方面的知识，
另一方面通过亲身实践不断创新。这样，他很快就成长为一
代学术大师。

墨子一生的活动主要在两个方面：一是广收弟子，宣
扬自己的学说；二是不遗余力地反对兼并战争。由于墨子
的教学方法灵活独特，深受弟子欢迎，从者很多，墨家成
为当时与儒家并称的显学。墨子的政治主张是舍己利人，
建立一个平等、安定、人人安居乐业的"尚同"社会。史

载墨子与公输般斗法来止楚攻宋一事，足见他为实践自己理想所做的努力。

《墨经》是先秦诸子百家著作里最具

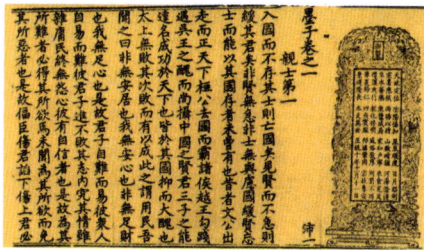
《墨子》书影

科学价值的一部。它原来是《墨子》一书中的 4 篇，即《经上》《经下》《经说上》《经说下》。

在清代以前，人们都认为《墨经》是墨子所著。后来孙诒让、胡适等提出"别墨"或"后期墨家"之作的言论。其怀疑精神可嘉，但是考证分析实难成立。因此，综论各方，一般认为《经上》《经下》二篇应是墨子自著，《经说上》《经说下》二篇亦可能是墨子自著，即便不是，亦为墨子弟子记录师说而成。《墨经》的内容，集中反映了墨子的科学成就。

墨子对科学技术的贡献是多方面的，涉及数学领域里的几何学和算学，物理学领域的声学、力学、光学等。

首先，在数学方面。墨子给出了一系列算学和几何学概念的命题和定义，计有十余条之多，都载于《墨经》之中。

他具体给出了"倍""平""同长""中""直线""正方形"等定义。他对"圆"的定义是："圜，一中同长也。""圜，规写交也。"也就是说：与中心同长的线构成圆，如用圆规绕中心一周即画成圆。这与欧氏几何中圆的定义完全相同。几何学里的点、线、面、体被墨子称作"端""尺""区""体"。其中"端"是不占有空间的，是物体不可再分的最小单位。墨子所给的定义都是具体而准确的。

虽然墨子的数学理论尚未形成一个完整的体系，但是数学概念定义的严密性和抽象性，集中反映了墨子的理性思维深度。仔细比较墨子的概念与欧氏几何，我们不难发现，其命题和定义基本一致，且比欧几里得要早100多年。

其次，在物理学领域。墨子在声学、力学和光学方面都有重要贡献。

在声学方面，墨子对声音共振现象展开研究，发现井或罂具备放大声音的作用，并加以利用，将之作为监听敌人

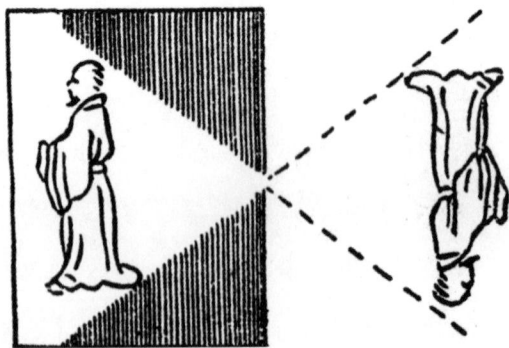

↗小孔成像实验

光线在直线行进的过程中穿过小孔，在屏幕上形成一个与原物大小相同的倒立影像。它明确地展现了光沿直线传播这一原理。

动向、预防攻城的工具。

在力学方面，墨子给出了一些重要的定理和概念。例如他给出了力的定义："力，形之所以奋也。"（力是使物体运动的原因）尽管是错误的，但在当时的条件下还是先进的。他也说明了反作用力和阻力的存在。墨子还对杠杆原理做了精辟表述，比阿基米德要早200年。

在光学方面，墨子的成就最为杰出。他是世界上第一位对几何光学进行系统研究的科学家，他研究的广度和深度也是同时代的其他科学家所不及的。其记述集中于《经下》和《经说下》，各有8条，内容涉及几何光学的各个方面。通过小孔成像实验，和对平面镜、凹面镜、凸面镜成像的研究，他得出的几何光学的一系列基本原理，都堪称经典。

在春秋战国时期，就科学技术成就来说，以墨子和墨家成就为最；就其广度和深度来说，与同时代的古希腊任何一个学派和任何一位科学家相比，墨家和墨子都有过之而无不及。可以这样说，在对自然界的理性认识方面，墨子登上了当时科学的最高峰。

李冰父子
与都江堰

美丽富饶的成都平原，被人们称为"天府"乐土，从根本上说，这是李冰父子修建都江堰的功劳。

这个距今2200多年的水利工程，使"蜀人旱则借以为溉，雨则不遏其流，水旱从人，不知饥馑"。

都江堰位于成都平原西部的岷江上。岷江是长江的一条支流，发源于四川西北部。岷江的上游是高山峡谷，水流湍急，挟带大量沙石，一到成都平原，地势平缓，流速也随之减缓，沙石就沉积下来，日积月累，淤塞河道。每逢多雨季节，由于河床抬高，江水就会泛滥成灾。雨季一过，枯水季节又会造成干旱。在这种不是洪水就是干旱的情况之下，早期的人们很难发展农业生产。

为了彻底治理岷江的水患，开发好西蜀，公元前256年，秦昭襄王任命很有才干的李冰为蜀郡太守。有关李冰的生平，现

↗ 李冰父子塑像

在很难找到相关记载，我们只能从民间传闻中知道，他是战国时期秦人，"能知天文地理"，是一个杰出的技术专家，同时也是一个勤政爱民的地方官。

李冰到达蜀地之后，在其子二郎的协助之下，广泛招募有治水经验的人，然后对岷江的地形和水势进行了实地勘察。经过充分的论证和研究，李冰决定开建都江堰水利工程。

在战国时期，科技还不发达，营建都江堰这么浩大的水利工程，李冰只能凭借自己的聪明才智，去克服许多困难。

例如要凿穿玉垒山，因为当时还没有炸药，难度非常大，李冰就让人们把木柴堆积在岩石上，放火点燃，岩石被烧得滚烫，然后再浇上冷水，岩石就在急骤的温度变化中炸裂了。

再例如在水流湍急的岷江中，修筑堤堰十分困难，石块很容易被水冲走，李冰就让人从山上砍来竹子编成竹笼，里面装满鹅卵石，层层叠放在一起，这样就不容易被冲走了，分水堤也就修筑起来了。

李冰依靠当地人民群众，克服了各种困难，终于筑成了一座集防洪、灌溉、航运功能于一体的综合性水利工程——都江堰。

都江堰由鱼嘴、人字堤、飞沙堰、宝瓶口、内外金刚堤和百丈堤等构成，是一个有机的整体。其中鱼嘴、飞沙堰和宝瓶口作为都江堰渠首的三大主体工程，是整个工程的核心。

鱼嘴，又叫"都江鱼嘴"或"分水鱼嘴"，因其形如鱼嘴而得名。

它昂首于岷江江心，将岷江一分为二。西边叫外江，俗称"金马河"，是岷江的干流，主要功能是排洪；东边沿山腰的叫内江，是人工引水渠，主要功能是灌溉。

鱼嘴的设置非常巧妙，不仅能够分流引水，而且能在洪、枯水季节起调节水量的作用，这既保证了灌溉又防止了洪涝灾害。

↘ 都江堰鸟瞰图

都江堰是世界上现存最悠久的无坝引水工程，历经2000多年，至今仍发挥作用。

↗ 都江堰鱼嘴分水堤

　　飞沙堰，又叫"金堤"或"减水河"，因其具有泄洪排沙功能而得名。它长约180米，主要功能是把多余的洪水和流沙排入外江。

　　飞沙堰的设计高度能使内江多余的水和泥沙从堰上自行溢出；若遇特大洪水，则自行溃堤，洪水沙石也可直排外江。"深淘滩，低作堰"是都江堰的治水名言。内江在岁修

春秋战国时期的主要灌溉工程

（1）芍陂　　　　（孙叔敖主持修建）

（2）引漳十二渠　（西门豹主持修建）

（3）白起渠　　　（白起主持修建）

（4）都江堰　　　（李冰主持修建）

（5）郑国渠　　　（水工郑国主持修建）

时深淘是为了避免河道淤塞，保证灌溉。低作堰则为了恰到好处地分洪排沙。

宝瓶口，是前山伸向岷江的长脊上人工开凿而成的控制内江进水的咽喉，因其形似瓶口且功能奇特得名。它是自流灌溉渠系的总开关。内江水流经宝瓶口后通过干渠。宝瓶口宽 20 米，高 40 米，长 80 米。

这三大主体工程看似简单，却包含着系统工程学和流体力学等处于当今科学前沿的科学原理，它所蕴藏的科学价值备受人们推崇，外国水利专家看了整个工程设计之后，都惊叹不已。

都江堰，作为全世界迄今为止年代最久且留存的以无坝引水为特征的水利工程，以其千载传承的科学性和实用性，当之无愧成为一座丰碑！

汉代数学的丰碑：
《周髀算经》与《九章算术》

人们在谈论汉代数学的时候，不能不谈到《周髀算经》。"髀"就是"表"，周人用垂立地面八尺高的木杆（"表"）来观测日影，所以叫"周髀"，"算经"则是唐朝人后来加上去的。

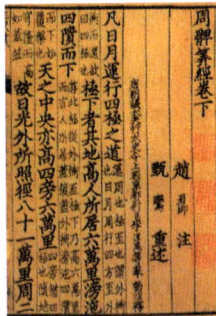

↗ 《周髀算经》书影

《周髀算经》里除了数学知识，还包括一些天文学方面的知识，主要是汉代主张"盖天说"一派的代表理论。现传本的《周髀算经》大约成书于公元前 1 世纪。

《周髀算经》总体可分为两大部分。前一部分内容比较少，内容假托周公向臣子商高学习数学知识时与商高的对话。这一部分主要讲解了著名的勾股定理和地面上的勾股测量。后一部分内容较多，主要假托为荣方向陈子请教，讲解了"盖天说"理论；表现在数学方面，则是利用勾股定理进行测量天体的计算，还有复杂的分数计算等。

勾股定理在西方叫作"毕达哥拉斯定理"，《周髀算经》比西方早 500 多年就提了出来。

尽管从严格意义上来讲，《周髀算经》还不能算一本数学方面的专业著作，但是它对勾股定理的描述和运用，以及复杂分数的计算，在数学史上具有划时代的意义。

在春秋战国的发展基础上，数学到汉代结出了果实，出现了我国古代最早的一批数学方面的专著。《汉书·艺文志》中著录有两部：《许商算术》（26卷）和《杜忠算术》（16卷）。只是很可惜，这两部书已经失传了。《九章算术》可算得上是现传本古算书中保存最完整的数学著作。

《九章算术》非一人一时之作，而是经过很多人的修改和补充，逐渐完善起来的。它是春秋战国到西汉中期数百年间积累的数学成果的概括和总结，是广大人民集体智慧的结晶。现传本《九章算术》成书于东汉初年（1世纪）。

九章，就是九数，指早期科目中将数学分为九个细目。

《九章算术》从各类问题中，有代表性地选取了246个，按照解题方法和运用范围分成九个大类，有时举出一个或几个问题，然后叙述解决问题的方法；有时开始先叙述一种解法，然后再列举例题。方式多样，注重理论联系实际，易于被人们接受。

《九章算术》的内容丰富，成就辉煌，几乎包括了现代小学算术的大部分内容以及中学数学的相当一部分内容。它涉及初等代数和几何中相当多的内容，形成了风格独特的完整数学体系。《九章算术》中的十进位制解决问题方法以及筹算算法对西方数学影响深远。

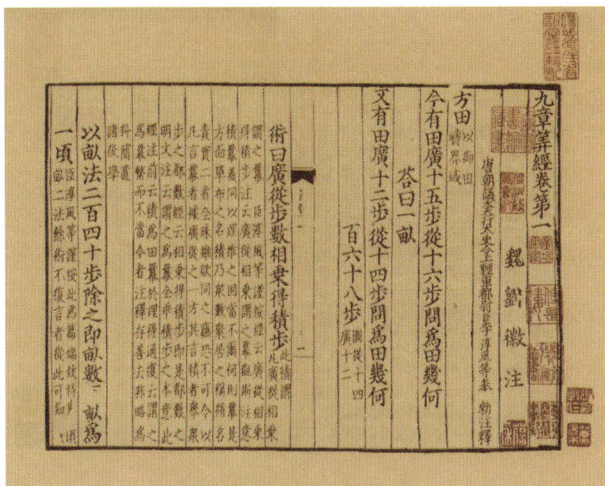

《九章算术》内页

《九章算术》从出现开始一直就是人们学习数学的教科书。16 世纪以前的中国数学方面的著作，大都沿袭其体例不变。后世数学家从中汲取营养，不断发展创新，推动中国古代数学不断向前发展。

作为举世公认的古典数学名著，《九章算术》在世界数学史上也占有极其重要的地位，在隋唐之际就已流传到朝鲜和日本，并成为其数学教科书。

赵过
创代田法

赵过，西汉中期的农学家。史书上记载，大约在汉武帝征和四年（前89年），他被任命为搜粟都尉，主管当时的农业生产。

赵过为了使农业适应保墒抗旱耕作的需要，发明了代田法，并逐步推广。而且他还发明了耦犁和耧车，为实现代田法服务。

代田法是由畎亩法发展起来的，它的优点在于能够很有效地起到抗旱保墒的作用。

↗ 汉代牛耕图画像石

代田法在技术上有以下三方面特点：其一，沟垄相间。种子是播种在沟中的，等到苗出以后，再结合中耕除草来垄土壅苗。这种做法的好处就是防风抗倒伏和保墒抗旱。其二，沟垄互换。沟垄位置逐年互换，实现了土地轮番利用与休闲。其三，每年开沟起垄，耕耨结合。

随着代田法的逐步推广，农田的单位面积产量得到提高，史称"用力少而得谷多"。

从赵过的代田法，我们可以看到秦汉时期农业的主攻

①开沟作垄

②逐次培垄

③土地轮番使用

↗ **赵过代田法**

代田法是一种适合北方地区自然条件的轮耕技术。在一亩田中，纵向分为三道圳和三道垄，垄各宽1尺。苗长高时，不断垄土培固根部，使秧苗耐风旱，抗倒伏。第二年，圳、垄换位，以调节土地肥力。赵过推广代田法的同时，也推行二牛三人耕作法，使之配合耕种。

汉代铁农具的发展和牛耕的普及

在出土的西汉中期以后的铁农具中，犁铧比例明显增加。陕西关中是汉代犁铧出土的集中地区，而且几乎全是铁铧。西汉中期以后，铁犁数量增多，式样也丰富起来。既有向一边翻土的，也有向两侧翻土的。随着代田法的推广使用，耦犁的使用提高了生产效率，牛耕开始在黄河流域普及，铁犁牛耕在农业生产中的主导地位真正确立起来。

方向是抗旱保墒。为了实现这个目的，汉代不仅推广使用代田法，而且也使用区田法，都取得了很不错的效果。

在北方的旱地耕作时，人们从以下四个方面来防旱保墒。一、适时耕作。春耕的适时期在春初解冻之后，夏耕的适时期则在夏至时，而秋耕的适时期是在秋分时候。二、及时耱压。耕起的大土块要及时耱碎，不然就会跑墒，引起干旱。三、因时耕作和因土耕作。根据不同的封土性质，确定适宜的耕作时期和方法，才能达到除草、肥田以及保墒抗旱的目的。四、积雪保墒。在冬麦田用积雪来保墒，不仅可以抗旱，而且可以防虫害。

南方在水稻栽培方面，采用了水稻移栽技术和稻田水温调节技术。稻田水温调节技术主要是针对水稻不同生长期通过调节水温来促进其生长发育。

秦汉时期，人们在农作物的栽培管理方面也总结出了丰富的经验，越来越认识到适时播种的重要性。《氾胜之书》

中记载"种麦得时，无不善"，"早种则虫而有节，晚种则穗小而少实"，并且能够根据历法和物候，参照各种因素来确定播种期，非常科学。在农作物的播种密度方面，主要是参考其种类和地力高下。在田间管理上，中耕引起相当重视，既达除草之效，又能间苗和保墒。

综上，我们不难看出，秦汉时期的农业伴随着一系列的技术进步得到了快速发展，并且人们在生产实践中积累了丰富的经验。尤其是汉中期以后，随着铁犁牛耕的普及，我国古代农业取得了阶段性的突破，农业生产力获得长足发展。

↗ 汉代黄釉陶仓

氾胜之
总结记录汉代农业技术

Han Dai Nong Ye Ji Shu

《氾胜之书》是我国现存最早的农书。《汉书·艺文志》著录农书 9 种，除《氾胜之书》外，大都失传。

《氾胜之书》原名叫《氾胜之十八篇》（见《汉书·艺文志》农家类），《氾胜之书》一名最早见于《隋书·经籍志》，后来逐渐成为该书的通称。

《氾胜之书》的作者氾胜之，汉成帝时做过议郎。他曾被朝廷派到三辅地区管理农业生产，成绩卓著，关中地区农业获得丰收。因为劝农之功，他被提升为御史。他系统地总结了关中地区的种植技术和经验，发展了我国古代的农学，写成了《氾胜之书》。

《氾胜之书》在两宋之际亡佚，仅靠《齐民要术》《太平御览》等书的引文，得以保留一部分。后人辑录的《氾胜之书》，其材料的主要来源就是贾思勰的《齐民要术》。

《氾胜之书》原来共有 18 篇，辑录在《汉书·艺文志》

农夫正为插秧后的稻田进行锄草薅秧

农夫在已经收割的稻田中松土，准备再次插秧栽种

↗ 汉代画像石中的农事图

中的 9 种农家著作里，它的篇数仅次于《神农》（20 篇）。现存的《氾胜之书》仅仅是原书的一部分，共计 3700 多字。

依据残存的这部分资料，我们可以知道《氾胜之书》总结了耕作栽培的总原则，介绍了 13 种作物的栽培技术。中间还夹杂西汉时期的耕作技术，如区田法、溲种法、种瓜法等的介绍。

首先，关于耕作栽培的总原则，《氾胜之书》总结道："凡耕之本，在于趣时，和土，务粪泽，早锄早获。""得

↗ 古代耕作图

19 世纪前半期出现的《氾胜之书》辑本

（1）洪颐煊辑录《氾胜之书》2 卷
（2）宋葆淳辑录《汉氾胜之遗书》
（3）马国翰辑录《氾胜之书》2 卷

时之和，适地之宜，田虽薄恶，收可亩十石。"其中"趣时"就是要掌握天时，综合考虑，选择适宜的时机，它不仅体现在耕作之初，也反映在播种、施肥、灌溉和收获等后续各个环节之中。"和土"，就是要为作物的生长创造一个温度、水分等条件优良的土壤环境，要保持土质优良，适宜作物生长。"务粪泽"就是施肥和灌溉。《氾胜之书》把灌溉和施肥当作栽培的基本措施，尽力保证作物对水分的需要，防止水分流失。这也突出了《氾胜之书》的技术中心环节，即防旱保墒，这也是汉代农业的主攻方向。"早锄"，作为传统

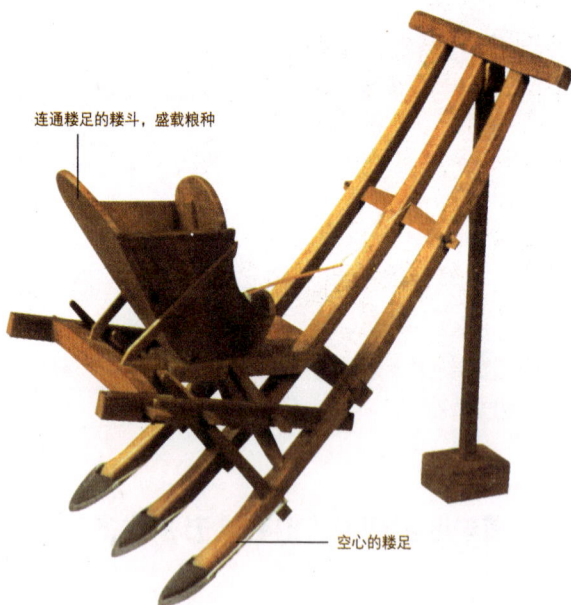

连通耧足的耧斗，盛载粮种

空心的耧足

↗ **耧车模型**

　　耧车播种的时候，一牛前引，一人扶犁，一边开沟，一边下种。粮种自耧斗经耧足下播，同时完成开沟、下种和覆土三道工序。

著录《氾胜之书》的典籍

《汉书·艺文志》《四民月令》《隋书·经籍志》《旧唐书·经籍志》《新唐书·艺文志》《齐民要术》《北堂书钞》《艺文类聚》《初学记》《太平御览》《事类赋》等。

农业中耕的一种形式，既消灭了田间的杂草，又切断了土壤表层的毛细管，从而减少了土壤水分的蒸发。"早获"就是及时而快速地收获。"趣时""和土""务粪""务泽""早锄""早获"这 6 个环节丰富而深刻地囊括了我国传统农学的精华。

其次，在具体作物的栽培上，《氾胜之书》分别介绍了禾、黍、麦、稻、稗、大豆、小豆、麻、瓜、瓠、芋、桑等 13 种农作物的栽培方法。对于农作物的耕作、播种、施肥、灌溉以及植物保护和收获等各个生产环节都有具体的描述。

最后，《氾胜之书》记载了比较有特色的耕作技术。区田法是一种少种多收、抗旱高产的综合性技术。其技术特点就是把庄稼播种在沟状或者窝状的区田里面，采取深翻作区、等距点播、合理密植、集中施肥、及时灌溉等管理措施，使作物丰产。

张衡、郗萌等
提出较系统的宇宙理论 *Yu Zhou Li Lun*

　　宇宙理论在汉代取得了巨大的发展，汉代的科技工作者在继承和发展前人理论成果方面有了很大的突破，形成了比较成熟的基本理论框架，对未来科学的发展产生了决定性的影响。

　　在天地起源与演化方面，汉代在吸收先秦诸子合理内核的基础上，有了更深入的专门论述。西汉早期，刘安在《淮南子》的"天文训"篇中认为天地产生于混沌的原始状态，然后经历太始、虚廓、宇宙、元气等阶段，元气生天地，天地交合生万物。他的学说基本上继承了老庄的天地起源学

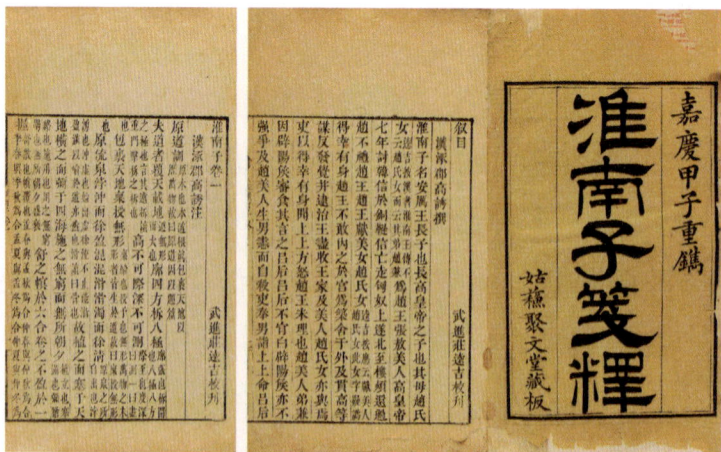

↗《淮南子笺释》内页书影

汉代纬书中的地动思想

汉代天地结构学说中，地静学说一直占据着主导地位，但是在一些纬书中也出现了地动说。《尚书纬·考灵曜》就提到地在按顺时针运行，称之为四游。它指出："地恒动不止而人不知，譬如人在大舟中闭牖而坐，舟行而人不觉也。"换言之，不能因为人感觉不到地在动，就否认地在动的事实。

说，但也有所发展。到了东汉中期，张衡在《灵宪》中论述了宇宙演化是分阶段的，有层次的。他所阐述的发生变化方式有渐变也有突变，变化原因缘自事物内部，具有科学性。张衡还提出了三阶段论，即：首先是一个虚无幽静、无边无际的空旷空间；然后是从无到有的突变，并产生无形无象、混沌状态的元气；最后一个阶段是从无形到有形，从无序到有序，由于某些作用，逐渐形成了天地和万物。

在天地大型结构学说方面，出现了比较成熟、系统的三大学说，即盖天说、浑天说和宣夜说。

第一套学说是盖天说。

汉代的盖天说对先秦时代的盖天说做了重大改进，并赋予新盖天说以数学化的形式，有利于人们理解和接受。盖天说认为天像一个大锅，拱形的天罩着拱形的地，天在上，地在下。日月星辰每天都要绕着北极的一个叫"天中"的点自东向西旋转，"天中"对应到地面拱形上的一点叫作"极下"，"天中"与"极下"的距离，即天与地的距离，为八万里，而人们住的地方离极下相距三到十万里。

太阳每年都以七个不同的同心圆在天盖上运动，称为"七衡"。最内一道叫内衡，是夏至太阳所走的路径，最短。因为"七衡"有六个间隔，所以又叫作"七衡六间图"。太阳光所能照及的范围是七到十六万里。用这一理论能解释昼夜现象以及四季变化。太阳进入可见范围之内，就是白天；反之，就是黑夜。在不同运行轨道，对应不同的季节。

第二套学说是浑天说。

东汉的张衡是浑天说的集大成者，他撰《浑天仪注》，认为天地就像一只鸡蛋，其中天是蛋壳，地则是被包在里面的蛋黄。这里所说的地球形状仍然是平面向上的半球形，而不是一个完整的球体。天地绕地轴自转，两个天极间的圈就是天赤道，与之相交 24 度是黄道。太阳沿着黄道运行。北

石日晷的测时原理

日晷的正中圆孔有一根垂直于日晷平面的柱形表，随着太阳的升落，表影在刻度间移动。在日出、日中、日落三点各立杆做标志，可测定不同季节昼夜的长度。

日中

日出

日落

天际附近有小圈叫恒显圈，圈内星辰永不沉于地下，全年可见；南天际附近有小圈叫恒隐圈，圈内星辰永沉地下，全年不见。

为了阐述天地结构的稳定性，张衡构想了"天地表里有水"，让星辰晚上沉入水中，这是一大败笔。浑天说从总体来说，比盖天说前进了一步，能十分明显地解释一系列天文现象，有颇多可取之处。

第三套学说是宣夜说。

郗萌做了很好的陈述，他说："天了无质，仰而瞻之，高远无极。"郗萌认为天是无边无际的，不是什么拱形或蛋壳之类的东西。他还认为日月星辰等天体是靠气而悬浮在宇宙间，这对于认识宇宙意义重大，比起浮于水中或是被托着之类，前进了一大步。

宣夜说的最大不足就是没有对天体运行规则做具体论述，而是长久停留在思想领域，以致最后变成一种玄学，脱离了科学的轨道。

王充
著《论衡》

Lun Heng

　　西汉末年，谶纬之学盛行，不仅使今文经学走向恶性发展，而且也渗透进科学技术领域，危害甚大。

　　所谓谶，就是巫师和方士杜撰出的谜语式的预言或启示，用来作为凶吉的符验或是征兆；而纬则是解经家们在经的章句以外胡乱附会出的一套说法。谶纬之学，是封建迷信与世俗庸俗化的合流。它在一定程度上阻碍了科学技术向健康方向的发展，因此遭到了一批正直学术思想家们的坚决反对。

　　在反对谶纬思想的过程中，东汉早期卓越的思想家王充所做贡献最为巨大，对后世影响也颇为深远。

　　王充继承并发展了司马迁、扬雄、桓谭等先行者的叛逆精神，在哲学问题上勇于跳出经学的圈子，用唯物主义的思想有力抨击了谶纬的虚妄，大胆批判了经学的唯心主义体系，其成就斐然。

↗ 王充像

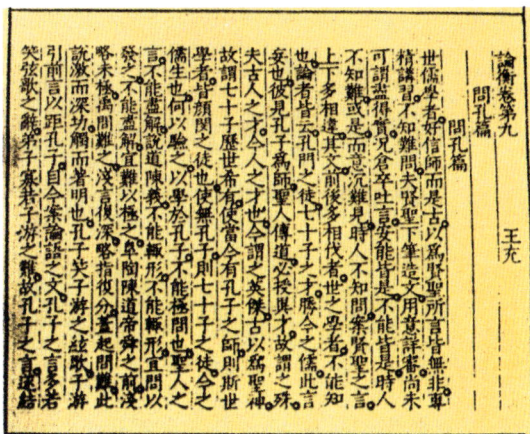

↗ 王充的《论衡》书影

王充（27—约97），字仲任，浙江上虞人，是东汉前期杰出的唯物主义思想家和文学理论家。他原籍魏郡元城（今河北大名），因祖先立功被封官而迁居到会稽，后再迁上虞。

王充出身于农民家庭，但他自幼聪颖好学，品学兼优。15岁的时候，他到京师洛阳的太学深造，并拜当时著名的儒学大师班彪为师。在求学的过程中，他饱读经书，并以怀疑、批判的态度对待已有的规则，在这一点上，他站到了同时代读书人的前列。

王充离开洛阳后，做过州郡佐吏，但因为人刚直不阿而得罪权贵，被罢职。

回到故乡，王充一边教书，一边著书立说。他因痛恨俗情而写《讥俗》《节义》；因忧心朝政而写《政务》；反谶纬而写《论衡》；晚年写《养性》。除了《论衡》，其他几本均已失传。

《论衡》历时 30 年而成，今存 85 篇，其中《招致》一篇，有录无书，所以实存 84 篇，共计 20 多万字。它是我国古代思想史上一部具有划时代意义的著作，也是我国古代科学史上极其重要的典籍。

《论衡》的主要思想就是"疾虚妄"。王充曾说过："伤伪书俗文，多不诚实，故为《论衡》之书。""是故《论衡》之造也，起众书并失实，虚妄之言胜真美也。"他反对虚妄的东西，利用广博的科学知识和逻辑推理，大胆指出典籍中非科学的谬误。为此，他敢于向儒家权威和经典发难。他坚持科学的立场，对盛行的谶纬之学和天人感应说进行了猛烈的批判。

《论衡》主张元气自然说，强调物乃自然发生，而非天意，否定了天有意志的正统观点，旗帜鲜明地反对神学，坚持唯物主义的科学立场。

《论衡》的主要观念

1. 以自然元气说，否定神学、天命。
2. 以自然元道观为基础，批判谶纬之学、天人感应等。
3. 以命定说讨论人性和社会哲学。
4. 反对"奉天法古"的思想，认为今人和古人相"齐"，没有根据说古人总是胜于今人。

《论衡》在具体分析客观现象时，运用科学的分析和逻辑论述，把无神论思想和朴素辩证法提升到了新的高度。

王充对鬼神之说进行了有力的反驳。他指出："人之所以生者，精气也，死而精气灭。能为精气者，血脉也，人死血脉竭，竭而精气灭，灭而形体朽，朽而成灰土，何用为鬼？"

这简直就是对人们迷信鬼神的辛辣反问。这种唯物主义见解，在当时是石破天惊的。

《论衡》对云雨、雷电以及潮汐等自然界的客观现象都做了合乎科学的可贵见解，否定了自然现象与神力迷信的联系。

王充以科学知识为重要武器，坚持唯物主义思想，矛头直指谶纬之学、天人感应等传统迷信，同当时盛行的正统思想进行了不屈不挠的较量，影响十分深远。

蔡伦

改进造纸术

谈到中国的造纸术，就不能不说到蔡伦。他在造纸术的发明和发展上做出了卓越贡献。

蔡伦，字敬仲，是东汉时期杰出的科学家。

蔡伦从东汉明帝刘庄末年开始在宫禁做事。汉和帝刘肇登基之后，他很快成了和帝最宠信的太监之一，负责传达诏令，掌管文书，并参与军政机密大事。

史载蔡伦非常有才学，为人敦厚正直，曾多次直谏皇帝。因为其杰出才干，他被授尚方令之职，负责皇宫所用刀、剑等器械的制造。在他的监督之下，这些器械都制造得十分精良，后世纷纷仿效。

在做尚方令期间，蔡伦系统总结了西汉以来造纸方面的经验，并进行了卓有成效的实验和革新。在原料的利用方面，他不仅变废为宝，大胆取用"麻头及敝布、渔网"等废品为原料，而且独辟蹊径，开创利用树皮的新途径。

↗ **蔡伦像**

此举使造纸技术从偏狭之处挣脱出来，大大拓宽了原料来源，降低了造纸的成本，使纸的普及应用成为可能。更值得一提的是，他用草木灰或石灰水对原料进行浸沤和蒸煮的方法，既加快了麻纤维的离解速度，又使其离解得更细更散，

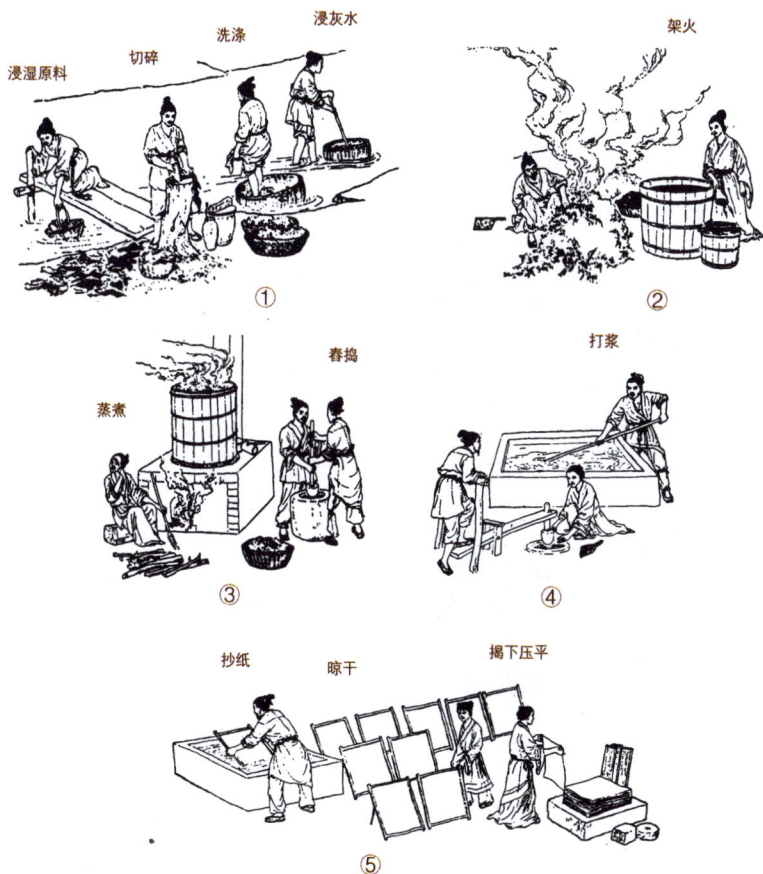

造纸流程示意图

中国古代在造纸技术、设备、加工等方面为世界各国提供了一套完整的工艺体系。现代机器造纸工业的各个主要环节都能从中国古代造纸术中找到最初的发展形式。

东汉时期旱滩坡带字纸的残片

大大提高了生产效率和纸张的质量。这也是造纸术的一项重大技术革新。

元兴元年（105年），蔡伦将自造的纸呈给汉和帝，受到大力赞赏，朝野震动。人们纷纷仿制，"天下咸称'蔡侯纸'"。

安帝元初元年（114年），和帝的皇后邓太后因蔡伦久侍宫中，做事勤恳且颇有成绩，封他为龙亭侯。

后来蔡伦被卷入一起宫廷事件。起因是窦太后让他诬陷安帝祖母宋贵人。等到安帝亲政，着手调查这件事情，让蔡伦自己到廷尉处接受惩罚。蔡伦觉得很受屈辱，就自杀了。

蔡伦虽然死了，但是他对造纸技术的贡献将永存史册。蔡侯纸的出现，标志着纸张取代竹帛成为文字主要载体时代的到来。廉价高质量的纸张，有力地促进了知识、思想的大范围传播，使古代大量文字信息得以保存，促进了人类文明的进步。

在造纸术没有发明以前，我国古代使用龟甲、兽骨、金石、竹简、木牍、缣帛作为书写材料。龟甲、兽骨、金石对书写工具要求很高，需要刻。简牍呢，笨重不便，而且翻阅起来，中间串的绳很容易断裂，造成顺序混乱。缣帛虽轻便，可是十分昂贵，一般人消费不起。纸的发明，满足了人们对轻便廉价书写材料的迫切需求，引发了书写材料的一场空前的革命。

在以后的朝代里，人们对造纸术进行不断的改良和提高，工艺越来越先进，纸的质量越来越高，品种也越来越丰富。造纸的主要原料也从破布和树皮发展到麻、藤纤维、稻草、竹以及蔗渣等。

我国发明的造纸术，对世界文明影响深远。造纸术大约在7世纪初传入朝鲜、日本。8世纪，唐朝工匠将造纸术传入阿拉伯，在撒马尔罕办起造纸厂。此后又传入巴格达。

蔡伦造纸的步骤

（1）把树皮、破布等原料用水浸，切碎。

（2）用草木灰水蒸煮，再经清水洗涤，去掉杂质。

（3）用石臼将原料舂碎，配成浆液，放在槽里。

（4）用抄纸器将纸浆捞起，漏去水分，晾干压平。

上述造纸方法已具备了原料处理、制浆、澄浆、抄纸、烘干等主要工序，为我国造纸业的发展奠定了基础。

10 世纪传入大马士革、开罗，11 世纪传入摩洛哥，13 世纪传入印度，14 世纪传入意大利，然后传到德国和英国，16 世纪传入俄国和荷兰。

潘吉星在《造纸术的发明和发展》一文中这样总结道："我国古代在造纸技术、设备、加工等方面为世界各国提供了一套完整的工艺体系。现代机器造纸工业的各个主要技术环节，都能从我国古代造纸术中找到最初的发展形式。世界各国沿用我国传统方法造纸有 1000 年以上的历史。"

从上述论述中，我们不难看出，我国的造纸术在公元前 2 世纪到 18 世纪的 2000 多年里，一直处于世界领先水平。

与哥白尼、伽利略齐名的 张衡

Yu Ge Bai Ni Jia Li Lüe Qi Ming

在世界自然科学史上，中国有一位国际公认的能与哥白尼和伽利略齐名的科学家，他的名字叫张衡。

张衡（78—139），字平子，东汉南阳郡（今河南省南阳市）人，出生于一个官僚家庭。他的祖父张堪曾做过多年的太守，但为官清廉，没有什么财产留下，再加上他父亲早死，所以家境比较清贫。

张衡天资聪颖，从小就好学深思。他不仅熟读儒家经典，而且花了很多时间去读司马相如和扬雄等人的赋，表现出对文学的强烈兴趣。

青年时代的张衡，已经不再满足于闭门读书，他渴望游历，多接触实际，从而开阔眼界，增长见识。公元94年，张衡远游三辅。他在游览名山大川的时候，不忘考察古迹，访查民情，调查市井交通等。此行不仅大大增长了

↗张衡像

见识，也为他后来创作《二京赋》积累了大量的素材。

离开三辅，张衡来到京都洛阳。在洛阳求学的五六年里，张衡结识了一批青年才俊，如经学大师马融、政论家王符以及著名书法家崔瑗等。在此期间，张衡写了《定情赋》《七辩》等文学作品，名噪一时。随后，他接受南阳太守鲍德的邀请，担任掌管文书的主簿官。

在工作闲暇之余，张衡创作了著名的《二京赋》，轰动一时。任职 9 年后，张衡回到家中，开始研读扬雄的《太玄经》。这是一部研究宇宙现象的哲学著作。通过研究《太玄经》，张衡的兴趣从文学创作转向对宇宙哲学的探索，经过不懈努力，他最终在天文历算方面取得了巨大的成就。

111 年，张衡被征召做了郎中，后来又做过太史令。张衡为人耿直，升迁很慢。他曾两次出任太史令，先后长达 14 年之久。

后来，张衡因弹劾奸佞不成，被迫到河间任太守。在职期间，他打击豪强，颇有作为。138 年，张衡被调回京师，出任尚书。此时东汉政权已越来越腐败，张衡感觉回天乏力，于 139 年，在悲愤与绝望中死去。

张衡最杰出的成就主要在天文学方面。他留下了两部天文学名著《灵宪》和《浑天仪图注》，里面记载了他在历法、天文仪器和宇宙理论等诸多方面的研究发现。他还亲自创制了著名的浑天仪和地动仪。

张衡对于地震的观测和研究，使他成为世界科技史上制作并利用仪器来观测和记录地震的第一人。138 年，他制造的候风地动仪曾准确测出远在甘肃临洮一带发生的一次地震，使朝野"皆服其妙"。

张衡在实际的天文观

↗ 候风地动仪内部
结构示意图（俯视）

↗ 北京古观象台中的浑天仪

测中，还做了许多卓有成效的工作。如在恒星的观测方面，他区分和命名了 444 个星官、2500 颗恒星。

　　张衡还制造了许多奇巧的器物，如指南车和能在空中飞的木鸟等，可惜都已经失传了。他还计算出圆周率是 3.1622，虽然现在看来不准确，但在当时还是十分有价值的。

　　张衡以及他的科学成就，谱写了东汉科学史绚烂的华章，也构筑了我国古代科学史上一座熠熠生辉的丰碑。

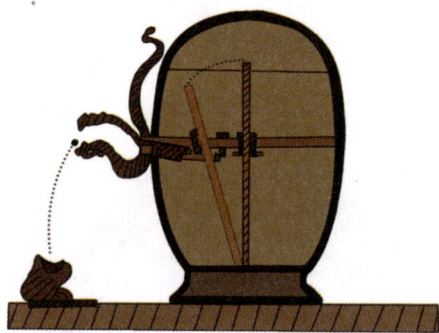

↗ 候风地动仪工作原理示意图

↗ 候风地动仪中的八道结构平面示意图

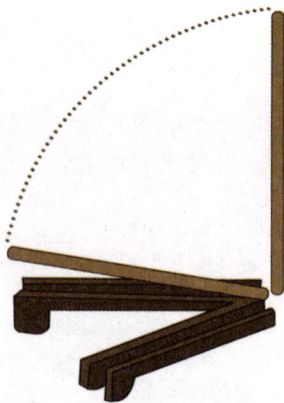

↗ 都柱倒入八道的立体示意图

张仲景
与《伤寒杂病论》

张仲景，名机，约生于公元150年，卒于公元219年，东汉南阳郡（今河南南阳）人，著名医学家，被后人尊称为"医圣"。

史载张仲景自幼聪颖好学，喜欢研究岐黄之学，对名医扁鹊很是推崇，并以其为榜样。他拜同乡著名中医张伯祖为师，因其刻苦，很快便尽得真传。

汉灵帝时，张仲景被举为孝廉，继而出任长沙太守。他虽居要职，却淡泊名利，不屑于追逐权势。他心里所关心的是百姓的疾苦。传说他为太守之时，每逢初一、十五停办公事，亲自到大堂之上为百姓诊病，号称"坐堂"。至今药店仍称作"堂"，应诊医生被称为"坐堂医生"。

东汉末年，战乱频仍，瘟疫横行，民不聊生。张仲景虽然也在居官之暇行医，但是所救治之人毕竟有限。他在做官与行医的利弊之间犹豫不决。这时，

↗ 张仲景像

银漏斗

银制的医疗器皿属于高级用具。这种配套使用的漏斗是在急救危重病人时，向鼻或喉部灌药时使用的。

青铜鎏金冷却盆

这是由三件器物组成的医疗冷却器。使用时将药液置于平底器皿内，放在三足器中。然后不停地用勺盛冷水由浇口注入三足器，而水由排水口流到盘内。如此循环，使药液冷却，达到适合饮用的温度。

青铜医工盆

医工盆上刻有"医工"铭文。

南阳疫病流行，他的家族在十年之内，人口竟死去三分之二。面对这种打击，张仲景决定辞官行医，悬壶济世。

张仲景在行医过程中，不仅潜心学习汉代以前的医学精华，而且虚心向同时代的名医学习，博采众家之长。他向"王神仙"求医的传说在民间广为流传。

张仲景听说当时襄阳有个很有名的王姓外科医生，治疗疮痈很有一套，人称"王神仙"。于是就整装出发，为了学到本领，他隐姓化名，自愿给"王神仙"做药店伙计。他的勤奋聪明很快就取得了"王神仙"的欣赏和信任。有一次，"王神仙"给一个患急症的病人看病，所配的药方里有一味药剂量不够。张仲景觉得有问题，但还是照方抓药。结果，病人病情加重，"王神仙"束手无策。张仲景挺身而出，自告奋勇一展身手，果然药到病除。"王神仙"很吃惊地看着眼前这位年轻人，知道他大有来历，一问才知他是南阳名医。"王神仙"深受感动，遂将其技艺倾囊相授。

张仲景"勤求古训，博采众方"，凝聚毕生心血，于3世纪初，著成《伤寒杂病论》16卷。其原本在民间流传中佚失，后人搜集和整理成《伤寒论》和《金匮要略》两部书。

《伤寒杂病论》是中医四大经典之一，它系统总结了汉朝及其以前的医学理论和临床经验，是我国第一部临床治疗学的专著。

《伤寒论》是一部阐述多种外感疾病的著作，共有12卷，

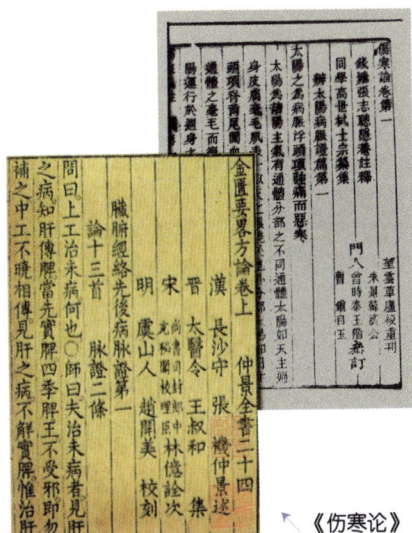

↗ 金医针

这是用于针灸疗法的医针。

↗ 《伤寒论》《金匮要略》书影

著论 22 篇，记述 397 条治法，载方 113 个，总计 5 万余字。《伤寒论》论述了人体感受风寒之邪而引起的一系列病理变化，以太阳、阳明、少阳、太阴、厥阴、少阴"六经"来分析归纳，进行辨证施治。

《金匮要略》是一部诊断和治疗各种疾病的书，共计 25 篇，载方 262 个。《金匮要略》以脏腑脉络为纲，对各类杂病进行辨证施治。全书包括了 40 多种疾病的诊治。

在《伤寒杂病论》中，张仲景还创造了世界医学史上的三个第一，即：首次记载了人工呼吸、药物灌肠和胆道蛔虫治疗的方法。

《伤寒杂病论》成书之后，成为中国历代医家研究中医理论和临床治疗的重要典籍，隋唐以后，更是远播海外，在世界医学界享有盛誉。从晋朝开始到现在，中外学者整理研究该书的专著超过 1700 部，可见其影响之深远。

《伤寒杂病论》失而复得的两个关键人物

一是晋朝太医令王叔和。当时世面上流传的都是断简残章，王叔和全力搜集各种抄本，并加以整理，命名为《伤寒论》。他不仅整理了医书，而且还留下了关于张仲景的文字记载。

二是宋仁宗时的翰林学士王洙。他无意间在翰林院书库里发现了一本虫蛀的竹简，书名为《金匮玉函要略方论》，发现与《伤寒论》相似。后经名医林亿、孙奇等人校订，更名为《金匮要略》刊行于世。

神医华佗
与麻沸散和外科手术

华佗，东汉著名医学家。字元化，沛国谯县（今安徽亳州）人。据考证，他约生于公元145年，卒于208年。

华氏家族本是望族，但到华佗时已经衰微了。幼年的华佗在攻读经史的时候，就很留心医药。他从古代名医济世救人的事迹中获得启发，树立了解救苍生苦难的理想。

在当时的社会里，读书人都以出仕做官为荣，可是华佗却选择了另一条道路，以医为业，替百姓看病，并且矢志不渝。青年时期的华佗，看到的是外戚宦官专权、官场腐败。当时有很多人举荐华佗做官，都被他拒绝了。不为良相，便为良医；华佗决心终生为百姓行医。

华佗行医，并无师传。他主要是通过精研前代的医学典籍，在继承前人成果的基础之上，结合自己的实践总结，从而自成一派。

由于他天资聪颖，加上学习得法，理论联系实际，医术

↗ 华佗像

华佗被后世尊为"外科鼻祖"。

迅速提高，成为远近闻名的医学家。

中年的华佗，因中原动乱而"游学徐土"。他坚持深入民间，为百姓治病，足迹遍及当时的徐州、豫州、青州、兖州各地。根据他行医的地名查考，大抵是以彭城（今江苏徐州）为中心，东起甘陵（今山东临清）、盐渎（今江苏盐城），西达朝歌（今河南淇县），南至广陵（今江苏扬州），西南则到谯县，也就是在今天的江苏、河南、山东、安徽等广大地区。

华佗学识渊博，医术高超，创造了许多医学奇迹，其中最突出的就是用麻沸散进行外科手术。

华佗的医术仁心，受到了广大人民的肯定和尊崇。民间关于他的传说故事不胜枚举。像《三国演义》里关公刮骨疗毒，就是华佗做的手术。

传说有一位郡守患病，百医无效。郡守的儿子找到华佗，对他详述病情，恳求施治。华佗在问病的时候，语气很不好，说话也很狂傲，索要的诊费非常高。这还不算，他压根就没

用麻沸散施行腹腔外科手术

《后汉书·华佗传》："若疾发结于内，针药所不能及者，乃令先以酒服麻沸散，既醉无所觉，因刳破腹背，抽割积聚。若在肠胃，则断截湔洗，除去疾秽，既而缝合，敷以神膏，四五日创愈，一月之间皆平复。"

日本外科专家考证：麻沸散成分是曼陀罗花一升，生草乌、全当归、香白芷、川芎各四钱，炒南星一钱。

有治病，临走的时候还留信大骂郡守。郡守大怒，吐出黑血，结果老毛病一下就好了。

经过数十年的医疗实践，华佗的医术已到了炉火纯青的地步。在临床诊治方面，他灵活运用养生、针灸、方药和手术等手段，辨证施治，疗效极好，被誉为"神医"。他精

虎戏图　　　　　鹿戏图　　　　　熊戏图

猿戏图　　　　　鸟戏图

↗ **五禽戏**
　　一套使全身肌肉和关节都能够得到舒展的医疗保健体操。模仿虎、鹿、熊、猿、鸟的动作姿态创作而成。华佗的学生吴普循此锻炼，活到九十余岁，还"耳目聪明，齿牙完坚"。

通内科、外科、妇科、小儿科和针灸科等，尤擅外科。

华佗的医名远播，使得曹操闻而相召。原来曹操患有头风病，找了很多医生都不见效。华佗只给他扎了一针，曹操头痛立止。曹操为了方便自己看病，强把华佗留在自己府里。但是华佗立志为民看病，不肯专门侍奉权贵，于是就请假回家。

曹操催了几次，华佗都以妻病为由不去。曹操大怒，专门派人将他押到许昌，仍请他治自己的头风病。华佗直言要剖开头颅，实施手术。曹操以为华佗要谋害自己，就把他关进牢中准备杀掉。有谋士进谏相劝，曹操不听，还是处死了华佗。

华佗临死前将所著医书交给狱吏，但狱吏胆小，怕担责任，不敢要。华佗无奈之下，一把火烧了医书。后来曹操爱子曹冲患病，百医无效，曹操才后悔杀了华佗。

相传华佗晚年著有《青囊经》《枕中灸刺经》等多部著作，可惜都已失传。

他发明了一套"五禽戏"来强身健体，还培养了许多弟子，其中吴普、李当之和樊阿都是有名的良医。

诸葛亮等
与古代器械的发明创造

看过《三国演义》的人，大概都知道诸葛亮为了解决山道运粮困难的问题，发明了木牛流马。它们不喝水，不吃食物，扭动一下机关便能在山道上行走如飞，比现代的机器人还要好使。

木牛流马已经失传，虽然有尺寸设计，后世却不能组合复原成功；至少在功能上存在着差异。从木牛流马不难看出我国古代机械制造技艺之高超。

我国是世界上最早制造机械的国家之一。早在 2.8 万年前就发明了弓箭，这也是机械方面最早的一项发明。公元前 6000 年到公元前 5000 年，出现了农具。

什么叫机械呢？在我国古代典籍中没有一个确定的定义。"机械"这个词最早见于《庄子》："有机械者必有机事，有机事者必有机心。机心存于胸中，则纯白不备。"机械在这里含有一些贬义。

随着人类社会的进步，人们逐渐认识到机械对我们的生活所起的巨大作用，人们所使用的机械也越来越复杂，涉及的层面也越来越宽泛。

我们只能简单笼统地说，利用力学原理来实现某些任

古希腊学者的五种简单机械理论

古希腊学者希罗提出五种简单机械理论，认为存在五种是最基本的简单机械，任何复杂机械都源于它们。这五种简单机械分别是：杠杆、斜面、滑轮、轮轴、螺旋。

务的装置，叫作机械。

机械始于最简单的工具，像人类早期制造的石器，如石刀、石斧和石锤等。后来，随着社会的发展和科技的进步，工具的范围逐步扩大，种类越来越丰富。

我国古代的机械发明，五花八门，不一而足，涉及社会生产的各个行业、部门。

举例而言，有缫车、纺车、织布机、提花机等纺织机械，有浑天仪、水运仪、地动仪以及铜壶滴漏等观测和计时机械，有辘轳、翻车、筒车等提水机械，有锄、犁、耧车等农业机械，有指南车、计里鼓车以及各类车船等交通机械，还有冶炼、锻造、加工等的机械，更有弓、弩、发石机等军事机械。这些机械都反映了古代劳动人民的杰出智慧。

在三国两晋南北朝时期，由于战争的需要，在攻防器械、兵器以及造船等方面有了很大进步。

在攻守器具方面，有火车、发石车、虾蟆车、钩车等，还有飞楼、撞车、登城车、钩堞车、阶道车等。攻防器械的制造，在战争中发挥了巨大的作用。

在兵器方面，各种兵器的质量和数量都大大提高。在三国两晋时期，弩机趋向大型化。三国时，诸葛亮改进了连弩，"以铁为矢"，"一弩十矢俱发"，威力陡增。《晋书·舆服志》记载："中朝大弩卤簿，以神弩二十张夹道……刘裕击卢循，军中多万钧神弩，所至莫不摧折。"

在造船方面，这一时期技术也有了巨大的发展。晋在攻吴时，发明"连舫"，就是把许多小船组装成一艘大船。这一时期重要的水上运输工具是由两只单船构成的舫船。在必要时，舫船可以拆开。南北朝时，祖冲之造出"千里船"。

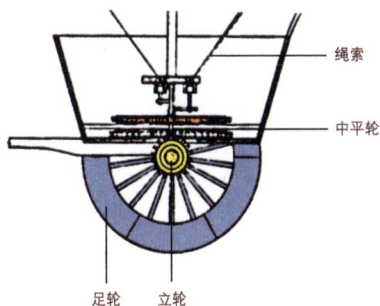

绳索
中平轮
足轮 立轮

↙ 计里鼓车的结构

计里鼓车运用齿轮原理操作。足轮每行一百圈，中平轮便转动一周，木人击鼓一槌。

↖ 计里鼓车模型

计里鼓车是晋朝创制的机械车辆，由二马并驾而行。每运行一里（500米），车上的木人就击鼓一槌，用以量度距离。

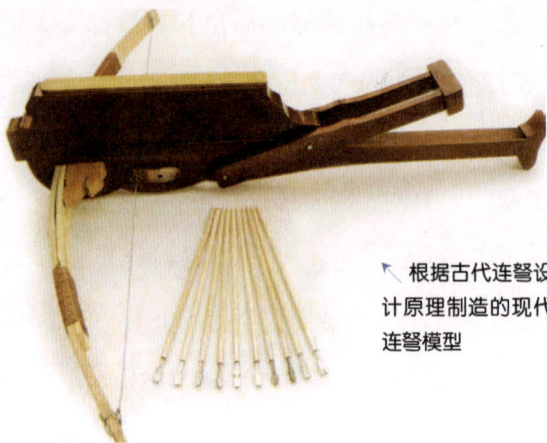

根据古代连弩设计原理制造的现代连弩模型

侯景军中还出现过 160 桨的高速快艇，是历史上桨数最多的快艇。

机械的发明创造，大大促进了文明的进步，推动了社会向前发展，已经深深地融入我们的生活之中。

马钧
发明龙骨水车

　　三国时期，曹魏有一个叫马钧的人发明了龙骨水车。这是我国古代最先进的排灌工具，也是当时世界上最先进的生产工具之一。

　　龙骨水车，在当时叫翻车。东汉时期，有个叫毕岚的人做过翻车，但是它的用途只是用作道路洒水，跟后来的龙骨水车不同。马钧制造的翻车，就是专门用于农业排灌的龙骨水车。它的结构很精巧，可连续不断提水，效率大大提高，而且运转轻快省力，连儿童都可以操作。

　　由于马钧发明的龙骨水车具有巨大优点，故而一问世就受到普遍欢迎，被迅速推广普及，成为农业生产的主要工具之一，并沿用了一千多年。

　　马钧，字德衡，三国曹魏时扶风（今陕西兴平

↗ 灌溉农田的翻车图

龙骨水车的原理

　　龙骨水车的基本结构包括木槽、一条带有龙骨板叶的木链、大轮轴、小轮轴以及木架等。它的工作原理是，人扶在木架上，通过双脚踏踩来驱动轮轴旋转，从而带动木链板叶上移，将水提升起来。

东南）人，曾任魏国博士。他非常喜欢研究机械，终于取得了机械制造方面的杰出成就。但是因为当时的统治集团对机械发明非常不重视，所以他一生都受到权贵们的歧视，郁郁不得志。

　　推崇马钧的傅玄称马钧是"天下之名巧也"，可与公输般、墨子相比，但是公输般和墨子能见用于时，马钧却一生未能发挥特长。

　　马钧在手工业、农业、军事等诸多方面都有革新和创造。

　　马钧改进了旧式织绫机，重新设计了新绫机。三国时的织绫机虽经简化，仍然是"五十综者五十蹑，六十综者六十

↘ 翻车模型

蹑"，用脚踏动，非常笨拙，生产效率极其低下。马钧设计的新织绫机简化了踏具（蹑），改造了桄运动机件。将"五十蹑""六十蹑"都改成十二蹑，这样使新织绫机操作简易方便，大大提高了生产效率。新织绫机的诞生是马钧最早的贡献，大大促进了纺织业的发展。

在军事方面，马钧改进了连弩和发石车。当时，诸葛亮改进的连弩一次可发数十箭，威力已很大。马钧在此基础上进行了再改进，威力又增加了。

马钧还在原来发石车的基础上，设计出了新式的攻城器械——轮转式发石车。它利用一个木轮，把石头挂在上面，通过轮子转动，连续不断地将石头发射出去，威力相当大。

马钧还制成了失传已久的指南车。指南车是一种辨别方向的工具。远古传说中，黄帝大战蚩尤之时，在雾气中迷失方向，于是制造指南车，辨明方向，打败了蚩尤。

东汉时张衡制造过指南车，可惜失传了。

马钧想把指南车重造出来，遭到了许多人的嘲笑和诘

指南车

指南车通过传动机构或连或断的设计，使车上木人手臂始终指向南方。当车辆偏离正南方向时，如向左转弯，车辕的前端向左移动，而后端就向右移动，即会将右侧传动齿轮放落，从而使车轮的转动带动木人下大齿轮向右转动，恰好抵消车辆向左转的影响，使木人手臂始终指向南方。

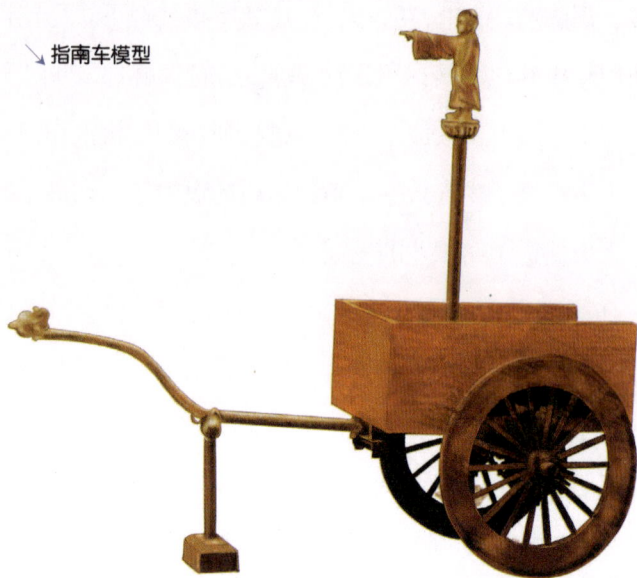

指南车模型

问。马钧苦心钻研，反复试验，终于运用差动齿轮的构造原理，制造出了指南车，"天下皆服其巧"。

马钧还研究传动机械，发明了变化多端的"水转百戏"。他用木头制成原动轮，用水力来推动，使上层陈设的木人都动起来。木人能做各种动作，十分巧妙。

贾思勰
写成《齐民要术》

贾思勰是我国南北朝时期杰出的农学家，他所编撰的《齐民要术》是一部内容丰富、规模宏大的有关农业生产技术的著作，是我国古代"四大农书"之一。

贾思勰，齐郡益都（今山东寿光南）人，生卒年不详。北魏末曾任高阳（今河北高阳东）太守。

贾思勰出生在一个世代务农的家庭，祖辈们对农业生产技术的热衷让他饱受熏陶。另一方面，家里拥有大量藏书，让他得以广泛汲取各方面的知识，为以后编撰《齐民要术》打下了坚实的基础。

成年后的贾思勰走上仕途，做过很多地方的官职，足迹遍及今山东、河北、河南等地。他非常重视农业生产，到达地方之后，都会认真考察当地的农业生产技术，并向老农咨询经验，做好记录。中年之后，贾思勰回到家乡，自己经营农牧业，这种对农业生产的亲身体验，让他获益匪浅，积累了大量的生产经验。

↗ **贾思勰像**

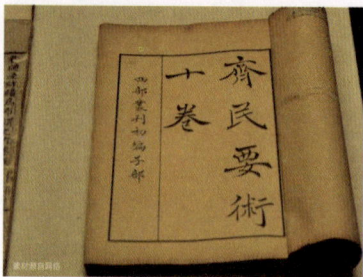
↗《齐民要术》书影

在东魏初期，贾思勰"采捃经传，爰及歌谣，询之老成，验之行事"，写成《齐民要术》。

在《齐民要术》里，贾思勰全面吸收了前人的经验和农书的精华，也大量搜罗了有关农业生产的农谚歌谣，有的甚至亲自在生产实践中检验，其准确程度自是相当高，因此历经1500多年，仍被人们奉为古农书的经典著作。

《齐民要术》分为10卷，92篇，算上卷前的"序"和"杂说"，共计11.5万余字。其中正文约7万字，注释4万多字。如此宏大的篇幅，在中国古代农书中也属罕见。

《齐民要术》内容涉猎广泛，从耕种到制造醋酱，凡是有关农业生产和农民生活的，都有详细的记录。用贾思勰的话来说是："起自耕农，终于醯醢，资生之业，靡不毕书。"具体涉及农艺、林木、园艺、畜牧、养鱼、农副产品加工以及其他手工业等。

《齐民要术》的序是全书总纲，交代了写作的缘由和意图。正文10卷，前3卷讲大田作物和蔬菜的种植；第4、5卷讲果树和林木栽培；第6卷讲动物的饲养；第7、8、9卷讲副业，包括酿造、食品加工、荤素菜谱以及文化用品等；第10卷主要记述南方的植物资源。

《齐民要术》对我国农业科学技术的贡献表现在以下几个方面：

一、建立了比较完整的农业科学体系，内容涉及农业生产各个方面，并且对以实用为特点的农学类目以及该类目在农业生产中所占比重做出了合理的划分。

二、精辟揭示了黄河中下游地区农业技术的关键，详尽探讨了抗旱保墒问题，并对农作物耕培、农田管理进行了规范。

三、记载了许多植物生长发育以及有关农业技术的观察资料。

四、保存了许多古代的农书，像《氾胜之书》等，也

↗ **古代耙耱图**

农业生产必须面对如何减少土壤水分散失，以及如何解决翻耕后平整地面和破碎土块等问题。早在汉代，人们就采用了耕耱结合的方法，即在翻耕后用"耱"来平整地面和磨碎土块，以减少土壤水分的散失。魏晋时期则在耕耱之间又加上了"耙"，形成了耕、耙、耱三位一体的旱地耕作技术体系。

《齐民要术》中的育骡方法

《齐民要术》第一次记载了马驴杂交培育骡的方法和技术原则："以马覆驴，所生骡者，形容壮大，弥复胜马。然必选七八岁草驴（母驴），骨目（骨盆）正大者：母长则受驹，父大则子壮。草骡不产，产无不死。养草骡，常须防勿令杂群也。"

保存了许多佚失的古籍，为后人研究提供了重要的史料。

五、大大推进了动物养殖技术，尤其是家禽牲畜的饲养。

六、叙述了农产品加工、酿造、贮藏和烹调的技术，内容很全面。

综上所述，《齐民要术》是一部总结我国古代农业生产经验的杰出著作，内容完整而系统，是一本货真价实的具有高度科学价值的"农业百科全书"。

虞喜、何承天

Fa Xian Sui Cha

发现岁差

　　东晋时期，虞喜发现岁差现象，并提出赤道岁差概念，这是我国天文学史上一件极其重要的事情。

　　岁差，一种天文学现象，是指地球自转轴长期进动，引起春分点沿黄道西移，致使回归年短于恒星年。

　　岁差是地球公转和地轴运动相结合的结果，这种结合决定了"二分""二至"地球位置不是定点，而是在公转轨道上不断西移的动点。正是由于春分点的移动，太阳直射点的回归运动（回归年）较之恒星年存在约 20 分钟的差距，岁差也因此得名。

　　限于当时的科技条件，虞喜并不知道个中的道理。他只是从古代冬至点位置的实测数据中，发现冬至点逐年西移。他分析得出，冬至一周岁要比太阳一周天差一小段，于是将

虞喜的安天说

　　虞喜发展了汉代三大宇宙结构理论之一的宣夜说，提出了安天说。他认为宇宙是无边无际的，却也相对安定；天与地不可能是以前所认为的天圆地方；所有天体都有自己的运动周期，按照自己的轨道运行，并不是附着在一个固定球壳上。

它命名为"岁差"。

虞喜提出"岁差"概念之后，又由《尚书·尧典》中记录的"日短星昴，以正仲冬"，知道尧帝的时候测得昴星在冬至日黄昏正好位于南中天。而此时昴星在冬至日黄昏处于南中天之西若干度，用这个度数除以尧帝距当时的年代，就得到每50年退1度的结论。

南朝宋天文学家何承天肯定和支持岁差说，他结合自己的观测数据，运用与虞喜类似的思路，得出了赤道岁差每100年差1度的新观测值。何承天测得的值略优于虞喜的观测值，相对比较准确。

在三国两晋南北朝时期，一系列的天文历法上的成就和突破，都来源于古代天文工作者经年累月不懈的观测和记录。

曹魏立国之初，韩翊便献上黄初历。黄初历采用的朔望月长度为29.53059日，误差为1～4秒，差不多达到了历史上的最高水平。

与东晋对峙的北方十六国中，后秦和北凉政权也有新历法颁行。

姜岌于384年制成三纪甲子元历，在后秦颁用。赵䰷于412年制成元始历，在北凉使用。其中姜岌所提出的月食冲法，成为冬至点位置测定的经典方法，为历代名家广泛采用。赵䰷则打破了已采用约800年的19年7闰的旧闰法，提出了 600 年间置入 221 个闰月的新闰法，开辟了提高回归年长度值准确度探索的新方向。

到了南北朝时期，天文历法取得长足的发展。在南方，443 年何承天制成元嘉历，463 年祖冲之制成大明历。北方历法前期并无起色，直到北齐张子信等出现，才后来居上。

其中元嘉历所取五星会合周期值的平均误差为 69 分钟，比前代历法有明显提高；大明历所取五星会合周期值的平均误差为 43 分钟，较元嘉历又有较大进步。

大明历是这一时期成就最大的一部历法。大明历首次把岁差引入历法之中，是一个重大的成就。另外祖冲之还发明了由晷影观测计算冬至时刻的新方法，成为冬至时刻的经典算法。

北方以北齐张子信在历法上的贡献最为突出。他在一个海岛之上，坚持三十余年认真观测和研究，终于在 570 年取得重大的天文发现，即太阳、五星运动的不均匀性和月亮视差对日食的影响。

张子信的天文发现，以及对此给出的具体的、定量的描述方法，把中国古代对于交食以及太阳与五星运动的认识推进到一个新阶段，为一系列历法问题计算的突破性进展开拓了道路。

刘徽和祖冲之

计算圆周率

Ji Suan Yuan Zhou Lü

在三国两晋南北朝时期，有两位杰出的数学家在计算圆周率上做出了非常杰出的贡献，他们是魏晋时期的刘徽和南朝宋时期的祖冲之。

人们最初计算圆面积的时候，大都采用"周三径一"，即按圆周率 $\pi=3$ 来计算，这样一来，误差还是很大的。刘徽经过研究发现，"周三径一"实际上是圆内接正六边形的周长和直径的比值，而不是实际的圆周长与直径的比值。因此，用这个数据所计算的圆的面积，其实是圆内接正十二边形的面积。

刘徽不满足这一发现，他继续深入研究，得出结论：圆内接正多边形边数越多，其面积越趋近于圆面积，即"割之弥细，所失弥小。割之又割，以至于不可割，则与圆合体而无所失矣"。当圆内接正多边形边数无限多时，其周长的极限也就是圆

↗ 刘徽像

周长，其面积的极限也就是圆的面积。这就是著名的"割圆术"。割圆术是我国古代最早用极限思想解决数学问题的有力证明。

刘徽计算时，从圆内接正六边形算起，然后边数逐倍增加。最后刘徽算得 π ≈ 3.14 或 π ≈ 3927/1250。这个数据是当时世界上 π 值的最佳数据。

刘徽首创"割圆术"，开创了圆周率研究的新纪元。祖冲之则是将其发扬光大者。在刘徽研究和计算的基础之上，祖冲之将圆周率的计算推进了一大步，他求出了精确到小数点后第 7 位有效数字的圆周率：3.1415926 < π < 3.1415927。

↗ 祖冲之像

得出这一结果需要付出巨大的努力和辛勤的劳动。可以试想一下，在当时算筹运算的条件下，需要对 9 位数字的大数目进行各种运算至少 130 次以上，还包括乘方、开方的计算，这是一项非常艰巨而又极需耐心的工作。

为了计算方便，祖冲之还求出两个分数来表示圆周率：密

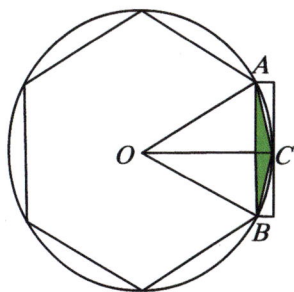

↗ 割圆术示意图

率是 355/113，约率是 22/7。

祖冲之对圆周率计算的贡献，足以使他名垂千古。他走在了全世界的前列，直到 1000 年以后，才有人求出更精确的值。

刘徽在数学方面的贡献还有很多。他对求球体积、圆锥体积、解方程等，都有深入的研究。他撰写了《九章算术注》，其第十卷"重差"后改为《海岛算经》）独立成书。

祖冲之的研究涉及三次方程求解问题，他注释了《九章算术》，撰写《缀术》10 篇。《缀术》在唐初被列为"十部算经"之一，内容精妙，可惜已佚失。

三国两晋南北朝时期的其他数学著作

（1）《勾股圆方图》 （2）《孙子算经》 （3）《夏侯阳算经》

（4）《张邱建算经》 （5）《五曹算经》 （6）《五经算术》

王叔和与皇甫谧

对魏晋医学的杰出贡献

在西晋时期，有两部很出名的医学著作问世。它们分别是我国现存最早的脉学专著《脉经》和第一部针灸学专著《针灸甲乙经》。

《脉经》共 10 卷，将脉象归纳为浮、芤、洪、滑、数等 24 种，并对各种脉象加以简明扼要的解释，阐明其所主病症，结合望、闻、问三诊详加研究。

《脉经》收集了魏晋以前的脉诊旧论，集古代脉学之大成，许多佚而不传的古医书因之得以存录。其《自序》中说："今撰集岐伯以来，逮于华佗，经论要诀，合为十卷。百病根源，各以类例相从，声色证候，靡不赅备，其王、阮、傅、戴、吴、葛、吕、张，所传异同，咸悉载录。"

《脉经》的作者是西晋的王叔和，名熙，高平（今山西高平）人。他出生于官宦之家，为避战乱，移居荆州。受张仲景医学熏陶，立志钻研医道。他潜心学习，博采众家之长，医术日精。投效曹魏政权，做过曹操的随军医生。后来担任过王府侍医、皇室御医等职。在西晋时官至太医令。王叔和在中医学发展史上做出了两大贡献：一是编著了《脉经》，另一个就是收集整理了散佚的《伤寒杂病论》。

没有王叔和的收集整理，今人恐怕难以知道张仲景的杰出成就。

《针灸甲乙经》原名《黄帝三部针灸甲乙经》，简称《甲乙经》，作者为魏晋时期医学家皇甫谧。全书起初共10卷，南北朝时改为12卷、128篇，系将《素问》《灵枢》和《明堂孔穴针灸治要》3本书分类合编而成。

《针灸甲乙经》根据天干编次，内容主要是论述医学理论和针灸技术，故而得名。《甲乙经》的主要内容包括脏腑生理、经脉循行、腧穴走位、病机变化、诊断要点、治疗方法以及针灸禁忌等。该书对古代针灸疗法进行了系统的归纳和整理，推动了针灸学的发展。

《针灸甲乙经》共记载了全身穴位649个，其中考订出的人身孔穴名称350个，包括单穴51个，双穴299个，对各个穴位都有明确定位，凡是前人记载有误的，都予以纠正。

↗**针灸铜人模型**
北宋医官王惟一在1026年铸造了两个空心铜质人体模型，其全身标注559个穴位，其中107个是一名二穴，故全身共有666个针灸点。铜人既是针灸医疗的范本，又是医官院教学与考试的工具。

《脉经》与《针灸甲乙经》的成书，标志着我国传统医学在三国两晋南北朝时期的发展和进步，为医学的专门化研究提供了重要的参考文献。

在这一时期，医学主流不注重阴阳五行、四时之序等哲理性作用，而是偏向务实，大力研究方剂、药物和针灸技法。这也具体体现在《脉经》和《针灸甲乙经》的编撰上。

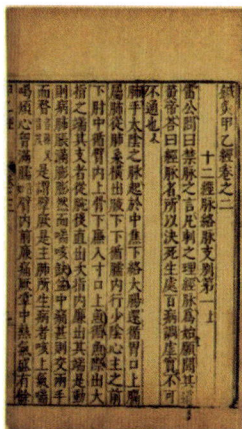

↗《针灸甲乙经》书影

王叔和《脉经》中的二十四脉象

名称	脉象	名称	脉象
浮	举之有余，按之不足	涩	细而迟，往来难，且散，或一止复来
芤	浮大而软，按之中央空，两边实	细	小大于微，常有，但细耳
洪	极大在指下	软	极软而浮细
滑	往来前却流利辗转，替替然与数相似	弱	极软而沉细，按之欲绝指下
数	去来促急	虚	迟大而软，按之不足，隐指，豁豁然空
促	来去数，时一止，复来	散	大而散，散者气实血虚，有表无里
弦	举之无有，按之如弓弦状	缓	去来亦迟，小駃于迟
紧	数如切绳状	迟	呼吸三至，去来极迟
沉	举之不足，按之有余	结	往来缓，时一止，复来
伏	极重指按之，着骨乃得	代	来数中止，不能自还，因而复动，脉结者生，代者死
革	有似沉伏，实大而长微弦		
实	大而长微强，按之隐指，愊愊然	动	见于关上，无头尾，大如豆，厥厥然动摇
微	极细而软，或欲绝，若有若无		

炼丹家
葛洪、陶弘景

Lian Dan Jia

魏晋南北朝时期，炼丹活动盛行，炼丹术得到了极大发展。

这一时期，战乱频仍，社会动荡，统治者感觉地位不稳固，为了寻求精神的慰藉或解脱，纷纷求取丹药，妄图成仙。另一方面，由于自身的堕落，为了强身纵欲，也需借助丹药。一大批士人隐居山林，闲来无事，也纵酒谈禅，采药炼丹。炼丹已成为当时的一种社会时尚。

葛洪和陶弘景是这一时期两大著名的炼丹家，他们对炼丹术的发展起着举足轻重的作用。

葛洪（281—341），字稚川，自号抱朴子，丹阳郡句容（今江苏句容）人，是早期道教的代表人物。由于家庭环境的关系，

↗ **老君传铅汞仙丹之道图**
图中所绘为老君坐于崖下石台之上，面前有一炼丹用的三足鼎，鼎中开一圆孔，孔内放出一道黄色光柱，黄光中浮着一粒金丹。弟子立于炉前，倾听炼丹之道。

葛洪从小就受到正统儒家思想和神仙方术的熏陶。13岁的时候，家道中落，但葛洪自强不息，努力学习，终"以儒学知名"。后来拜从祖葛玄的弟子郑隐（字思远）为

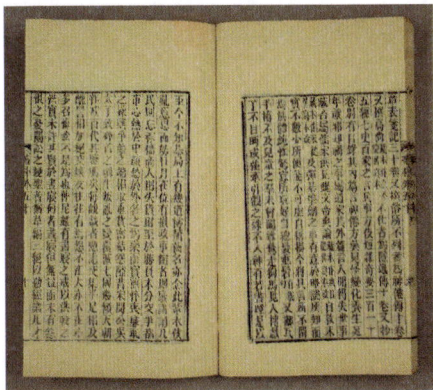

↗ 《抱朴子》内页

师，开始学习炼丹术。青年时期遭逢"八王之乱"，葛洪产生了出世思想，专注于道学。晚年入罗浮山炼丹修行，并且著书立说，直到去世。葛洪著述颇丰，有《抱朴子内篇》20卷，《抱朴子外篇》50卷，《神仙传》10卷以及医书《玉函方》《肘后备急方》等。

陶弘景（456—536），字通明，号华阳真逸，谥贞白先生，丹阳秣陵（今江苏南京）人，是继葛洪之后的又一大炼丹家。他出身名门望族，自幼聪明好学，10岁读葛洪的《神仙传》，颇受启发，开始专注于道教。19岁时，齐高帝萧道成聘他为诸王侍读。在这期间，他谒僧访道，学习炼丹术和医药学。37岁时，他厌倦官场，辞官隐居茅山（即句曲山，在今江苏句容、金坛之间）。在茅山，他一边修道炼丹，一边为人治病、著书，直到逝世。陶弘景著述多达60多种，现存仅有《神农本草经集注》以及收入《道藏》的《真诰》和《养

性延命录》。

葛洪的《抱朴子内篇》是著名的炼丹著作，陶弘景的《神农本草经集注》虽为医药著作，实际上包含了很多炼丹术的内容。他们两人都对炼丹化学做出了杰出的贡献。

炼丹活动的盛行和炼丹术的发展，带来了炼丹化学的

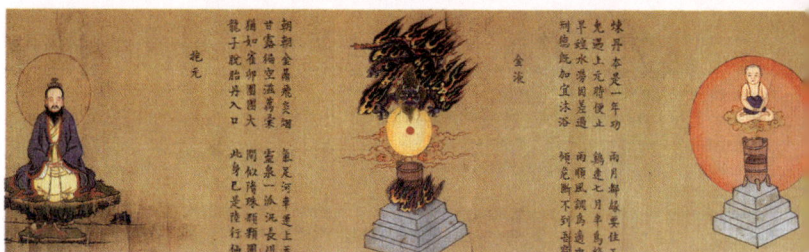

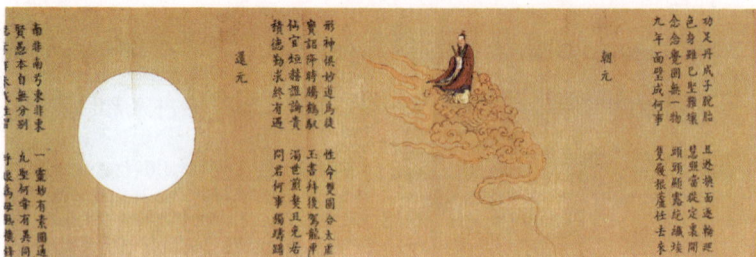

中国古代道士内丹修炼图

内丹修炼是道教修炼方法之一，与外丹相对，以人体比作炉鼎，循行一定的经络，通过炼养，使精、气、神在体内凝聚为"圣胎"，即是"内丹"。

巨大进步。

炼丹家长期烧炼的药物中，有一种叫作九转还丹的，就是利用了丹砂的分解和化合作用。丹砂，化学名称叫硫化汞（HgS），经过煅烧，其中的硫会被氧化成二氧化硫（SO_2），分离出来金属汞。然后再使汞与硫化合，生成黑色的硫化汞，黑色的硫化汞经过加热升华，再经过冷却结晶，还原为比烧制之前的丹砂更纯净的红色的硫化汞。炼丹家称之为还丹，

➘ **炼丹图　南宋　李唐**

每经过一次这样的过程,就叫作一转。葛洪在《抱朴子内篇·金丹》里这样总结道:"丹砂烧之成水银,积变又还成丹砂。"

炼丹家对铅的认识也有所提高。葛洪指出,胡粉(碱性碳酸铅)和黄丹都是"化铅所作",其冶炼过程为"铅性白也,而赤之以为丹;丹性赤也,而白之以为铅"。陶弘景在《神农本草经集注》中也说,黄丹是"熬铅所作",胡粉是"化铅所作"。

炼丹家已经能够制取单质砷。葛洪在《抱朴子内篇·仙药》中共记载了6种处理雄黄的方法,最后一种方法是在雄黄中添加硝石、玄胴肠(猪大肠)和松脂"三物炼之",就能还原得到纯净的单质砷。这是世界上最早制取单质砷的方法。

对于铁与铜盐的置换反应,炼丹家也深刻认识到了。葛洪在铁的表面涂抹硫酸铜溶液,会析出铜来,"铁赤色如铜","外变而内不化也"。陶弘景扩大了铜盐的范围,用碱性硫酸铜或者碱性碳酸铜参与反应。

在炼丹活动中,炼丹家对化学物质的特性和化学反应有了深入的认识。他们用汞溶解金属制作汞齐,用火焰法来鉴别钾盐,等等。他们的发现,有许多都是首次记录,处于世界化学的领先地位。

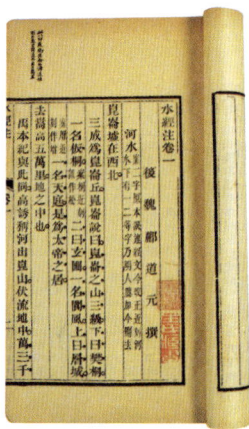

郦道元

和地理学巨著《水经注》

在北魏时期，有一本地理学巨著叫《水经注》，他的著者郦道元是我国古代卓越的地理学家。

郦道元（约470—527），字善长，北魏范阳郡涿县（今河北涿州）人。

郦道元出身于官僚世家，青少年时代随父亲在青州生活。对当地的风土人情深入了解后，逐渐对地理考察产生兴趣。父亲去世后，他袭爵永宁侯，在孝文帝身边做官。后来外调，任颍川太守、鲁阳太守和东荆州刺史等职。在辗转各地做官的过程中，他博览群书，并进行实地考察，对当地的地理和历史有了深入的研究和了解。

神龟元年（518年），郦道元被免职回到洛阳。

在这期间，他感觉以往的地理著作如《山海经》《禹贡》《汉书·地理志》都太过简略，《水经》只有纲领而不详尽。于是，他花费大量心血，广泛参考各类书籍，结合多年的实地考察经验，历时七八年，终于完成地

↗《水经注》书影

理学名著《水经注》。

郦道元做官时得罪了小人，被他们设下陷阱，派去视察反状已露的雍州刺史萧宝夤的辖区。孝昌三年（527年）十月，郦道元在阴盘驿亭遭到萧宝夤部队袭击，被残忍杀害。

《水经注》共40卷，约30万字，文字20倍于原书《水经》。

《水经注》这部在当时世界地理文献中无与伦比的著作，成就巨大，主要表现在四个方面。

其一，在水文地理方面。

《水经注》共记载了1252条大小河流，按一定次序对水文进行了详细的描述。如河流的发源、流程、流向、流域、水量的季节变化、河水的含沙量、河流的冰期等。

在河源的描述上，有陂池、泉水、小溪以及瀑布急流之别。全书共记载峡谷近300座，瀑布64处，类型名称15个。

《水经注》记载了伏流22处，其中有石灰岩地区的地下河和松散沉积孔隙水；记载的湖泊总数超过500个，类型名称13个，其中有淡水湖也有咸水湖；记载了泉水几百处，其中温泉31处。这些为后世研究古今水文变迁提供了重要的参考文献。

《水经注》还记载了无水旧河道24条，为寻找地下水提供了线索；记载了井泉的深度，为该地区地下水位变化规律提供了依据和参照。

其二，在生物地理方面。

《水经注》记载了大约 50 种动物种类。不仅明确记载了动物的分布区域，而且记载了各地所特有的动物资料。特别是黄河淡水鱼类的洄游资料，是世界上该方面现存最早的文献记载。

《水经注》还记载了约 140 种植物种类，描述了各地不同类型的植物群落，尤其注

↗ 郦道元雕像

三国两晋南北朝时期的方志

（1）三国

《巴蜀异物志》（谯周）　　《临海水土异物志》（沈莹）

《南州异物志》（万震）　　《娄地记》（顾启期）

（2）两晋

《十四州记》（黄恭）　　《风土记》（周处）

《洛阳记》（陆机）　　《襄阳记》（习凿齿）

《宜都山川记》（袁山松）　　《华阳国志》（常璩）

（3）南北朝

《荆州记》（盛弘之）　　《南越志》（沈怀远）

《吴地记》（陆道瞻）　　《洛阳伽蓝记》（杨衒之）

重植被状况。

其三，在地质地貌方面。

《水经注》记载了 31 种地貌类型名称，山近 800 座；记载了洞穴 46 个，按不同性状结构取不同名称。

《水经注》还记载了许多化石，包括古生物残骸化石和遗迹化石；记载了矿物 20 余种，岩石 19 种；记载了山崩地震十余处。其中关于流水侵蚀、搬运和沉积作用的解释，成为古代最早的流水地貌成因理论。

其四，在人文地理方面。

《水经注》中记载的农业地理，包括农田水利、种植业、林业、渔业、畜牧业和狩猎业等；工业地理，包括造纸、纺织、采矿、冶金和食品加工等；运输地理，包括水上运输和陆上运输以及水陆相连的桥梁、津渡等。

《水经注》还记载了地名约 17000 个，有全面阐释的 2134 个。

综上，《水经注》是一部杰出的地理学巨著，是对北魏以前的地理学的一次全面总结，为后世地理研究提供了非常详尽的参考资料。

綦毋怀文
发明灌钢法

灌钢法就是把含碳量高的熔融状态的生铁和含碳量低的熟铁合炼，让碳分布均匀，成为含碳量较低的优质钢。灌钢法是我国冶金史上的一项伟大创造，在世界冶金史上也占据着突出的地位。文献上有关灌钢法的记载，在汉代和晋代都语焉不详，使后人难以知道其具体的方法。到了南北朝时期，綦毋怀文对灌钢法做出了无与伦比的贡献。

綦毋怀文虽然不是灌钢法的最早发明者，却是灌钢法最成功的革新者。他对这一炼钢工艺进行了重大的改进和完善，从而使这种新的炼钢方法趋于稳定，操作也更加简便和实用。

綦毋怀文，复姓綦毋，名怀文，是我国南北朝时期著名的冶金家。具体的生卒年代历史上没有记载，只知道他生活在 6 世纪北朝的东魏、北齐年间。他喜欢"道术"，曾经做过北齐的信州（今重庆奉节）刺史。

綦毋怀文在信州做刺史期间，制造了一种"宿铁刀"，采用的技术就是灌钢法。《北史·艺术列传》记载："怀文造宿铁刀，其法烧生铁精，以重柔铤，数宿则成钢。以柔铁为刀脊，浴以五牲之溺，淬以五牲之脂，斩甲过三十札。"

这里的"柔"是指熟铁，把含碳量高的生铁熔化，然后浇灌到红热的熟铁上。这是明确的灌钢法记载。

这种灌钢法，较之以前的百炼法和炒钢法有着明显的优点。运用灌钢法，在高温下，液态生铁中的碳及硅、锰等与熟铁中的氧化物发生氧化反应，这样就能达到去除杂质、纯化金属组织的目的，同时使熟铁因渗碳而变得更加刚硬。灌钢法明显减少了锻打的次数，提高了劳动生产率。这种方法操作简便，特别容易推广。

綦毋怀文制作"宿铁刀"时，在热处理方面，使用动物尿和动物油脂作为冷却介质。动物尿中含有盐分，作为淬火冷却介质，冷却速度比水快，得到的钢较坚硬；动物油脂冷却速度比水慢，得到的钢有韧性。在此之前，人们一直用水作为淬火的冷却介质，直到三国制刀能手蒲元等人也没能突破水的范围。綦毋怀文对钢铁淬火工艺的重大改进，不仅

↗古代冶炼场景模拟图

扩大了淬火介质的范围，而且也能通过不同冷却速度获得不同性能的钢。

綦毋怀文还可能使用了双液淬火法，即先使用动物尿淬火，然后再使用动物油脂淬火，这样就能得到性能较好的钢。在工件温度比较高的时候，选用冷却速度比较快的淬火介质，主要是为了保证工件的硬度；在温度比较低的时候，选用冷却速度比较慢的淬火介质，是为了防止工件开裂和变形，保证工件的韧性。双液淬火法是一项比较复杂的淬火工艺，要求操作者有很高的技术水平和丰富经验，而綦毋怀文早在1400多年前就掌握了这种技术，这是热处理技术史上一项了不起的成就。

《梦溪笔谈》中对灌钢法的讲述

"世间锻铁所谓钢铁者，用柔铁屈盘之，乃以生铁陷其间，封泥炼之，煅令相入，谓之团钢，亦谓之灌钢。"

《天工开物》中对灌钢法的讲述

"凡钢铁炼法，用熟铁打成薄片如指头阔，长寸半许，以铁片束包坚紧，生铁安置其上（广南生铁名堕子生钢者，妙甚），又用破草覆盖其上（粘带泥土者，故不速化），泥涂其底下。洪炉鼓鞴，火力到时，生铁先化，渗淋熟铁之中，两情投合。取出加锤，再炼再锤，不一而足，俗名团钢，亦曰灌钢者是也。"

李春

Ying Jian Zhao Zhou Qiao

营建赵州桥

　　古老的赵州桥，像一道美丽的彩虹横卧在赵州（今河北赵县）城南洨河之上。唐朝文人赞美它如同"初云出月，长虹饮涧"。它结构坚固，雄伟壮观，历经1400多年的风霜，依然屹立不倒，可以称得上是我国桥梁建筑史上的奇迹。

　　赵州桥，又名安济桥，也叫大石拱桥，是我国现存最早的大型石拱桥，也是世界上现存最古老跨度最长的敞肩圆弧拱桥。它全长64.40米，宽约10米，主孔净跨径37.02米。赵州桥全部用石块建成，共用石块1000多块，每块的重量达1吨，整个桥梁自重约为2800吨。大桥自建成到现在，期间经历了很多次水灾、战乱和地震，承受了无数次人畜车辆的重压，都没有被破坏，让人不能不佩服其施工的精巧和

↗ **赵州桥上的石雕**

科学。

赵州桥建于隋代，是由著名的桥梁工匠李春设计和主持建造的。隋时的赵县是南北交通的必经之路，由此北上可到重镇涿郡（今河北涿州），南下可抵东都洛阳，交通十分繁忙。可是这一要道却被洨河所阻断，严重影响了南北交通。到了洪水季节，甚至不能通行。在洨河上建造一座大型石桥成为人们的迫切需要，朝廷授命李春负责大桥的设计和施工。

李春身份的普通使他在史书中没有记载，有关他的文字记载仅见于唐代中书令张嘉贞为赵州桥所写的"铭文"中："赵郡洨河石桥，隋匠李春之迹也，制造奇特，人不知其所为。"

李春率领工匠来到赵县，对洨河及两岸地质等情况进行了实地综合考察，在认真总结了前人建桥经验的基础上，提出了独具匠心的设计方案。然后再按照设计方案组织施工，出色地完成了赵州桥的建造。

赵州桥不仅设计独特，而且建造技术也非常出色，在我国桥梁技术史上有许多创新和贡献，表现在以下几个方面：

（1）采用坦拱式结构，改变了我国早期拱桥半圆形拱的传统。赵州桥的主孔矢跨比（拱高和跨度之比）为1:5左右，这样就实现了低桥面和大跨度的双重目的。这种结构不仅使

赵州桥的桥基调查

1979年5月，中国科学院自然史组等4个单位组成联合调查组，展开了对赵州桥桥基的调查，发现其根基只是由5层石条砌成高1.58米的桥台。桥基之浅令人叹为观止。

梁思成在1933年对赵州桥进行考察时，认为那并不是承纳桥券全部荷载的基础。他在考察报告中写道：

"为要实测券基，我们在北面券脚下发掘，但在现在河床下约70～80厘米，即发现承在券下平置的石壁。石共5层，共高1.58米，每层较上一层稍出台，下面并无坚实的基础，分明只是防水流冲刷而用的金刚墙，而非承纳桥券全部荷载的基础。因再下30～40厘米便即见水，所以除非大规模的发掘，实无法进达我们据学理推测的大座桥基的位置。"

桥面平坦，易于车马通行，而且还有节省用料和施工方便的优点。

（2）开敞肩之先河。李春把以往桥梁建筑中采用的实肩拱改为敞肩拱，即在大拱两端各设两个小拱。其中一小拱净跨为3.8米，另一拱净跨为2.8米。这种设计的好处有三：一是可节省材料，二是减少桥身自重，三是能增加桥下河水的泄流量。这种大拱加小拱的敞肩拱设计不仅增加了造型的优美，而且符合结构力学理论，提高了桥梁的承载力和稳定性。

（3）单孔设计。建造比较长的桥梁，我国古代一般采用多孔形式。李春采取了单孔长跨的形式，河心不设立桥墩，石拱跨径长达37米多。这在我国桥梁史上是一项空前的创举。

（4）合理选择桥基址，设计了独具特色的桥台。李春选择洨河两岸较为平直的地方建桥，地层都是由河水冲积而成，表面是粗砂层，以下是细石、粗石、细砂和黏土层，基址特别牢固。赵州桥的桥台的特点是低拱脚、短桥台、浅桥基。李春在桥台边打入许多木桩，目的是减少桥台的垂直位移（即由大桥主体的垂直压力造成的下沉）；采用延伸桥台后座的办法，目的是减少桥台的水平移动（即由大桥主体的水平推力造成的桥台后移）。另外，为了保护桥台和桥基，李春还在沿河一侧设置了一道金刚墙。这种设计不仅可以防止水流的冲蚀作用，而且使金刚墙和桥基以及桥台连成一体，增加了桥台的稳定性。

赵州桥建筑结构奇特，融科学性和民族特色于一体，是我国古代建筑的精品。1991年，赵州桥被美国土木工程师学会选定为世界第12处"国际土木工程历史古迹"。

➘ 赵州桥

"药王"
孙思邈

孙思邈（581—682），京兆华原（今陕西铜川市耀州区）人，是我国隋唐时期伟大的医药学家，后世尊之为"药王"。

孙思邈的医学造诣很高，是隋唐时期医药界的佼佼者。宋代林亿称道："唐世孙思邈出，诚一代之良医也。"

孙思邈出生于一个普通的

↗孙思邈像

农民家庭。他自幼聪颖好学，敏慧强记，7岁时每天能背千字，人称神童。

孙思邈幼年多病，家中为给他治病几乎倾家荡产。他经常见到老百姓生病没有钱医治而死去，加上自己的切身体会，10岁时已决心要当一名医生。

↗唐代手术用具：镊子、剪刀

他花了整整10年的时间来刻苦攻读医书，钻研医学，20岁时已能给亲朋邻里治病，他本人所患的疾病最后也由自己治愈。

30岁时，孙思邈离开家乡，长途跋涉到太白山隐居，边行医采药，边研究炼丹术。这期间

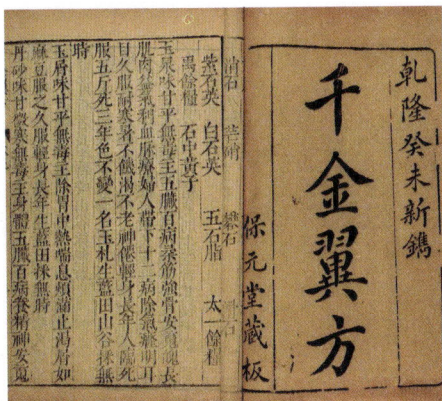

↗ 古版《千金翼方》内页书影

他成功地炼成了太一神清丹（即氧化砷）。孙思邈用它来治疗疟疾，疗效非常好。后来这种方法经阿拉伯传入欧洲，引起较大反响。

40岁时，孙思邈在切脉诊疗和采药制丹等方面已经卓然成家，医术也日臻成熟。

在民间治病救人的同时，晚年孙思邈主要从事著书立说工作。

70岁时，孙思邈集50年医疗实践之经验，编写了《千金要方》，30年后，又写成《千金翼方》。《千金要方》和《千金翼方》相辅相成，成为中医学史上极有实用价值的

孙思邈是世界上第一个记录脚气病的人

公元600年左右，孙思邈总结出了治疗脚气病的方法，直到1642年欧洲才开始有人研究如何治疗脚气病。

↗ 孙思邈针灸图

　　针灸包括针法和灸法，起源于新石器时期的砭石疗法，后世不断地加以发展和完善。针法和灸法所依据的理论、施行的体位基本相同，并常常配合应用，故一般合称为针灸。灸法是将艾叶揉碎，加工成艾绒，再制成艾条或艾柱，点燃后熏烤，烧灼体表的特定部位如穴位、患处等来治疗疾病。

医学手册。

　　除此以外，孙思邈还著有《枕中素书》《福禄论》《会三教论》《老子注》《庄子注》《摄生真录》《禁经》等。

　　孙思邈一生淡泊名利，隋文帝、唐太宗、唐高宗多次请他出来做官，他都托病辞而不受。

　　他一生大部分时间生活在农村，为百姓治病。病人来向他求医，不论其贫富贵贱，亲近生疏，他都能做到一视同仁。遇到患传染病的病人，他也不顾个人的安危，及时为病人诊治。

　　他高尚的医德颇受世人敬重，当时的大学士宋含文、名士孟诜和"初唐四杰"之一的卢照邻等均以"师资之礼"待他。擅长针灸的太医令谢季卿，以医方针灸著名的甄权、甄立言兄弟，长于药性的韦慈藏，唐初名臣魏徵，都是他的好友。

《千金方》是孙思邈的代表著作。书名取自"人命至重，有贵千金；一方济之，德逾于此"之义。《千金方》是《千金要方》和《千金翼方》的合称。

《千金要方》又称《备急千金要方》，共30卷，分医学总论、妇人、小儿、七窍、诸风、脚气、伤寒、内脏、痈疽、痔漏、解毒、备急诸方、食治、养性、平脉、针灸等法，总计232门，收方5300个。

《千金翼方》是对《千金要方》的补编，也是30卷，其中收录了唐代以前本草书中所未有的药物，补充了很多方剂和治疗方法。

这两部书，收集了大量的医药资料，是唐代以前医药成就的系统总结，对学习和研究我国传统医学有重要的参考价值。后人称《千金方》为"方书之祖"。

《千金方》首创"复方"形式，是医学史上的重大革新。孙思邈在《千金要方》中发展为一病多方，灵活变通了张仲景《伤寒论》中一病一方的体例。有时两三个经方合成一个"复方"，以增强治疗效果；有时一个经方分成几个单方，以分别治疗某种疾病。

《千金方》把妇科列为临床各科之首，为中医妇科和儿科的发展做出了重要的贡献。

《千金方》在食疗、养生、养老方面也做出了巨大贡献。《千金方》还谈到了系统的养生问题，提出去"五难"（名利、喜怒、声色、滋味、神虑）和"十二少"（思、念、欲、事、语、笑、愁、荣、喜、怒、好、恶），以及按摩、调气、适时饮食等。

《千金方》是我国现存最早的一部医学百科全书，在中药学上有很高的价值。

一行
测量子午线

唐代高僧一行（683—727），俗名张遂，魏州昌乐（今河南南乐）人，是唐代著名的佛学家和数学家、天文学家。

↖ 一行像

一行的曾祖父张公谨是唐太宗李世民的开国功臣，父亲曾做过县令，但是张氏家族在武则天时期已经衰微。一行出生在唐高宗永淳二年。

一行自幼聪颖过人，读书过目不忘；稍长，博读经史典籍，对于历象和阴阳五行尤其感兴趣。那时的京城长安玄都观藏书丰富，观中的住持道长尹崇，是远近闻名的玄学大师。一行前往拜谒，尹崇对于他的虚心求学极为嘉许，耐心地给予指导。

有一次尹崇借给一行一部汉代扬雄所作的玄学名著《太玄经》，没过几天，一行就把这部书还给了尹崇。尹崇很不高兴，严肃地对他说："这本书道理深奥，我虽已读了几遍，论时间也有几年了，可还是没有完全读通，年轻人，你还是拿回去再仔细读读吧！"一行十分郑重地回答说："这本书我的确已经读完了。"然后，取出自己读此书的心得体会《大衍玄图》和《义诀》等交给尹崇，尹崇看后赞叹不已，称赞他是博学多识的"神童"。从此一行就以学识渊博闻名于长安。

武则天执政时，梁王武三思图谋不轨，四处网罗人才。一行为逃避武三思的拉拢，跑到嵩山，拜高僧普寂为师，剃度出家，改名敬贤，法号一行。普寂为了造就他，让他四处游学。从此，他走遍了大江南北的名山古刹，到处访求名师，一边研究佛学经义，一边学习天文历法、阴阳五行以及地理和数学等。唐代郑处诲的《明皇杂录》中记载了一则故事，说一行不远千里，访师求学，受到在天台山国清寺一位精通数学的无名高僧的指导，为他以后编制《大衍历》打下了良好的数学基础。

唐玄宗李隆基即位后，多次征召一行，他均以身体欠佳为由婉辞。717年，唐玄宗特地派一行的族叔张洽去接，他才回到长安。一行一到京城就被召见，唐玄宗问他特长，他说只是记忆力好些。唐玄宗当即让太监取来宫人名册。一行看过一遍，就将宫里所有人的姓名、年龄、职务依次背出，唐玄宗大为叹服，恭称"圣人"，并让他做了自己的顾问。在长安期间，一行住在华严寺，有机会和许多精通天文历法的印度僧侣交往，获得了许多印度天文学方面的知识。他与印度高僧一起研讨密宗佛法，翻译了很多佛教经典。

为了观测天象，一行在机械制造家梁令瓒的援助之下，创制出了黄道游仪和水运浑象等天文仪器。通过实际的观测，一行重新测定了150多颗恒星的位置，发现与古代典籍所载的位置有若干改变，现代天文学称之为"恒星本动"。

724～725年，一行主持了规模宏大的天文大地测量，测得了子午线1°的长度，这是世界上首次实测。

从725年起，一行历经两年时间编成《大衍历》（初稿）20卷，纠正了过去历法中把全年平均分为二十四节气的错误，是我国历法的一次重大改革。

实测子午线时，一行基本上按照隋朝刘焯的设计方案，派太史监南宫说在黄河南北选定四个地点（今河南的滑县、开封、扶沟、上蔡）进行实地测量，推翻了过去一直沿用的"日影千里差一寸"的谬论。一行根据测量的结果，经过精确计算，得出了"大率五百二十六里二百七十步而北极差一度半，三百五十一里八十步，而差一度"的结果。这实际上是世界上第一次实测子午线长度的活动，英国著名科学家李约瑟一再称："这是科学史上划时代的创举。"

黄道游仪

唐一行和梁令瓒合制。由三重环圈组成：最外面的是固定的，包括地平（水平方向）、卯酉（东西方向）和子午（南北方向）三个环圈；中间一重也有三个环圈，包括赤道、白道和黄道，均可绕极轴转动；最里面是夹有窥管的四游环，可绕机轴转动，通过窥管对准天体即可测得其坐标值。

科学家的故事

郑士波 著

第 4 册

北京燕山出版社

目录

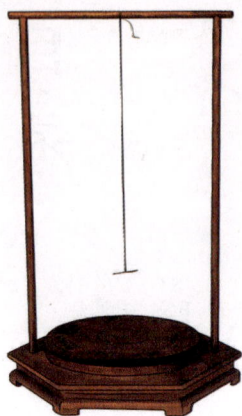

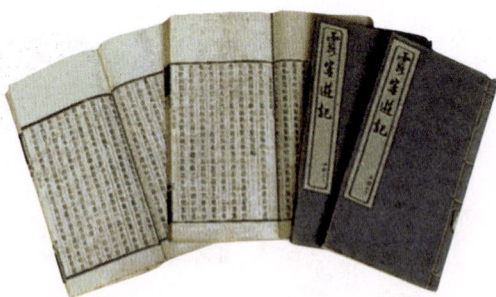

毕昇
发明活字印刷术

　　众所周知，印刷术是我国古代的四大发明之一。隋唐时期出现的雕版印刷术，是最初的印刷模式。雕版印刷虽然比手抄要快很多倍，质量也提高很多，但还存在着不少缺陷。

　　雕版印刷要花费大量的木材，而且用版量很大，不仅存放不便，不好管理，出现错字也不易更正；而且雕版用过之后就几成废物，造成资源的浪费。

　　北宋庆历年间（1041—1048），印刷术取得了重大突破，布衣发明家毕昇发明了活字印刷术。活字印刷弥补了雕版印刷的不足，大大节省了人力、物力和财力，非常方便快捷。活字印刷术的发明是印刷术发展史上一项具有划时代意义的创造。

　　关于活字印刷术的发明者毕昇，历史缺少记载，仅能从沈括的《梦溪笔谈》中知道他是庆历年间的一介布衣，生平籍贯均不可考。毕昇死后，他的活字印被沈括的族人得到。

↗ **毕昇雕像**

1

《梦溪笔谈》里记载，活字印刷的程序为：首先选用质地细腻的胶泥，刻成一个个规格统一的单字，然后用火烧硬，即成胶泥活字；把活字分类放在相应的木格里，一般常用字，如"之""也"等要备几个至几十个，以备重复使用。排版的时候，在一块带框的铁板上面敷上一层用松脂、蜡和纸灰之类混合制成的药剂，接着把需要的胶泥活字从备用的木格里拣出来，按文字顺序排进框内，排满就成为一版；排好后再用火烤，等药剂开始熔化的时候，用一块平板把字面压平，等到药剂冷却凝固后，就成为固定的版型。这样就可以涂墨印刷了。印完之后，再用火把药剂烤化，用手一抖，胶泥活字就可以从铁板上脱落下来，下次可以再用。

毕昇首创的泥活字版，使书籍的大量印刷更为方便。《梦溪笔谈》说"若印十百千本，则极为神速"。活字印刷可以一边印刷，一边排版，胶泥活字还可重复使用，实在是既节

泥活字版模型
　　毕昇发明的泥活字印刷术，成为近代活字印刷术的滥觞。

转轮排字盘模型

省了时间，又节省了材料。

　　毕昇之所以能够发明活字印刷术，来源于他对于生活的耐心观察、思考和体悟。有个有趣的小故事说，毕昇发明活字印刷是受了他两个儿子玩过家家的启发。他的师兄弟们不明白为什么毕昇那么幸运地发明活字印刷术，师傅开口了："毕昇是个有心人啊！你们不知道他早就在琢磨改进工艺了。冰冻三尺，非一日之寒啊！"

　　毕昇在发明泥活字印刷的过程中，还研究过木活字排版。但是由于他所选用木材的木质比较疏松，刷上墨后，受湿膨胀不均，干了还会缩小变形，加上不能和松脂药剂粘连，因此没有采用。后来经过人们的反复试验和研究，木活字印刷最终获得了成功。元代的农学家王祯造木活字 3 万多个，排印自己编撰的书。可以说，毕昇的早期探索，在某种程度上启发了木活字的发明者。

毕昇的创造和探索，开了后世一系列活字材料的先河。南宋时，出现了铜活字。南宋末或元初，有人使用铸锡活字。明代出现了铅活字。清代，山东徐志定使用瓷活字印刷。这些活字都是在毕昇的胶泥活字基础上进行的改进。

活字印刷术的发明和使用，不仅大大推动了中国印刷业的发展，对于世界文明的发展也产生了巨大的影响。从13世纪开始，活字印刷术开始由中国传入朝鲜、日本等地，后来又经由丝绸之路传入波斯和阿拉伯，再传入埃及和欧洲。大约在1450年左右，德国人古登堡或许受中国活字印刷的启发，发明了铅、锡、锑的合金活字印刷。活字印刷术的传入，为欧洲的文艺复兴和近代科学的兴起提供了重要的物质条件。

活字印刷术的发明，促进了人类文化知识的广泛传播和交流，大大推动了世界文明的进程。

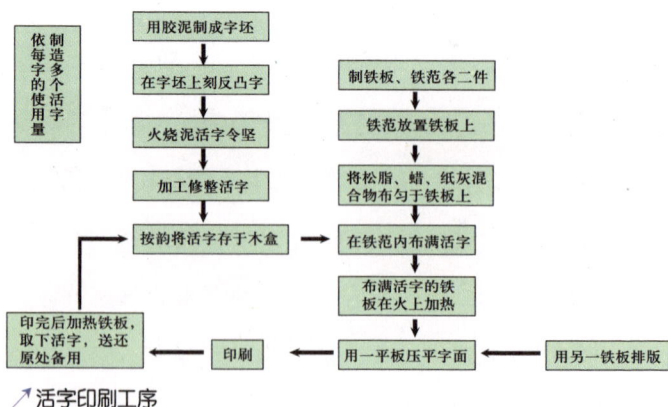

↗ 活字印刷工序

博学多才的大科学家

Bo Xue Duo Cai De Da Ke Xue Jia 苏颂

苏颂（1020—1101），字子容，泉州人，后迁居润州丹阳（今江苏镇江一带），是我国宋代著名的药学家和天文学家。

苏颂自幼聪颖过人，5岁就能背诵经书和诗文。10岁随父入京，学习勤奋刻苦。宋庆历二年（1042年），22岁的苏颂与王安石同榜中进士。

苏颂开始被授予汉阳军（今武汉汉阳）判官职，没有去赴任，后来改补宿州（今安徽宿县）观察推官，之后又调江宁任知县。苏颂在任内为官清廉，合理征收赋税，积弊为之一清。

宋仁宗皇祐三年（1051年），苏颂出任南京留守推官等职。他办事谨慎周密，很受当时任南京留守的欧阳修赏识。

宋仁宗皇祐五年（1053年），苏颂调到京城开封，任职馆阁校勘和集贤校理，负责编定书籍。在这九年多的时间里，苏颂不仅博览了各种藏书，还每天背诵两千字。他对诸子百家、阴阳五行、天文历法、山经本草和训诂文字，无所不通，成为一位学识渊博的学者。

宋神宗熙宁三年（1070年），苏颂主持礼部贡举。王安石要越级提拔秀州判官李定到朝中任太守中允，神宗让苏颂起草诏令，苏颂认为不合任官体制，断然拒绝，结果被罢免了知制诰的职务，外放婺州为官。元丰四年（1081年），苏颂受命搜集整理邦交资料，历时两年，写成《华戎鲁卫信录》250卷。

元丰八年（1085年），宋哲宗即位，十一月，诏命苏颂制作水运浑仪，费时6年制成。绍圣初年，苏颂又与韩廉全撰写《新仪象法要》3卷。

在这十几年的时间里，苏颂被擢升为刑部尚书和尚书

↗ 苏颂制造的假天仪

苏颂根据古人"地在天中，天转而地静"的观点，造成大型天文演示仪器——假天仪。他在假天仪的黑暗球体内，按照星星的位置穿凿小孔，当人进入假天仪球体内，自然光就会透过小孔，造成模拟的天空星象。

左丞，后来官至宰相。元祐八年（1093年）苏颂辞去官职，绍圣四年（1097年）又被启用，封太子少师。

徽宗建中靖国元年（1101年）五月夏至后一日，苏颂在丹阳家中病逝。次年葬于丹徒王洲山，赠司空，后追封魏国公。

苏颂一生政绩卓著，但是他的科学成就更为突出。他在药物学和天文学以及机械制造方面取得了杰出的成就，被英国科技史家李约瑟称赞为"中国古代和中世纪最伟大的博物学家和科学家之一"。

在药物学方面，苏颂与张禹锡、林亿等编辑、校正出版了《备急千金方》《神农本草》《灵枢》《素问》《针灸甲乙经》等8部医书，对于医药知识的整理和保存贡献巨大。

嘉祐二年（1057年），苏颂还独立编著了《本草图经》21卷，集历代药物学著作和中国药物普查之大成。

《本草图经》共记载了300多种药用植物和70多种药用动物及其副产品，分类细致，图文并茂。

在天文学和机械制造方面，苏颂复制了水运浑仪，并创制了一座大型综合性的水运仪象台。

仪象台以水力为动力，集天象观察、演示和报时三种功能于一身。活动屋顶、每昼夜自转一周的"浑象"和擒纵器分别成为现代天文台的圆顶、转仪钟和现代钟表的起源。

苏颂又写了《新仪象台法要》3卷，以图文并茂的方式，

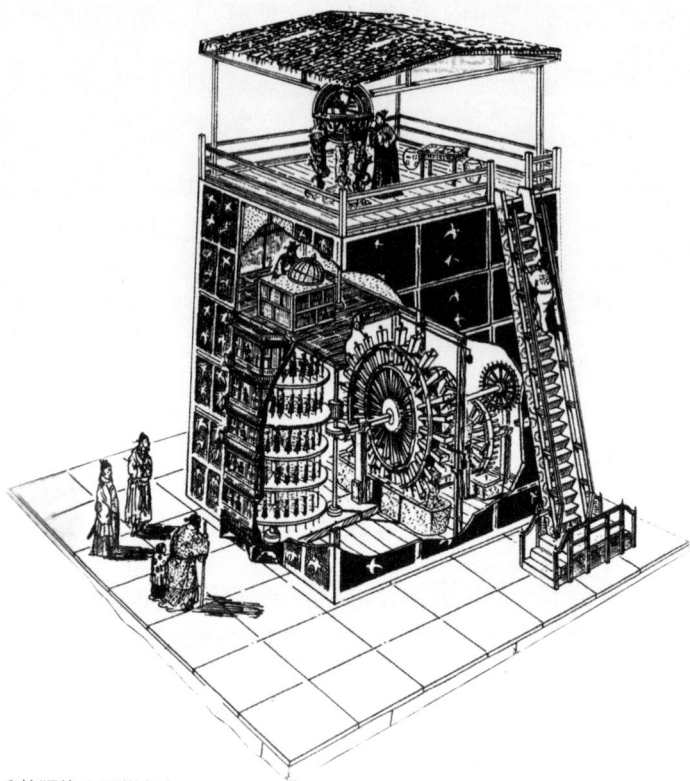

↗ 苏颂的水运仪象台

详细地介绍了水运仪象台的设计及使用方法，并绘制了我国现存最早最完备的机械设计图。苏颂创制的水运仪象台和撰写的《新仪象台法要》，反映了我国古代天文仪器制作的最高水平。

沈括
与《梦溪笔谈》

　　沈括（1031—1095），字存中，钱塘（今浙江杭州）人，是北宋时期杰出的政治家和军事家，也是我国历史上一位卓越的科学家。

　　沈括自幼勤奋好学，14岁就读完了家中所有的藏书。

　　少年时代的沈括随其父沈周四处宦游，增长了许多见识。

　　沈括12岁时，沈周在泉州为他延请老师，对他进行专门辅导。

　　18岁时，沈括在南京学习医药学，并产生浓厚的兴趣。

　　1051年，沈周在杭州去世。沈括守孝三年期满，以父荫做了海州沭阳县主簿，开始步入仕途。以后历

缕悬法指南针复原模型

　　缕悬法指南针复原模型高38厘米，底盘各边长21.5厘米。将磁针用蜡粘接在独根蚕丝上，悬挂于木架正中；架下放置方位盘，盘上用八天干、十二地支与四卦标示二十四方位。因地磁作用，磁针静止时两端分指南北。这种指南针非常灵敏，缺点是只能在平静或无风处使用。

地磁偏角示意图

沈括以缕悬法做指南针试验时，观察到磁针的指向并不是正南正北，而是南端微微偏东，从而在世界上首先发现了地磁偏角。

任东海、宁国、宛丘等县县令。

治平元年（1064年），沈括考中进士，被任命为扬州司理参军。

治平三年（1066年），沈括入京，任职昭文馆编校，致力于天文历算的研究。

熙宁五年（1072年），兼任提举司天监，职掌观测天象。这段时间，他修订新历，创制天文仪器。

沈括入仕后成为王安石变法的忠实支持者，是变法的骨干。他积极参与变法，做了大量重要具体的工作，深受王安石的器重。

元丰三年（1080年），沈括出知延州（今陕西延安），成为军事统帅。在次年的西夏军的侵袭中，沈括机智地挫败

沈括的科学思想和治学方法

沈括很重视对事物的观察。在他早年宦游的地方，都进行了认真的考察和研究，并做了详细的记录。沈括还重视科学的实验和验证。关于凸、凹面镜成像和小孔成像以及声音共振的研究都是他经过亲自试验得来的。实事求是、谦虚谨慎是沈括的治学态度。如果研究之后，还不明白其中道理的话，他也会如实做记录，并注明不明白的原因。即使是自己的推测和猜想，也会说明。

了西夏 7 万大军，稳定了边境局势。

元丰五年（1082 年），徐禧没有采纳沈括的建议，强行修筑永乐城，结果永乐城被西夏军攻破，宋军损失 1 万多人。虽然沈括保住了绥德，阻止了西夏军的前进，但还是遭到保守派的构陷，于同年十月被罢官。

沈括被罢官后，做过均州团练副使，实际上等于被软禁，没有自由；直到元祐三年（1088 年）八月进投《天下州县图》，才重获自由。

之后沈括退居润州，筑梦溪园，汇集平生见闻，撰写《梦溪笔谈》。约于 1095 年病卒，终年 64 岁。

沈括所著的《梦溪笔谈》，是笔记体著作，共 26 卷，分为故事、辨证、乐律、象数、人事、官政、权智、艺文、书画、技艺、器用、神奇、异事、谬误、讥谑、杂志、药议 17 个门类共 609 条。内容涉及天文学、数学、地理、地质、物理、生物、医学和药学、军事、文学、史学、考古及音乐等诸多学科。

《梦溪笔谈》是中国科学技术史上的重要文献、百科全书式的著作。其杰出成就表现在以下几个方面：

（1）天文历法方面。作者改造了浑仪、浮漏、圭表等天文仪器，并利用改进的仪器，连续观测三个月，绘制星图200余幅，得出了极星离天极三度有余的结论；利用改进后的浮漏，进行十余年的测量，第一次从理论上推导出冬至日长度"百刻而有余"、夏至日长度"不及百刻"的结论。另外，书中还记载了作者首创的"十二气历"。

（2）数学方面。记载了作者首创的隙积术和绘圆术，

今人重修的沈括梦溪园

开辟了我国传统数学新的研究方向。

（3）地质地理方面。记有浙江雁荡山的地貌特征，并指出是流水侵蚀作用造成的；又记述了河北太行山的山崖间发现蚌壳之化石，从而推断出华北平原乃泥沙淤积而形成。

（4）物理学方面。记有指南针的发明和应用以及地球磁偏角的发现等重要事件；记述了作者关于球面镜成像的实验；还记述了演示月亮盈亏的模拟实验以及演示声音共振的实验等。

（5）化学方面。记载有把铁浸泡在胆矾（硫酸铜的古称，又称石胆）水中置换出单质铜的冶铜方法"胆铜法"，以及灌钢法和冷锻铁甲法。

（6）医药学方面。记述了人体解剖生理学，还论述了人体新陈代谢的原理。也记述有大量植物、矿物药物的特征、性味和功效等。

沈括是一位学识渊博和成就卓越的自然科学家。日本数学家三上义夫称赞沈括说："沈括这样的人物，只有在中国才会出现。"

英国著名科技史家李约瑟也认为沈括是"中国科学史上最奇特的人物"，而《梦溪笔谈》是"中国科学史上的坐标"。

中国古代数学的巅峰：*Gu Dai Shu Xue De*
宋元数学四大家 *Dian Feng*

中国古代数学经过从汉到唐1000多年的发展，在宋元时期（10 ~ 14世纪）达到了最高峰。

宋元时期是以筹算为主要内容的中国古代数学的鼎盛时期，其发展速度之快、数学著作出现之多和取得成就之高，都可以称得上是中国古代数学史上最光辉的一页。

尤其是从13世纪中叶到14世纪初，短短几十年的时间里，就陆续出现了秦九韶、李冶、杨辉和朱世杰四位著名的大数学家。

秦九韶（1202—1268），字道古，鲁郡（今山东兖州）人，生于四川。青年时代，秦九韶随父亲来到临安（今浙江杭州），学习天文历法和数学。

宝庆元年（1225年），秦九韶随父返回四川，绍定六年（1233年）前后做过县尉。

端平二年（1235年），秦九韶离开四川。后来做过蕲州（今湖北蕲春）通判及和州（今安徽和县）知事。淳祐四年（1244年）担任建康通判；同年十一月，因母丧回家守孝。

在守孝的三年时间里，秦九韶埋头著述，于淳祐七年（1247年）完成巨著《数书九章》。

时人称赞秦九韶"性极机巧，星象、音律、算术以及营造等事无不精究"。

守孝期满后，秦九韶又去做官，开始热衷于功名利禄。他攀附权臣贾似道，于宝祐六年（1258年）任琼州（今海南海口）知事。

后又追随吴潜，于开庆元年（1259年）任司农寺丞。景定元年（1260年），吴潜罢相，秦九韶受到牵连，被贬梅州（今广东梅州），不久死在任所。

《数书九章》共18卷81题，按用途分为大衍、天时、田域、测望、赋役、钱谷、营建、军旅、市易9类。

该书突出的成就是对"大衍求一术"（整数论中的一次同余式解法）和"正负开方术"（数字高次方程的求正根

数学家李冶雕像

法）的研究，其中的"大衍求一术"在世界数学史上占有崇高的地位。

李冶（1192—1279），生于金代大兴城（今北京）的一个官僚家庭。

童年的李冶独自在元氏（今河北省元氏县）求学。1230年，李冶往洛阳应试，中词赋科进士。初授高陵（今陕西高陵）主簿，没有赴任，后担任钧州知事。

1232年，蒙古军攻破钧州城，李冶弃职隐居晋北峰山（今山西绛县）一带。在此期间，他完成了数学名著《测圆海镜》。

1251年左右李冶回到元氏，并在封龙山买下田产。与张德辉和元裕的交往最密，当时人称"龙山三老"。

1257年，忽必烈召见李冶于上都（今内蒙古多伦附近），对其

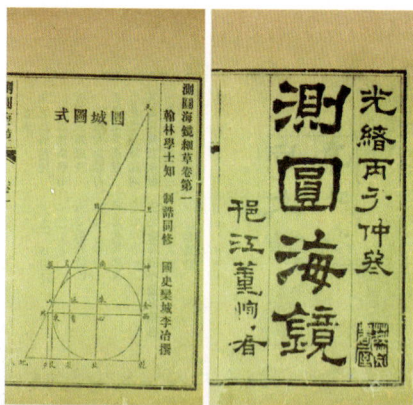

《测圆海镜》书影

非常赏识。1261年，忽必烈征召李冶，遭其拒绝。1265年李冶被召为翰林学士，任职一年，以老病辞去。辞职后李冶隐居封龙山，1279年卒。

《测圆海镜》共12卷，收170个问题，是最早记述"天元术"的著作。李冶还写了《益古演段》，共3卷64个问

题，是学习天元术的入门书。

杨辉，字谦光，钱塘（今浙江杭州）人，南宋末年杰出数学家。生平事迹史载很少。

杨辉一生中写过许多数学著作，有《详解九章算法》12卷、《日用算法》2卷和《杨辉算法》7卷。在这些著作里收录了不少现已失传的、古代各类数学著作中非常有价值的算题和算法，为后世保存了十分宝贵的古代数学资料。

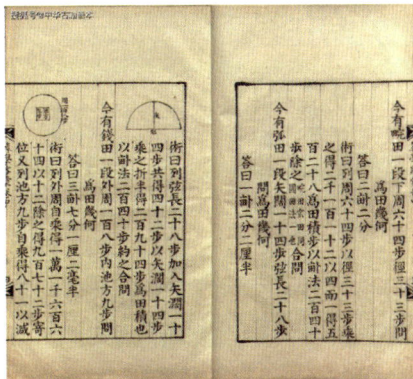

《算学启蒙》内页

朱世杰，元代数学家，字汉卿，号松庭，燕山（今北京）人氏。他著的《四元玉鉴》和《算学启蒙》是我国古代数学发展进程中的一个重要里程碑。既有以天元术和高次方程的解法等为代表的北方数学成就，也有日用和商用算法、各种歌诀等南方数学的成就。

朱世杰不仅全面继承了中国古代数学的光辉遗产，而且做出了创造性的贡献。

宋元四大数学家所取得的辉煌成就再次证明：宋元数学是中国传统数学的高峰，代表着当时世界的先进水平。

元朝科学第一人——
郭守敬 *Yuan Chao Ke Xue Di Yi Ren*

郭守敬（1231—1316），字若思，邢台（今属河北）人，是我国元代伟大的天文学家、数学家、水利专家和仪器制造家。

郭守敬自幼跟随祖父郭荣学习天文、算学和水利。史载郭荣"通五经，精于算数水利"。郭荣还让郭守敬拜当时的天文和地理专家刘秉忠为师。青年时期的郭守敬在求学时结识了张文谦、张易和王恂等当世学者，通过切磋，在学术上有了突飞猛进。

↗ 纪念郭守敬的邮票

1262年，郭守敬经张文谦推荐，受到元世祖忽必烈的召见。郭守敬提出了兴修6项水利工程的建议，其中5项是关于华北地区的农田灌溉工程，1项是关于大都漕运工程。每奏一项，忽必烈都感叹说："任事者如此，人不为素餐矣。"郭守敬先后担任提举诸路河渠、副河渠使等职，因势利导地兴修了许多水利工程。

1264年，郭守敬随张文谦视察宁夏古渠和查泊兀郎海（今内蒙古乌梁素海一带），修复了很多古渠。郭守敬被提升为都水少监，后又任都水监。

1265年，郭守敬提出了修复金口河的建议。这项工程兴修后，对于西山物资东运和京西农田的灌溉发挥了巨大的作用。

1275年，郭守敬在今河北、河南、山东、江苏的广大地域修建了一个庞大的水运交通网。整个工程具有很高的科学性和实用价值。

1276年，忽必烈下令王恂和郭守敬领导设立太史局，修订新历法。《授时历》的编制工作于1280年完成。期间，郭守敬创制近20件天文仪器，主持了大规模的天文测量。在主要参与者隐退或去世的情况下，郭守敬还用了4年时间，圆满完成了《授时历》的最后定稿。此后，他又完成了7部天文学著作。

我国历史上使用的三种纪年法

（1）干支纪年。干支就是天干（甲乙丙丁戊己庚辛壬癸）和地支（子丑寅卯辰巳午未申酉戌亥）的合称。天干和地支循环相配，可配成60组，统称为"六十甲子"。

（2）谥号纪年。如齐宣王和鲁隐公均为帝王或诸侯的谥号，这就是谥号纪年。

（3）年号纪年。公元前141年，汉武帝刘彻即位，使用年号"建元"，首创年号纪年。此后历代帝王都仿照他建立自己的年号。

1291 年至 1293 年，郭守敬设计和实施了通惠河水利工程。工程解决了通州到北京间繁忙的漕运。其在科学性、合理性和实用性方面都堪称水利工程的杰作。

1303 年，元成宗颁布命令：凡 72 岁的官员都去职返乡。唯独郭守敬以纯德实学和为世师法得以继续留任。1316 年，郭守敬因病去世。

郭守敬在我国古代科学技术史上贡献巨大，被誉为元朝科学第一人，他一生的贡献主要在水利、仪象和历算三个领域。

在水利方面，郭守敬设计兴修了以通惠河水利工程为代表的一系列大型水利工程。这些水利工程设计的科学合理性、施工的复杂性均建立在郭守敬实地勘测、科学规划的基础之上，对于农田灌溉和南北漕运发挥了巨大的作用，功在当时，利在千秋。他在水利实践中，总结出了一些科学概念和方法。他在世界测量史上首次运用"海拔"概念，比德国数学家高斯提出的海拔概念早了 560 年。

在仪象方面，他在主持大都天文台工作期间，设计研制出简仪、圭表、候极仪、浑天象、玲珑仪、仰仪、立运仪、证理仪、景符、窥几、日月食仪以及星晷定时仪等天文仪器。其中简仪是最早制成的大赤道仪，比丹麦天文学家第谷制成的同类仪器早了 310 年。仰仪是世界上第一架太阳投影的观测仪。

↗**浑天仪**

原由郭守敬设计制造，明代仿制，现存南京紫金山天文台。

↗**仰仪**

现存河南登封观星台。外形似平放的锅，又称碗晷，郭守敬利用针孔成像原理发明制造。用以测定日食发生的时刻、方位角、食分多少和日食全过程，还能测定月球的位置和月食。

在历算方面，他主持修订了《授时历》。按照《授时历》，一年的长度是 365.2425 天，仅与真实数值相差 26 秒，3300多年才有一天的误差，和我们现在使用的日历在精确度上完全一致。

另外值得一提的是，为了修订精确的《授时历》，郭守敬组织了规模空前的全国范围内的天文测量工作，无论是从测点的数量，还是从分布的范围上，都远远超过了唐代的僧一行。

↗ **圭表**

郭守敬设计制造的天文仪器，现存河南登封观星台。

黄道婆
改进棉纺织技术

宋元时期，棉纺技术的普及和发展是我国纺织史上重大的成就。我国元代民间纺织女工黄道婆，在这一方面做出了非常重大的贡献。元代陶宗仪《南村辍耕录》卷24记载有她的事迹。

黄道婆，又名黄婆，生卒年不详，松江乌泥泾镇（今上海华泾镇）人，是我国元代著名的棉纺织革新家。

黄道婆大约出生于南宋末年，传说她小的时候给人家做童养媳，因为不堪忍受屈辱，在18岁左右逃脱出来，流落到海南岛崖州。

黄道婆在崖州黎族地区生活了将近30年。当时海南岛盛产木棉，黎族人民的棉纺织技术非常精湛。

黄道婆向黎族人民虚心学习，掌握了先进的棉纺织技术；再经过30年的刻苦努力，终于成为一位技艺精湛的棉

元《梓人遗制》与纺织机械

《梓人遗制》是元代山西人薛景石所著。书中记载的7项机械中，除第一项是关于车辆制造的外，其余6项都是关于纺织机械。纺织机械里的华机子、罗机子和立机子有很高的史料价值。

纺织家。

中年的黄道婆开始思念自己的家乡，此时元朝已经取代南宋，江南开始恢复生产，经济状况好转。黄道婆回到了自己的家乡，为故乡人民带回了先进的纺织工具和她精湛的纺织技艺。

黄道婆一边向人们无私地传授纺织技艺，一边利用她的聪明才智，对棉纺织工具和技术进行全面的改进和革新。

黄道婆改革了擀籽工序。开始人们都是用手剖去籽，既麻烦又费时。她就教人用铁杖来擀尽棉籽。后来又引进搅车（轧车），利用机械轴间的空隙碾压挤出棉籽来，大大提高了生产效率。

擀籽工序的改革，是当时皮棉生产中一项重大的技术革新。

黄道婆在弹松棉花的操作上，把小弓改成一米多长的大弓，弓弦由线弦改为绳弦，木椎击弦代替手指拨弦。

通过改造，弹出的棉花均匀细致，不留杂质，大大提高了纱线的质量。

在纺纱这道工序上，黄道婆创造出三锭脚纺车，代替原来的单锭手摇纺车。改进后，以脚踏代替手摇，能够腾出双手握棉抽纱，同时纺三根纱，纺织效率提高了两三倍，操作也省力。

这种纺车是当时世界上最先进的纺织工具。元初著名农学家王祯在其著作《农书》中就介绍了这种纺车，其中的《农器图谱》还对木棉纺车进行了详细的绘图说明。这种新式纺车以其优异的性能受到人们的广泛欢迎，在江南一带得到迅速推广和普及。

↗ 元代的棉纺织品

在织布工序上，黄道婆改进了以前的投梭织布机。

在借鉴我国传统丝织技术的基础上，她汲取黎族人民织"崖州被"的长处，研究出了错纱配色、综线挈花等先进的棉织技术，织出鲜艳多彩的"乌泥泾被"，其绚丽灿烂的程度能与丝绸相媲美。

黄道婆辛勤地向人们传授先进的棉纺织技术，不辞辛劳地进行技术改进和革新，极大地推动了江南一带棉纺织业的发展，使其一度成为全国棉纺织业的中心，历数百年而不衰。

黄道婆一生刻苦研究和辛勤实践，有力地影响和推动了我国古代棉纺织业的发展。黄道婆对于棉纺织技术的改进，反映了宋元时期我国的棉纺织业达到了高度发展的水平，在当时世界上处于先进地位。

各成流派的 *Ge Cheng Liu Pai*
金元医学四大家

　　在 12 ～ 14 世纪的金元时期，医学理论有了很大发展，产生了金元时期四大医学流派，就是所谓的"金元医学四大家"。

　　在这四大家里，刘完素认为伤寒的症状多与"火热"有关，因而在治疗上多用寒凉药物，后世称之为"寒凉派"；张从正认为病由外邪侵入人体所生，在治疗上多用汗、吐、下三法以攻邪，后世称之为"攻下派"；李杲提出"内伤脾胃，百病由生"，治疗时重在温补脾胃，因为脾在五行学说中属土，所以后世称之为"补土派"；朱震亨认为人体"阳常有余，阴常不足"，治疗疾病以养阴降火为主，后世称之为"滋阴派"。

　　金元医学四大家在继承我国传统医学经典理论的基础之上，从各个不同的侧面理解和

↗ 刘完素雕像

发挥，使得我国古代医学出现了前所未有的开放局面。

刘完素（约 1110—1200），字守真，自号通玄处士，别号守真子，金代河间（今河北河间）人。人称"河间先生"或"刘河间"。

刘完素自幼聪慧，特别喜欢读医书。传说他母亲生病，三次请医生都没有来，导致其母病逝，所以他就立志学医。他对古代的医书独好《素问》，朝夕研读，终得要旨。他根据《内经》"病机十九条"，提出伤寒火热病机理论，主张寒凉攻邪，名盛当世。金世宗曾三次征聘，他都坚辞不就。刘完素影响甚广，弟子众多，他所开创的寒凉攻邪医风，形成金元时期一个重要学术流派"河间学派"。

刘完素医学理论的核心是火热论。他在阐述《内经·素问》"病机十九条"时，结合北方地理和北方人民体质强壮的特点，发展了北宋徽宗赵佶提倡的运气学说，深入阐发了火热病机等有关理论，即所谓"五运主病"和"六气为病"。在治疗方面，刘完素重视以寒凉药物治疗外感火热病。他创制了"防风通圣散"和"双解散"等辛凉共用的方剂，有效地解决了外受风寒、内有邪热的矛盾病症。

张从正（约 1156—1228），字子和，号戴人，金睢州考城（今河南兰考）人。他出生于医学世家，自幼酷爱读书，尤其喜欢作诗，性格豪放。他师从刘从益，深受刘完素学说影响，大定、明昌间以高超的医术闻名于世。兴定年间，张

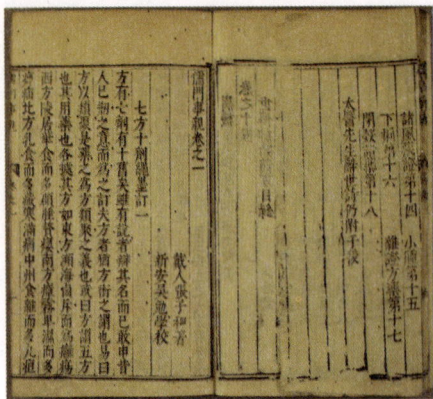

↗ 《儒门事亲》内页

从正被征召入太医院。因与时医医风不合，不久辞职回乡，继续行医。当时已具盛名的文人麻知几与其交往甚密。他在麻知几和常仲明等的协助下，于1228年撰成《儒门事亲》15卷。张从正秉承《内经》《难经》之宗旨，发展张仲景的汗、吐、下三法，创立了以"攻邪论"为中心的理论学说，形成金元医学一大学术流派"攻下派"。

张从正认为人生病是因为邪气"或自外而入，或由内

↗ 金彩龙纹团药盒

而生"，提倡采用汗、吐、下三法攻邪，治疗峻猛，与当世医用温补之法迥异。他还主张食补，即祛病之后，还需要用平日的食品进补。补法有六种，即平补、峻补、温补、寒补、筋力之补、房室之补。

李杲（1180—1251），字明之，晚号东垣老人，金真定（今河北正定县）人。他出身富贵之家，自幼好读医书，兼通经史子集，为人守信，能急人所困。20多岁的时候，因为其母患病死于庸医之手，所以开始立志学医。

李杲捐资千金，拜易水名医张元素为师，仅数年即尽得所传。后避战乱，到达汴梁（今河南开封）以及鲁北东平、聊城一带。1244年，李杲回乡著书立说，形成了一大学术流派"补土派"。

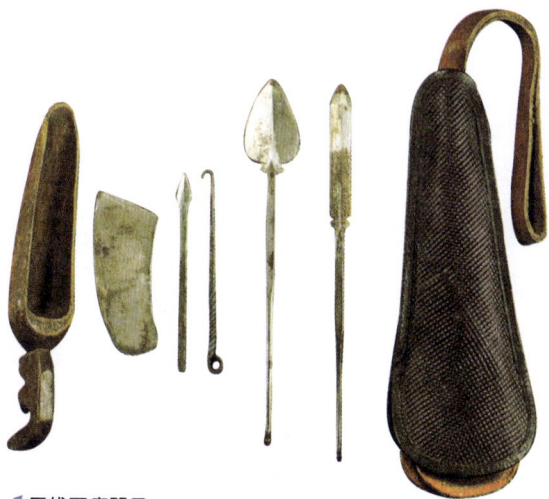

↗元代医疗器具

李杲认为脾胃为元气之本，人之百病皆由脾胃虚弱所生，故而在治疗方面十分重视脾胃。外感热病，用刘完素寒凉之法；内伤热症，就要升举清阳，温补脾胃，潜降阴火。他还创制了补中益气汤、升阳散火汤等名方，以治疗脾胃内伤疾病。

朱震亨雕像

朱震亨（1281—1358），字彦修，号丹溪，婺州义乌（今浙江义乌）人。人称"丹溪翁"。他自幼聪明好学，为考科举，曾从理学家许谦学习，对理学很有造诣，后专注于医学。

朱震亨于1325年拜刘完素的再传弟子罗知悌为师，学成后返归乡里行医。他博采刘完素、张从正、李杲三家学说之长，结合自己的体会及理学造诣，提出"阳有余、阴不足"的理论，形成金元时"滋阴"一派。

从金元医学四大家身上，我们可以看到金元医学开拓、创新、争鸣的繁荣景象。在短短100多年间，诸多名家不仅在理论上各有建树，而且在实践中互相补充，在取长补短中不断进步，促进金元医学迅猛发展。

王祯
和宋元农学

宋元时期，农业生产发展到一个新的水平。土地被广泛开发使用，人们与水争田，与山争地，出现了架田（浮在水面上的田）、梯田（山区的田）和圩田（围湖造田）等形式。农作物大规模种植，作物种类也大大增加。棉花正是在这一时期进入中原的。

农业生产的发展，极大地带动了农业技艺的交流和总结，宋元时期出现了农学四大家，他们著述的农书不仅对当时的农业生产有着指导性作用，而且对后世影响深远，在我国农业发展史上占有举足轻重的地位。

宋元农学四大家分别是陈旉、孟祺、王祯和鲁明善。这四大家里除了陈旉是南宋人外，其他三家都是元代人。

元代在不到 100 年的统治时间里，为后世留下了三部了不起的农书，即《农桑辑要》《王祯农书》和《农桑衣食撮要》。其中尤以《王祯农书》和《农

↗ **南宋农学家陈旉像**

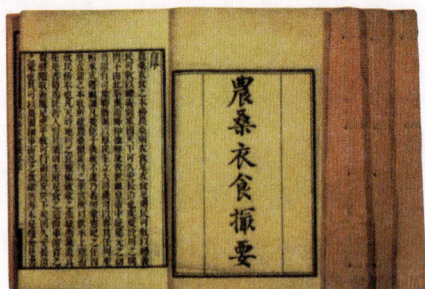

桑辑要》最具代表性。

《王祯农书》是元代的一部综合性农书，也是第一本兼论南北农业技术的农书。

《王祯农书》由各自独立的三部分组成，共22卷，约13万字。第一部分6卷19篇，名为《农桑通诀》，也就是农业通论。这部分首先从"农事起本""牛耕起本"和"蚕事起本"三个方面论述了农业、牛耕和蚕业的起源；然后从"授时"和"地利"两方面出发，系统地阐述农业种植各个环节所应采取的措施；最后分列了"种植""畜养"和"蚕级"等篇，记载了林、

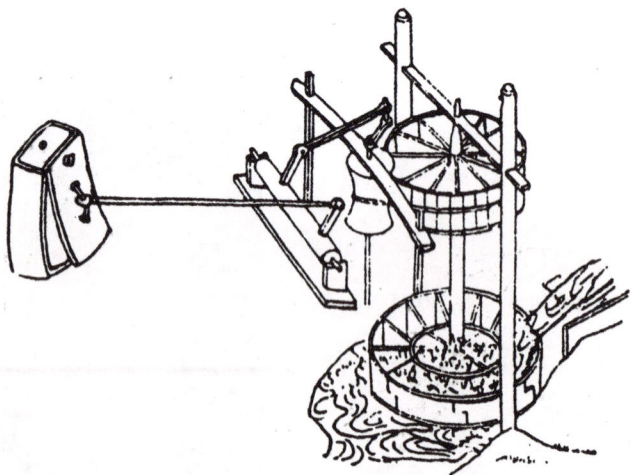

《王祯农书》中的水排

这是一种利用水力推动的冶铁装置。

牧、副、渔等广义农业各个方面的内容。

第二部分4卷11篇，名为《百谷谱》，是关于作物栽培的论述。这部分把农作物分为80多种、7大类，详细记述了栽培、保护、收获、贮藏和加工利用等方面的技术与方法，后面还附有一段《备荒论》。

↗ **牛转翻车**

这是《王祯农书》中的插图。牛转翻车是一种使用畜力推动的灌溉工具。

第三部分12卷，名为"农器图谱"，篇幅占全书的4/5，分20门，共介绍了257种农业机械工具，绘图306幅，每幅图都有文字说明。

《王祯农书》的作者王祯，字伯善，东平（今山东东平）人，生活在元朝初、中期。

关于他的生平事迹，史书记载很少，只知道他做过两任县官：一任是宣州旌德县（今安徽旌德）县尹，一任是信州永丰县（今江西广丰）县尹。

《王祯农书》是在1300年左右任职永丰期间完成的。

《农桑辑要》，成书于元至元十年（1273年），是现存最早的官修农书。

全书分为7卷，共约6.5万字。卷一典训，是全书的绪论，主要讲述农桑起源及经史中关于重农的言论和事迹；卷二主要讲耕垦、播种和选种总论以及大田作物的栽培各论；卷三、四分别讲栽桑和养蚕；卷五论述瓜菜和果实等园艺作物；卷六讲竹木、药草、水生植物和甘蔗；卷七讲牲畜、禽鱼、蜜蜂等动物的饲养。

《农桑辑要》第一次把蚕桑和棉花的生产放在与粮食生产同等重要的地位，并提出了一种全新的风土观念，为棉花、番薯、玉米、花生、烟草等作物的引进和传播，铺平了道路，同时也反映了作者超前的远见。

《农桑辑要》是由元代专管农桑和水利的中央机构"大司农"组织编写的。主要撰稿人孟祺、张文谦和苗好谦等都是当时农业方面的专家。

孟祺，字德卿，宿州符离（今安徽省宿州市符离镇）人，曾担任山东东西道劝农副使，是唯一在《农桑辑要》中署名的作者。

张文谦，字仲谦，邢州沙河人，曾担任过司农卿和大司农卿等职，是该书的组织者。

苗好谦曾经担任地方劝农官。

朱载堉
发明十二平均律

朱载堉（1536—1611），字伯勤，号山阳酒狂仙客，又号狂生，谥端清，史称"端清世子"。

朱载堉出身明王朝皇族，是明太祖朱元璋的九世孙。其父朱厚烷为郑恭王。

朱载堉小时悟性就很高，在他父亲及老师何瑭的熏陶下，十分喜爱音乐，并广泛学习了诗文、音律和数学等。11岁的时候，朱载堉被立为世子。

明嘉靖二十九年（1550年），因皇族之间的权力纷争，其父朱厚烷被诬陷削爵，禁锢于安徽凤阳。朱载堉愤然离开王宫，在附近山上筑了一间简陋土屋，独居十多年，潜心从事学术方面的研究。

嘉靖三十九年（1560年），朱载堉写出了我国第一部研究古代乐器的著作《瑟谱》。

隆庆元年（1567年），其父平反昭雪，恢复爵位，朱载堉也恢复了世子身份，

↗ **朱载堉塑像**

但他没有去追求享乐的生活，仍然一心一意地研究学术。万历九年（1581年），朱载堉完成了十二平均律的理论计算，登上了乐律学的最高峰。

万历十九年（1591年），其父病逝，朱载堉承袭爵位。为了专心学术，他七次上疏，请求让位。在第六次上疏后，朱载堉毅然离开王宫，搬到城东北的九峰山，开始过隐居生活，被老百姓称为"布衣王爷"。

70岁的时候，朱载堉完成了凝聚了他毕生心血的科学巨著《乐律全书》。

万历三十九年（1611年），朱载堉积劳成疾，长眠在九峰山下。

朱载堉一生著述丰富，共30多部，涉及领域很广，包括乐律、数学、物理、天文历法、计量、音乐和舞蹈等学科。

朱载堉在科学领域内的贡献是多方面的。

三分损益律

三分损益律大约出现于春秋中期或初期，它是中国音律史上最早产生的完备的律学理论，被称为"音律学之祖"。

《管子·地员篇》《吕氏春秋·音律篇》分别记述了它的基本法则。具体的计算方法是把始音的弦长分为三等分，去其一分（乘以2/3）谓之损，加上一分（乘以4/3）谓之益。依次进行12次，完成一个八度的12个律的数值计算。

"三分损益"法计算到最后一律时不能循环复生，是一种不平均的"十二律"。

↗ **明画《入跸图》**
此画描绘的是明代一个骑马鼓吹乐队正在表演的场景。

在天文历法方面，他写了历学著作《律历融通》，还在总结前人经验的基础上编著了《律法新说》，包括《黄钟历法》《黄钟历议》和《圣寿万年历》等。他还精确计算出了回归年长度值，精确度几乎与现在国际通用值相同。专家利用高科技测量手段对朱载堉 1554 年和 1581 年这两年的计算结果进行验证发现：朱载堉计算的 1554 年的长度值与我们今天计算的仅差 17 秒，1581 年差 21 秒。

在物理学方面他发明了累黍定尺法，精确地计算出北京的地理位置与地磁偏角。在算学方面，他首次运用珠算进行开方，研究出了数列等式，解决了不同进位制的小数换算。

朱载堉最杰出的成就还是发明十二平均律。

律学，也称音律学或乐律学，属于声学的一个分支。

在朱载堉发明十二平均律之前，人们一直使用的是三分损益律，因为这种律不平均，"算术不精"，无法还原返宫。为了弥补这一缺陷，朱载堉创立了新法，精确规定了八度的比例，并把八度分为 12 个相等的半音，即："置一尺为实，以密率除之凡十二遍。"密率即为十二平均律的公比数，为 2 的 12 次方根，数值为 1.059463。

十二平均律的优点是能够旋宫转调，特别是在琴键乐器中，可以根据需要任意使用所有的键，因此被广泛应用于世界各国的键盘乐器之上，包括钢琴。朱载堉也因为这个发明被誉为"钢琴理论的鼻祖"。十二平均律被西方普遍认为是"标准调音""标准的西方音律"。

朱载堉发明十二平均律之后，大胆地进行了音乐实践，他精心制作出了世界上第一架定音乐器——弦准，制作了36 支铜制律管。在乐器制造的过程中，他把音乐和舞蹈分成了两个学科，首次提出"舞学"一词，并为舞学制定了大纲，奠定了理论基础。

李时珍
与《本草纲目》

李时珍（1518—1593），字东璧，亦名可观，晚年号濒湖山人，蕲州（今湖北蕲春）人。

李时珍出身于医学世家，其父李言闻是当地有名的医生，曾做过太医吏目。他从小爱好读书，14岁考中秀才，后来参加乡试考举人，屡试不中。

20岁那年，李时珍身患"骨蒸病"（即肺结核），幸得父亲精心诊治痊愈，于是下决心弃儒从医，潜心钻研医学。李时珍24岁开始学医，以后大量阅读了《内经》《本草经》《伤寒论》《脉经》等古典医学著作。

经十余年刻苦钻研，30多岁的时候，李时珍已经成为当地很有名望的医生。

1551年，李时珍用杀虫药治愈了富顺王朱厚焜之孙的嗜食灯花病，因而医名大显，被武昌的楚王聘为王府的奉祠正，兼管良医所事务。1556年，李时珍被楚王推荐到太医院工作，

中国邮政 CHINA
李时珍（1518~1593）
明代医学与药物学家
中国古代科学家及著作（二）
1.20
2018—
(4-1)J

↗ 纪念李时珍的邮票

担任太医院判。

在太医院期间，李时珍有机会饱览皇家珍藏的丰富典籍，并看到了许多药物标本，大大开阔了眼界。

在学医和行医的过程中，李时珍发现古代的本草书存在不少问题，"品数既烦，名称多杂。或一物析为二三，或二物混为一品"。

在药物分类上经常"草木不分，虫鱼互混"。譬如说，天南星和虎掌原是一种药，却被误认为两种药；萎蕤与女萎本是两种药材，而有的本草书说成是一种；更严重的是，有毒的钩藤竟会被当作补益的黄精。

李时珍认为产生这些错误的原因主要是对药物缺乏实地调查。他决心要重新编纂一部本草书籍。

李时珍不久就辞官回到蕲州，一面行医治病，一面编修《本草纲目》。他参阅了大量典籍，历经三十年，经过三次修改，终于在 1578 年杀青。

李时珍为了实地了解药物，几乎走遍了今湖北、湖南、江西、安徽、江苏等地的名山大川，行程不下万里。对于似是而非或含混不清的药物，他都"一一采视，颇得其真"，"罗列诸品，反复谛视"。

当时，太和山五龙宫产一种"榔梅"，据说是可以让人长生不老的"仙果"。李时珍冒险采摘，研究发现它只是一种变了形的榆树的果实，只能生津止渴而已。

李时珍还通过对穿山甲的考察，证实了它以蚂蚁为食，但不是由鳞片诱蚁，而是吐舌诱蚁。

对动植物类药物的实地考察为李时珍编著《本草纲目》提供了可靠的第一手资料。

万历二十一年（1593年），李时珍逝世，终年75岁。

《本草纲目》共有52卷，190万字，分为16部（水、火、土、金石、草、谷、菜、果、木、服器、虫、鳞、介、禽、兽、人）62类，载有药物1892种，其中载有新药374种，收集医方11096个，绘图1111幅。在药物分类上改变了原有上、中、下三品的简单分类法，采取了"析族区类，振纲分目"的科学分类。这种从无机到有机、从简单到复杂、从低级到高级的分类法在当时是十分先进的。其中对植物的科学分类，比瑞典的林奈早200年。

《本草纲目》除了在药物学方面有巨大成就外，在化学、地质和天文等诸多方面也有突出贡献。譬如在化学方面，记载了金属、金属氯化物、硫化物等之间一系列的化学反应。

徐光启
沟通中西

明末著名的科学家徐光启，第一个把欧洲先进的科学知识介绍到中国来，是我国近代科学的先驱。

徐光启（1562—1633），字子光，号元扈，谥文定，上海县（今上海市）人。

↗ 利玛窦与徐光启

西方传教士感到向士大夫传教并不容易，故先以西洋的科技知识吸引他们的注意力。其中利玛窦和徐光启发展为亦师亦友的关系，合作译出欧几里得的《几何原本》，是传教士来中国翻译的第一本著作。

徐光启出生于一个商人兼小地主家庭，少时就聪敏好学。

万历九年（1581 年）徐光启考中秀才，而后考举人未中。

因为家境的关系，他开始在家乡教书。

大约在万历二十一年（1593 年），徐光启受聘到韶州去教书，期间见到了传教士郭居静（意大利人，1594 年来华）。

通过和郭居静的交往，

徐光启开始接触到西方近代的自然科学，而且还见到了来中国传教的耶稣会会长利玛窦（意大利人）。

36岁中举人后，徐光启又回到故乡，一边教书，一边考进士。

万历二十八年（1600年），徐光启赴京赶考，途经南京，拜会了传教士利玛窦。

万历三十一年（1603年），徐光启再到南京，在传教士罗如望的指点下，加入天主教，教名"保禄"。入教之后，他能够更多地接触到西学。

万历三十二年（1604年），徐光启考中进士，迎来了他一生中的重大转折。

中进士之后，徐光启被选为翰林院庶吉士，以后的时

描绘徐光启与西方传教士探讨科学的画作

间他与教会来往密切，在万历三十四年（1606 年）秋，徐光启与利玛窦合作翻译西方数学名著《几何原本》的前 6 卷，并于 1607 年出版。

他还翻译了《测量法义》。这些工作是西方科学著作译为中文的开始。

万历三十五年（1607 年），徐光启担任翰林院检讨，不久丧父，返乡守制。

三年期满，回京复职，再次担任翰林院检讨，这是个较为闲散的工作。

在这段时间里，他与传教士熊三拔合译了《泰西水法》，介绍西洋的水利技术和各种水利机械。

↗ **伽利略比例规**

　　伽利略在 1597 年发明的测量工具比例规，是由意大利籍传教士罗雅谷于崇祯年间通过《比例规解》一书中介绍到中国的。比例规利用相似三角形的对应边比例原理制成，可以用来进行乘、除、求比例中项、开平方、开立方等各种计算。

徐光启在向西方学习科技的过程中，对传教活动也进行了协助，引起了朝臣误解。他于是辞去工作，在天津购置土地。

万历四十一年至四十六年（1613—1618年）间，他在天津搞农事试验，写成了"粪壅规则"（施肥方法）和《农政全书》的大纲。

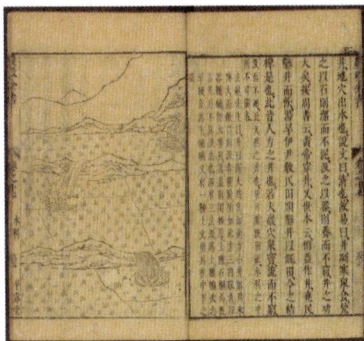
《农政全书》内页

万历四十六年（1618年），后金军队进攻边境，朝廷召见了病中的徐光启。

万历四十七年（1619年），徐光启担任詹事府少詹事兼河南道监察御史，负责督练新军。

天启元年（1621年）三月，徐光启因操劳过度，上疏

《农政全书》

这是一部大型的综合性农书。全书共60卷，分为12门：农本、田制、农事、水利、农器、树艺、蚕桑、蚕桑广类、种植、牧养、制造、荒政。共计50余万字。

《农政全书》在农业技术方面的贡献如下：

（1）提高了南方的旱作技术，还提出了棉、豆、油菜等旱作技术的改进意见。

（2）推广了甘薯种植，总结了栽培的经验。

（3）总结了蝗灾的发生规律和治蝗方法。

回天津"养病"；同年六月辽东兵败，奉召入京，十二月再次辞归天津。

不久，阉党专政，徐光启不肯应召任职，皇帝命他"冠带闲住"。在天津"闲住"期间，他开始写作《农政全书》。

崇祯元年（1628年），徐光启官复原职。八月，担任日讲官，为天子师。崇祯二年，升为礼部左侍郎，九月主持改历。

在此期间他制造仪器，精心观测，写成著名的《崇祯历书》。

崇祯三年，徐光启升礼部尚书。

崇祯五年六月，徐光启以礼部尚书兼东阁大学士入阁，参与机要。十一月，加太子少保。

崇祯六年八月，再加徐光启太子太保、文渊阁大学士，领礼部尚书衔。十一月病危，七日逝世。

徐光启一生的贡献是多方面的，他的研究领域涉及天文、算学、测量、农学、水利以及军事等方面，但最主要的贡献却是翻译和介绍西方的科技知识。特别是他和利玛窦合作翻译的《几何原本》，其深远的影响不仅仅体现在数学上，更深入人们的思想领域，极大地促进了我国近代科学的产生和发展。

踏遍万水千山的 徐霞客

在我国明代，有一位奇人，他用自己的双脚丈量人生，同时也为自己的人生写下了一个千古传奇。他就是著名旅行家和地理学家徐霞客。

徐霞客（1587—1641），名宏祖，字振之，别号霞客，江阴（今江苏江阴）人。

徐霞客出生于缙绅富贵之家，从小就特别喜爱看历史、舆地志和山海图经、游记、探险记一类书籍。幼年的徐霞客深深被这些书籍所打动，下决心要做一番不平凡的事业。

由于徐霞客祖上几代为官，加上当时走仕进之路被认为是读书人的正道，所以少年的徐霞客也免不了要参加科举考试。但是通向仕途的大门并没有向徐霞客打开，失落之余，他下定决心把自己的全部精力倾注在地理研究上。

徐霞客在研读古代地理书籍时，发现其中很少有介绍各地的自然地理景观，尤其是边远地区情况的书，他觉得这是

↗ **徐霞客像**

个不小的遗憾。

万历三十五年（1607年），22岁的徐霞客背上行囊，从此开始了外出旅游的征程。

在此后的30余年里，徐霞客差不多每年都要外出旅游考察。

他不辞劳苦，北履燕冀，南涉闽粤，西北攀太华之巅，西南抵云贵边陲，到过现在的江苏、浙江、山东、陕西、山西、河南、河北、安徽、江西、福建、广东、广西、湖北、湖南、贵州、云南、北京、天津和上海等19个省市。

徐霞客外出考察得到了家人的大力支持，特别是他母亲持续不断的鼓励。

《徐霞客游记》的科学成就

（1）在水文地理方面：记载了大小河流551条，湖泽59个，潭、塘、池、坑131个，沼泽8个。

（2）生物地理方面：记载植物总数150余种，其中林木最多，占40%，花卉次之，为20%，往下依次为药草11%，竹类8%，菌类6%，野菜5%，藤类3%。对各地的植被情况也有详细的描述。还特别注意到了植物与地理环境的关系。

（3）地貌方面：包括岩溶地貌、山岳地貌、红层地貌、流水地貌、火山地貌、冰缘地貌等。其中对岩溶地貌研究最为突出，无论在广度还是深度上都是空前的，有关的论述10万多字。

（4）人文地理方面：广泛记录了手工业、矿业、农业、交通运输、商业贸易、城镇聚落的分布和兴衰。特别关注了少数民族地区的政治、风俗。

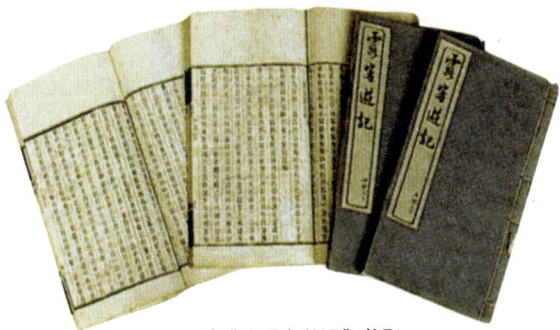

《徐霞客游记》书影

母亲在 70 岁高龄时，还满怀豪情陪徐霞客游览了荆溪、勾曲（今江苏宜兴一带）。

在考察过程中，徐霞客不仅经历了大自然的严酷考验，而且时时受到种种人为因素的挑战。他曾经三次遇盗，四次绝粮，几乎因此而毙命。但是，所有这些困难都没有让他停下脚步。

明崇祯九年（1636 年），是徐霞客外出旅游考察中颇具意义的一年。

他从家乡出发，途经江苏、浙江、江西、湖南、广西、贵州，到达了此次旅游和考察最远的地方——云南，历时 5 年。

这次外出考察，是徐霞客一生中最后一次，也是为期最长的一次。

在这最后一次考察中，徐霞客因"久涉瘴地，头面四肢俱发疹块"，染上重病，后来"二足俱废"，不能远行了。

1641 年，徐霞客病逝。

在长期游历生涯中，不论旅途多么劳累，情况如何艰险，他都坚持把当天的经历和考察情况记在日记里面。

在日记里，徐霞客以清新奇丽的文字描摹大自然的瑰丽多姿。这些日记凝聚着徐霞客大半生的心血和成果，是不可多得的原始资料。

他去世后，遗作经过好友等整理成书，就是闻名于世的《徐霞客游记》。

《徐霞客游记》被誉为"古今游记之最"，全书共 20 卷，60 多万字。

《徐霞客游记》以日记体裁详细地记录了徐霞客旅行生涯中的所见所闻，真实而生动地记述了他所到之地的地质、地貌、水文、气候、动物、植物以及少数民族的经济状况和风俗习惯等，是他 30 多年坚持不懈地研究和探索自然奥秘的总结。

游记的内容丰富多彩，记述翔实准确，具有重要的科学价值和很高的文学价值。

宋应星
著《天工开物》

宋应星（1587—1667），字长庚，南昌府奉新县（今江西省宜春市奉新县）人，是我国明代晚期著名的科学家。

宋应星出身于书香世家，曾祖父宋景曾做过都察院左都御史，是明代中期重要阁臣。宋应星共有兄弟四人，他排行老三。

宋应星自幼聪明强记，资质特异，"数岁能韵语"，有过目不忘的才能。

他幼时与兄应昇同在叔祖宋和庆开办的家塾中读书，一次因故起床很迟，躺在床上边听边记应昇背文7篇，等到课上馆师考问时，他能够一字不差地背诵，令馆师大为惊叹。

年纪稍大，考入本县县学做庠生，熟读了经史及诸子百家，推崇张载，接受了唯物主义自然观。

万历四十三年（1615年），宋应星与兄应昇同赴南昌参加乙卯科乡试，两人同榜考中举人，他名列第三，应昇第六。

在当时江西的一万多名考生里面只录取83人，奉新只有宋应星兄弟二人，故称"奉新二宋"。

同年秋，兄弟二人赴京师参加次年的丙辰科会试，结果没有考中。事后得知此次考试涉嫌舞弊，状元的考卷是他人代作的。

为了下次再考，他们前往江西九江府的白鹿洞书院进修。此后在万历四十七年（1619年）和天启元年（1621年），宋应星兄弟两次上京赶考，可惜都未能考中。

45岁以后，宋应星对功名逐渐冷淡下来，开始将主要精力用于钻研与国计民生相关的科学技术，并准备着手编纂一部科技著作。

崇祯七年（1634年），宋应星出任袁州府分宜县县学教谕。

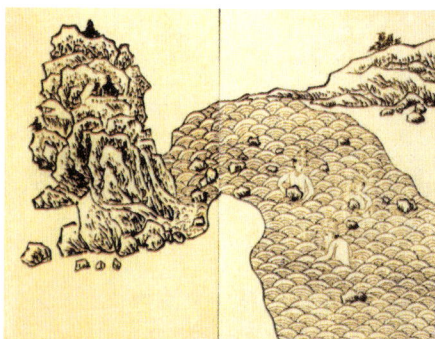

↗《天工开物》中的采玉图

↗《天工开物》中描绘的明代的手工工匠

在任职的四年时间里，他编著了大量的著作并刊行，有《野议》《画音归正》《天工开物》《论气第八种》和《卮言十种》等。

崇祯十一年（1638年），改任福建汀州府推官，是地方司法官员。

崇祯十四年（1641年），调升亳州知州，为从五品。

崇祯十五年（1642年），调任滁和道南瑞兵巡道。

崇祯十七年（1644年）夏，明朝覆灭，清兵入关，他弃官归里。

清朝建立后，宋应星一直过着隐居生活，拒不出仕，在贫困中度过晚年。

1667年，宋应星逝世。

英国学者李约瑟称赞宋应星是"中国的阿格里科拉"和"中国的狄德罗"。

宋应星博学多才，是一位百科全书式的学者。他著作颇丰，研究领域涉及自然科学、人文科学和文学等诸方面。

《天工开物》是宋应星的主要代表作，此书刊刻于崇祯十年（1637年）。

书名取自《易·系辞》中"天工人其代之"及"开物成务"，强调自然力（天工）与人工的配合，即通过技术从自然资源中开发物产。

↗《天工开物》中的开采银矿图　　↗《天工开物》中的炼铜图

《天工开物》分上、中、下 3 卷，共 18 章，绘图 123 幅。它对我国古代农业和工业生产技术进行了系统而全面的总结，内容覆盖了社会各个生产领域，是一部科技史上的百科全书。

《天工开物》各章简介

《乃粒》	论述稻、麦、黍、稷、粱、粟、麻、菽（豆类）等粮食作物的种植、栽培技术和生产工具。
《乃服》	论述养蚕、缫丝、丝织、棉纺、麻纺和毛纺等生产技术。
《彰施》	介绍各种植物染料和染色技术。
《粹精》	叙述农作物的加工技术及工具。
《作咸》	论述海盐、池盐、井盐等盐产地及制盐技术。
《甘嗜》	叙述甘蔗种植、制糖技术及工具。
《陶埏》	叙述砖瓦及陶器、瓷器（白瓷、青瓷）的制造技术及工具。
《冶铸》	论述中国传统铸造技术。
《舟车》	有关交通工具的专章，用数据介绍船舶和车辆，同时说明驾驶方法。
《锤锻》	系统叙述了铁器和铜器锻造工艺，以及焊接、金属热处理等加工工艺。
《燔石》	主要论述烧制石灰，采煤，烧制矾石、硫黄和砒石的技术。
《膏液》	介绍 16 种油料植物以及提炼油脂的技术及工具。
《杀青》	介绍纸的种类、原料及用途，详细讲了造竹纸和皮纸的全套工艺技术及设备。
《五金》	主要论述金银等有色金属矿的开采、洗选、冶炼和分离技术，还附有珍贵的生产设备图。
《佳兵》	涉及冷兵器、火药和火器的制造技术。
《丹青》	主要叙述墨和银朱（硫化汞）的制造技术。
《曲糵》	记述酒母、药用神曲和丹曲（红曲）的制造技术。
《珠玉》	叙述了采珠、采玉、采宝石的方法以及加工技术。

《天工开物》上卷包括《乃粒》《乃服》《彰施》《粹精》《作咸》《甘嗜》6章，涉及与农业相关的诸方面；中卷包括《陶埏》《冶铸》《舟车》《锤锻》《燔石》《膏液》《杀青》《五金》7章，内容有关工业技术；下卷包括《五金》《佳兵》《丹青》《曲糵》《珠玉》5章，也是和工业技术相关的方面。

纪念宋应星的邮票

《天工开物》最可贵的地方在于详尽记载了工农业生产中许多先进的科技成果，并且用技术数据给以定量解说，同时提出了一系列理论，无可置疑地成为一部科学技术的完整著作。

《天工开物》在18世纪先后传入日本和朝鲜，成为当时畅销的读物。

19世纪中期，《天工开物》传入法国和德国，又传入俄国和意大利。

1966年，《天工开物》被译成英文在美国出版。

康熙帝
与中西算学

康熙帝（1654—1722），即清圣祖爱新觉罗·玄烨，文治武功彪炳千秋，堪称一代明君。他在位时间长达 61 年，是我国历史上在位时间最长的皇帝。

康熙一生政绩卓著，胆识过人。他智擒鳌拜，撤剿三藩，南收台湾，北拒沙俄，西征蒙古，每次都是大手笔。

康熙之所以能在政治上有如此作为，与他天资聪颖固然有关，更与他孜孜不倦地学习西方的自然科学有很大关系。

他通过对西洋科学的广泛研究和学习，不仅增进了学

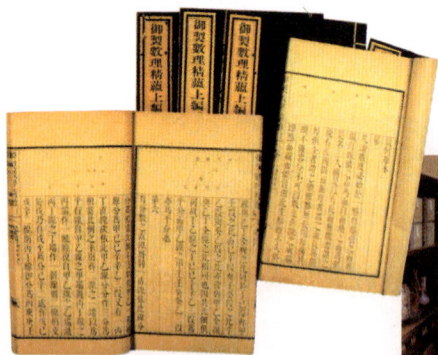

↗《御制数理精义》书影
　康熙皇帝为倡导数学而编制的书籍，成书后曾专门派人送梅文鼎校阅。

↗ 康熙帝读书图

↗ 南怀仁像

南怀仁（1623—1688），比利时人，字勋卿，一字伯敦，天主教耶稣会教士。顺治年间入清供职，康熙年间受到重用。为了平定三藩叛军，康熙命他试制新式火炮。南怀仁所造的火炮轻便灵活，适合山地作战，分别在陕西、湖广、江西等地的平叛战争中发挥了重要作用。他还设计、督制了440门大炮，培训了200多名炮手。

识，更开阔了胸襟和眼界，使得他能够站在一个比同时代人更高的起点上看问题。

大家都知道，西方传教士是从16世纪下半叶即明代中叶开始来华传教的。

他们向中国宣传他们的宗教，也带来了西方的科学技术，包括天文、数学、地理、物理、化学和火器等。从16世纪末到18世纪初，即明万历年间到清康熙年间，短短的100多年时间里，西方先进的科技知识大量传入中国，对中国传统科学产生了巨大的冲击。

康熙帝对于传入的西方科技始终保持着一种理智开明的态度。

他通过考察，了解到了西方科学的先进性。对于先进的好的东西，他敢于学习。

对待有渊博科学知识的耶稣会士，他给予充分的信任和尊重，并虚心向他们学习西方的自然科学知识。

当时著名的传教士有南怀仁、张诚、白晋、巴多明、安多和徐日昇。

1673—1674 年，康熙令南怀仁讲天文仪器、静力学、天文学和几何学。

1689 年，康熙召徐日昇、张诚、白晋和安多每天（或隔日）轮流在紫禁城养心殿用满语向他讲授西学，包括几何学、代数学和三角学等。当康熙帝到瀛台或到畅春园时，他们也随同前往。

康熙很注意学以致用。

法国传教士洪若翰在给拉雪兹神父的信中这样描述道：康熙在将近 5 年的学习过程中，始终十分勤奋，而且丝毫没有耽误政务，他一直注意学用结合。白晋也说，他亲眼看见

《康熙几暇格物编》

《康熙几暇格物编》是康熙的代表作，在我国科学史上占有重要的地位，包含了当时的一些科研成果。

其贡献主要表现在以下两个方面：

（1）对自然现象的记述上。记载了黑龙江大马哈鱼的洄游现象，北极附近长年结冰的现象，内蒙古地区某些沙丘的地貌，还记载了木化石、四不像等有关知识。

（2）科学实验和验证上。利用声速来测距离；利用单穗选择而获得优良的稻种；对沿海各地潮汐时刻进行调查。

康熙在宫内外专心进行天体观测、大地测量和几何学研究。他还与张诚分别预测 1690 年 2 月 28 日的日食，所测完全一致，没有差错。

康熙对于学习西方数学也表现出强烈的兴趣。他系统学习了几何学的理论，是我国接受西方数学的第一人。

1690 年初，康熙让白晋、张诚等用满语讲解欧几里得几何原理，并运用几何学仪器进行计算。

白晋在其所著的《中国皇帝康熙传》一书中这样写道：在五六个月的时间里，康熙已经掌握了几何学，能够随时说出他所画的几何图形的定理及其证明过程。他对我们说，《几何原本》他至少读了 20 遍。

康熙还让白晋和张诚用满文编写几何学提纲，让安多编写算术和几何学运算纲要。

康熙还仿制和使用了当时世界上最先进的计算工具，如甘特式计尺和手摇计算机。甘特式计尺是英国数学家埃德蒙·甘特于 1630 年发明的；世界上第一台可计算加减乘除的手摇计算机是由法国数学家巴斯柯于 1642 年研制

↗ **手摇计算器**
　　明末清初，这种计算器由欧洲传入中国，通过手摇能进行简单的加减乘除运算。

成功的。

康熙在数学方面达到了很高的水平，能够对数学专著进行准确的评判。

康熙四十一年（1702年）十月，康熙南巡，李光地进呈清初大数学家梅文鼎的《历算疑问》，康熙看后评价道："所呈书甚细心，且议论亦公平，此人用力深矣。"

后经过耐心研读指出："无疵瑕，但算法未备，盖梅书原未完成。"

为了培养算学人才，1713年，康熙在京西的畅春园设立了蒙养斋算学馆，并聘请传教士任教师，讲授西方数学。蒙养斋算学馆可谓中国18世纪杰出数学家的摇篮，清代大数学家梅珏成、明安图等都是在那里培养出来的。

在明清的历代帝王中，康熙帝算得上是唯一一位认真学习过西方科学的皇帝，他对沟通中西算学做出了杰出的贡献。

全国性测绘与
《皇舆全览图》

康熙帝是一位雄才大略的政治家，勇于学习西方科学。他亲自主持了我国历史上规模最大的全国性测绘，并绘制完成有名的《皇舆全览图》。

康熙在北拒沙俄、签订《尼布楚条约》的过程中深刻地感受到精确的地图在政治和外交上的作用；同时条约的签订也极大地冲击了康熙帝以往的疆域观念，他渴望对清朝的版图有一个新的更全面的了解。而当时国内还没有一份精确的全国性地图，前代流传的地图又过于粗疏，存在精度不高和内容不详的缺点。康熙帝决心重新绘制一份全国性地图。

因为当时传教士带来了西方先进的科学技术，所以康熙帝认为引进西方先进的测绘技术，可以使他更准确地绘制出全国地图，从而更清楚大清帝国的版图。

康熙下令传教士白晋主持这项工作。为了完成这一伟大的测量工程，康熙三十二年（1693年），白晋奉命返法，觐见法国皇帝路易十四，广招测绘方面的专家，并购得专门的测绘仪器。经过4年准备，白晋率10名优秀的测绘师返华。

测量队以传教士白晋、杜德美、雷孝思等为首，中国的科技人员也参与其中。这支汇聚中外科技精英的测量队携带着仪器，分批开赴全国各地进行测量。

康熙四十六年（1707年），康熙令传教士张诚率队在北京附近测量并绘成《京师地图》。此图在精度上明显高于旧图，从而使得康熙下定决心在更大范围内进行测量。

康熙四十七年（1708年）四月，康熙令白晋、杜德美、雷孝思等在河北境内长城以外测量并绘制成《长城地图》。

康熙四十八年（1709年）五月，康熙令雷孝思、杜德美、费稳等测绘东北地区的地图。而后又令杜德美、费稳测绘喀尔喀蒙古（今蒙古国）、陕西、山西地图。

康熙五十年（1711年），康熙令雷孝思、麦大成率队到山东地区测量，又令杜德美、费稳等到西北地区测量。

康熙五十一年（1712年），康熙令雷孝思、冯秉正、何国栋率队到东南各省测量。

康熙五十二年（1713年），测量队兵分三路，分别对中国的南部、西部和中部进行测量。

康熙五十五年（1716年），康熙让两个在钦天监工作

康熙时全国性地图的测量方法

规定使用固定统一的尺度，以工部营造尺（1尺＝0.317米）为标准尺和计算单位。以营造尺18丈为1绳，10绳为1里，天上1度即地上200里，也就是200里合地球经线1度。

纬度以赤道为零起算，经度以北京钦天监观象台的子午线为本初子午线。测定地面点的经纬度则采用天文测量法和三角测量法（重要点用天文，大量点用三角）。

的喇嘛跟西方的传教士学习测绘技术，然后派他们到西藏测量，并于次年完成制图工作。

全部测绘工作到康熙五十六年（1717年）基本结束，总历时长达10年。然后将各地的地图汇集起来，又经过一年多的整理，终于在康熙五十八年（1719年）绘成全国性地图一幅，分省地图每省一幅，共计41幅。

《清史稿》记载道："五十八年图成，为全图一，离合凡三十二帧，别为各省图，省各一帧。"这就是著名的《皇舆全览图》。

《皇舆全览图》所绘的地域幅员辽阔，东北抵库页岛，东南至台湾，西达阿克苏以西叶勒肯城，北到白尔鄂博（贝加尔湖），南至崖州（海南岛）。图中以汉、满文共注地名（满文用于边疆，汉文用于内地），山脉河流以及各省、府、州、卫、所、县、镇、关、堡等重要地方绘制精详，又以黄纸飞签注五岳、河流等地方。实在是万里江山尽在一览中。

《皇舆全览图》是我国第一幅用科技手段实测的全国地图。对此，李约瑟评价道："它不但是亚洲当时所有的地图中最好的一幅，而且比当时的西欧各国所有地图都更好，更精确。"

《皇舆全览图》的5个版本

（1）康熙年间木刻墨印设色本（两个版本）

（2）康熙年间彩绘纸本

（3）康熙年间木刻32叶本

（4）康熙年间8排41叶铜版本

近代三大科学家
与洋务运动

Yang Wu Yun Dong

在我国近代史上，有一个很重要的时期，从 19 世纪 60 年代开始到 90 年代末终止，历时 35 年，史学界将之称为"洋务运动"时期。

洋务运动发轫于 1861 年初，当时留守北京议和的钦差大臣恭亲王奕䜣，领衔上奏《统筹全局折》，经过咸丰帝批准，正式设立总理各国事务衙门。1894 年 7 月，中日甲午战争爆发，洋务派苦心经营的新式陆军和北洋舰队一败涂地，清政府被迫于次年 4 月签订丧权辱国的《马关条约》，洋务运动宣告破产。

洋务运动中的洋务派是从封建统治集团内部分化出来的一个派别。它有别于清朝传统顽固派的地方在于主张向西方学习先进的科学技术。

洋务派处在掌权者的地位，他们能够通过行政手段把兴办洋务作为一项基本国策向全国推行。通过创办洋务，西方的科学技术、先进的生产工具和交通工具等相继传入中国。洋务派还设立译书馆等机构，大量翻译西方的科技书籍。洋务运动虽然短暂，影响却非常深远，可以说是中国近代化的开端。

↗徐寿、李善兰、华蘅芳在江南制造总局翻译处的合影

洋务派的主要代表人物有恭亲王奕䜣和曾国藩、李鸿章等，其中尤以曾国藩的影响最大。

曾国藩（1811—1872），字伯涵，号涤生，湖南湘乡人。他自幼天资聪颖，勤奋好学。23岁考取秀才，24岁中举人，28岁中进士。此后留京，十年七迁，连升十级，37岁任礼部侍郎，官至二品。后逢太平天国运动，他组织湘军，攻破天京，封一等勇毅侯，死后谥"文正"。

曾国藩靠着自己独特的思想和人格魅力，吸引了一大批人才，其幕府之盛一直为晚清士人所赞誉。他的弟子李鸿章就称赞说："朝廷乏人，取之公旁……知人之鉴，并世无伦。"

幕府里不但有政治精英，也不乏科技奇才。尤其值得一提的是，我国近代三大科学家李善兰、徐寿、华蘅芳都曾是他入幕之宾。

近代的三大科学家加入曾国藩的幕府之中，积极参加曾国藩洋务新政中与科技相关的活动，包括机械制造、造船、军工生产、科技书籍的出版等。其中徐寿父子与华蘅芳试制成中国第一台蒸汽机，曾国藩见后大喜，在当天日记中写道："窃喜洋人之智巧我国亦能为之，彼不能傲我以其所不知矣！"他们的工作对于我国近代科学的发展起到了极大的推动作用。

李善兰（1811—1882），字竟芳，号秋纫，浙江海宁人。他在数学研究和翻译介绍西方近代数学知识方面做出了巨大贡献，堪称洋务时期中国数学第一人。

李善兰、华蘅芳、徐寿的数学著作

李善兰翻译的数学著作：《几何原本》后9卷、棣莫甘的《代数学》13卷、罗密士的《代微积拾级》《圆锥曲线说》

李善兰的数学著作：《方圆阐幽》《弧矢启秘》《对数探源》《垛积比类》《四元解》《椭圆正术解》《椭圆新术》《椭圆拾遗》《对数尖锥变法释》《级数回求》

华蘅芳的翻译著作：《代数术》《三角数理》《代数难题解法》《决疑数学》《合数术》《算式解法》

徐寿的翻译著作：《化学鉴原》《化学鉴原续编》《化学鉴原补编》《化学考质》《化学术数》《物体遇热改易记》

他 9 岁读《九章算术》，开始对数学发生兴趣。14 岁自学完《几何原本》前 6 卷。30 岁以后在数学方面造诣渐深，取得了一系列重要成就，例如创立了"尖锥术"，导出了三角函数、反三角函数、对数函数的幂级数，系统总结了中国垛积术，发明了现代组合数学中颇为重要的李善

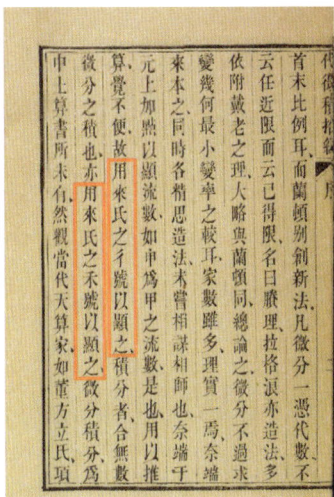

李善兰翻译的《代微积拾级》内页

江南制造总局炮厂内景

兰恒等式。

1852年夏，李善兰来到上海，和人合作翻译西方近代数学书籍。1861年秋，进入曾国藩幕府。

1868年担任北京同文馆天文算学总教习，直到1882年逝世。

徐寿（1818—1884），字生元，江苏无锡县（今江苏无锡）人，我国近代化学研究先驱。

19世纪50年代中期，徐寿开始接受西方科技，他制造仪器，进行各种化学实验。

他在曾国藩幕府中工作，于1863年造出我国第一艘汽船。1868年后，他主要从事翻译工作，直到逝世。

华蘅芳（1833—1902），字若汀，江苏无锡县（今江苏无锡）人。

华蘅芳的主要贡献也在数学和翻译科学书籍方面。1861年到安庆曾国藩处做幕僚。

1865年，前往上海，筹办江南制造总局。1868年和外国传教士合作翻译科技书籍，内容包括地质、气象、机械和军兵等各个方面。

詹天佑
修筑京张铁路

詹天佑（1861—1919），字眷诚，广东南海人，原籍徽州婺源（今属江西省），是我国近代杰出的铁路工程师。

詹天佑出生于一个普通茶商家庭，小时候就对机器十分感兴趣。1872 年他考取幼童出洋预备班，赴美学习；1878 年以优异的成绩毕业于纽哈芬希尔豪斯中学，同年考入耶鲁大学土木工程系，专攻铁路工程。

在大学期间，詹天佑学习勤奋，在毕业考试中名列第一。1881 年回国的 120 名中国留学生中，获得学位的只有两人，詹天佑是其中一个。

回国后的詹天佑被派往福州水师学堂学习驾驶海船。1882 年 11 月又被派往旗舰"扬武"号担任驾驶官。在 1884 年爆发的中法马尾海战中，詹天佑表现勇敢沉着，获得官兵的一致称赞。1886 年，詹天佑应用西方

↗ **詹天佑旧照**

69

测绘技术测量中国沿海地势，并绘出沿海险要图，经张之洞之手献给清政府。

1888年，詹天佑被调到唐津铁路担任工程师，从此开始了以自己所学专业报效国家的事业，为我国早期的铁路建设做出了巨大的贡献。

在这段时间，詹天佑做了很多工作，尤其以建造滦河大桥工程最为出色。当时天津到山海关的津榆铁路修到了滦河，需要造一座横跨滦河的铁路桥。由于桥基的地质复杂，再加上水涨流急，打桩非常困难。

总工程师英国人金达束手无策，只好聘请日本和德国的工程师，但都以失败而告终。在走投无路的情况下，只好找詹天佑来试试。詹天佑经过仔细的地质勘测后，决定选择新桥址。他认真分析总结了三个外国工程师失败的原因，在桥墩的施工上采用了"压气沉箱法"，终于顺利打好桥基，完成了大桥的全

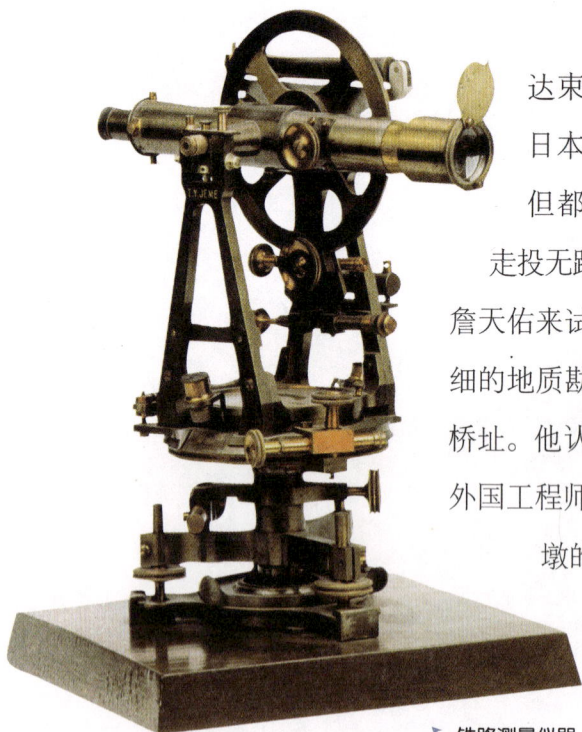

铁路测量仪器

部工程。

这是我国第一座近代铁桥，全长 305 米。这件事在当时非常轰动，让每个中国人都觉得扬眉吐气：一个中国工程师居然解决了三个外国工程师都无法解决的大难题。

1894 年，詹天佑因为在铁路工程中的出色成就，入选英国工程师学会，成为该学会的会员。

詹天佑做出的最大成就是主持建成了京张铁路。这项工程使中国人民和工程技术界都非常自豪，极大地激励了民族士气。

1905 年，清政府决定兴建北京至张家口的京张铁路。英俄都想乘机插手，他们找出各种借口要挟，但是因为中国人民的强烈反对，他们的企图没能得逞。

为了民族利益，詹天佑承担了修建京张铁路的任务。

消息传出后，一些帝国主义分子嘲笑挖苦道："中国能够修筑这条铁路的工程师还在娘胎里没出世呢！中国人想不靠外国人自己修铁路，就算不是梦想，至少也得 50 年。"

中国早期铁路修建史

1863 年，上海有人首次提出修建铁路的建议，未被采纳。1865 年，英国人杜兰德在北京修建了 1 千米左右的小铁路，被政府限期拆除。1876 年，中国修造第一条铁路（上海至吴淞口），全长 20 千米，行车时速达 24 千米（最高时速 40 千米），后被政府以 28 万两白银买下拆除。1905 年詹天佑主持修建的京张铁路是中国人自己首次修建的铁路。

他们攻击詹天佑"狂妄自大""不自量力"。

面对这些不堪言论，身为总工程师的詹天佑顶住了压力，他坚定地说："中国已经醒过来了，中国人要用自己的工程师和自己的钱来建筑铁路。"他坚持不用一个洋人，完全靠中国自己的技术力量来完成勘测、设计和施工建造。他还勉励现场的工程人员说："全世界的眼睛都在望着我们，必须成功！"

京张铁路长约200千米，要经过长城内外的燕山山脉，中隔崇山峻岭，地势非常险要。詹天佑带着测量队，不辞辛苦，终于勘测出了经过南口、居庸关、八达岭的线路。

京张铁路最困难的是八达岭隧道工程。为了确保提前建成，八达岭隧道采用分段施工的方法。詹天佑还创造性地运用了"折返线"的原理，在山多坡陡的青龙桥修筑一

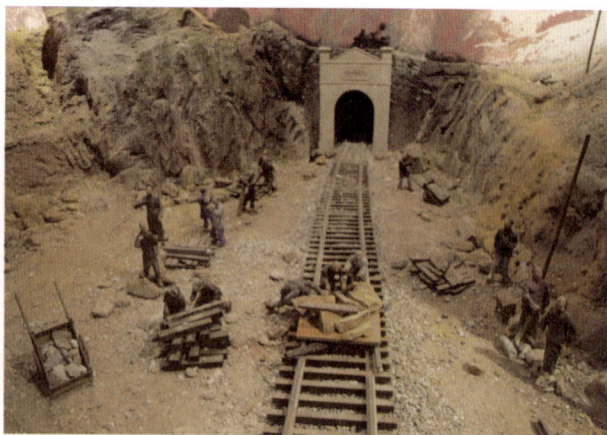

↗ 詹天佑纪念馆里模拟的当年修建铁路的场景

1911 年前全国主要铁路干线

线路名称	施工日期	险要工段
京沈线(北京——沈阳)	1881—1911年	滦河大桥305米
京汉路(北京——汉口)	1896—1906年	黄河大桥3031米、鸡公山山洞
津浦路(天津——南京)	1908—1911年	黄河大桥1245.3米、淮河大桥375米
沪宁路(上海——南京)	1903—1908年	镇江炮台山山洞306米
京张铁路(北京——张家口)	1905—1909年	居庸关山洞367米、八达岭山洞1091米
哈大线(哈尔滨——大连)	1898—1901年	松花江二铁桥2090米、690米

段"人"字形线路，火车以回转运行的办法可以顺利穿越八达岭高峰。这种设计既解决了最困难的越岭问题，又降低了工程造价。

京张铁路于 1909 年 8 月建成，原计划 6 年完成，结果只用了 4 年就提前完工，工程费用只有外国人估价的 1/5。整个工程确实实现了开始提出的"花钱少，质量好，完工快"三项要求。

京张铁路建成后，詹天佑继续在中国铁路建设上发挥光和热，后因积劳成疾，不幸于 1919 年病逝。周恩来曾高度评价詹天佑的功绩，说他是"中国人的光荣"。

裴文中、贾兰坡等
与周口店考古

Zhou Kou Dian Kao Gu

1918年，瑞典地质学家、考古学家安特生在北京周口店火车站东南大约4千米的鸡骨山顶部发掘到了猫、豪猪、兔、鹿等动物化石。这个发现引起了安特生的特别注意。

1921年，安特生和奥地利古生物学家斯丹斯基来到周口店龙骨山的北坡进行了小规模的发掘。

两年以后，斯丹斯基又进行了短期的试掘，发现了两枚牙齿。

↗北京人复原模型

此图是根据历年所出土的北京人遗骨化石，经过科学研究复原的模型。

1926年，他在瑞典皇太子访华的欢迎会上，宣布了这一考古发现。加拿大籍解剖学家步达生对其中一枚牙齿进行了详细研究，提出了一个古人类新种属，即"北京人"。

然而，仅凭牙齿化石就建立新的人类属种的说法引起了国际上许多人类学权威的质疑。

步达生与中国方面取得联系，组成联合考古队，并达成协议：采集到的一切标本归中国所有。

考古发掘有条不紊地进行着，因为考虑到天气条件，发掘只在春秋两季进行。

1929 年 12 月 2 日，毕业于北京大学地质系的裴文中在一个山洞里发现了第一个"北京人"头盖骨。国际学术界生动地称它为"古人类全部历史中最有意义、最为动人的发现"。

1936 年 11 月，贾兰坡在 11 天之内连续发现三个头盖骨，其中的一个头盖骨非常完整，连神经大孔的后缘部分和眉骨上部及眼孔外部都有。

这个发现很快震动了当时的国际学术界。

此后，大规模的发掘工作一直延续到 1937 年卢沟桥事变才告一段落。

"北京人"考古

早在旧石器时代早期，"北京人"已懂得用岩石制作石器，用它作为武器或原始的生产工具，在与大自然的斗争中改造自己。学会使用原始的工具从事劳动，这是人和猿的根本区别所在。

在"北京人"居住过的洞穴里，发现厚度达 4～6 米、色彩鲜艳的灰烬，表明"北京人"已懂得使用火，这是人类由动物界跨入文明世界的重要标志。

对"北京人"及其周围自然环境的研究表明，50 万年前北京的地质地貌与现在已没有太大差别，在丘陵山地上密布着森林群落，栖息着多种动物，其中有鸵鸟和骆驼。这为研究北京生态环境变迁史提供了依据。

"北京人"的发现与研究，解决了"直立人"究竟是猿还是人的争论。事实表明，"直立人"处于从猿到人进化序列的中间环节。"直立人"的典型形态以周口店"北京人"为准则。

周口店的大规模正式发掘起自 1927 年，止于 1937 年，十余年间共发现了 200 多件猿人化石和山顶洞人化石，上万件石制品，还有大量的用火遗迹和哺乳动物化石。在地球漫长的历史长河中，周口店曾生活着距今 20 万至 70 万年属直立人的北京猿人，距今 10 万年左右的新洞人，距今 2 万到 7 万年的山顶洞人。

地质时代从早更新世至晚更新世，时间跨度从 500 万年前到距今 1 万多年前止。

周口店"北京人"遗址作为中国主要古人类文化遗址，位于北京西南约 50 千米处（房山区周口店村西的龙骨山）。它的地理坐标是北纬 39 度 41 分，东经 115 度 51 分。遗址面积约 0.24 平方千米，其中核心区 1.2 平方千米，保护区 2 平方千米，环境影响区 6 平方千米。

周口店遗址是一处有关人类起源与进化研究的圣地。它是世界上同时期古人类遗址中内涵最丰富、材料最齐全和最有科研价值的一个，也是唯一保存了纵贯 70 万年的史前人类活动遗迹的遗址。

周口店遗址在古人类学和第四纪地质学研究中占据着十分重要的地位。

尤其是"北京人"第一颗头盖骨的发现以及相继的遗物与遗迹的发现，在古人类研究史上具有划时代的意义。它彻底结束了困扰科学界近半个世纪的直立人是人还是猿的旷日持久的争论。

　　而北京人用火遗迹的发现，将人类用火的历史向前推进了数十万年。

　　迄今为止，在周口店遗址已发现的"北京人"化石包括：头盖骨6个，下颌骨15件，牙齿157枚，股骨7段，胫骨1段，肱骨3段，锁骨和月骨各1件，还有一些面骨和头骨碎片。这些化石分属于约40个个体。

　　通过对这些化石复原和研究，考古学家描摹出北京猿人的体貌特征：头部的原始性比较明显，其特点是头盖骨较

↙龙骨山洞穴

厚，额骨低平，鼻子宽扁，眉脊骨高突，吻部前伸，下颌骨前部向后方倾斜。北京猿人的脑量为 915 ～ 1250 毫升，是直立人。

据论证，北京猿人的双手和现代人已经基本相同，下肢能够直立行走，但仍然有些弯曲。他们的寿命相当短，绝大多数死于 14 岁以前，超过 50 岁的人极少。

北京猿人过着采集和狩猎的穴群居生活。由于条件险恶，单独的个人是难以生存的，只有联合起来结成不可分割的整体，才能够生存下来。

由此看来，当时的北京猿人已经有了人类最初的社会组织。

1941 年 12 月，太平洋战争爆发之际，"北京人"化石及大批动物化石、石器在转运过程中离奇失踪，成为世人瞩目的重大悬案。

周口店"北京人"遗址化石地点分布

第 1 地点：猿人洞。在猿人洞中共发现 98 种哺乳动物化石。

第 2 地点：在"北京人"展览馆以西大约 500 米。出土的动物化石有中国鬣狗、肿骨鹿、犀牛、野猪、鼠类等。时代是中更新世。

第 3 地点：在猿人洞西南大约 400 米。出土的动物化石有黑熊、洞熊等 56 种哺乳动物，时代是中更新世晚期。

第 4 地点：在龙骨山的南坡，距猿人洞大约 70 米。

第 5 地点：在周口店火车站以南，距离猿人洞大约 800 米。动物化石有鼠类等。时代为中更新世。

第 6 地点：在周口店火车站东南大约 4 千米，鸡骨山顶部。化石有猫、豪猪、兔、鹿等。时代为中更新世中期。

第 7 地点：在猿人洞南方大约 1 千米。出土的化石包括鬣狗、肿骨鹿、李氏野猪等。时代为中更新世中期。

第 8 地点：在周口店火车站以东。出土有马牙和一些碎骨的化石。时代为中更新世。

第 9 地点：在猿人洞以南，高出坝儿河河床大约 55 米。出土化石有中国鬣狗、虎、披毛犀、三门马等。时代为中更新世早期。

第 10 地点：在第 3 地点以东。出土化石有维氏狒狒、剑齿虎等。时代为早更新世。

第 11 地点：在猿人洞以南大约 1 千米。（现在不存在）

第 12 地点：又称鱼化石地点，在遗址以南大约 1.5 千米的一个山梁上。

第 13 地点：在第 4 地点以东大约 10 米。出土的动物化石除鸟类外，还有 33 种哺乳动物。

第 14 地点：在第 12 地点西北。出土的化石有披毛犀、三门马等 5 种哺乳动物。时代为中更新世。

第 15 地点：在第 12 地点东北大约 60 米处。时代为中更新世末期或晚更新世初期。

第 16 地点：是第 4 地点以西龙骨山东坡高处的顶盖堆积。

第 17 地点：在猿人洞东北大约 2 千米。

第 18 地点：也叫天仙背洞口，在周口店西北 25 千米。动物化石有豹、羊等。时代为晚更新世晚期。

第 19 地点：在第 12 地点以南大约 500 米的对面山坡上。动物化石有斑鬣狗、虎、棕熊等。时代为中更新世末期或晚更新世初期。

第 20 地点：地名叫大茔艿，在第 18 地点以南 2.5 千米的南山坡上。出土的化石有棕熊、普通刺猬等。时代为中更新世末期或晚更新世初期。

李四光
创立地质力学

李四光（1889—1971），原名仲揆，湖北黄冈人，我国著名的地质学家。

李四光出生于一个贫寒的家庭，1902 年入武昌高等小学堂，在填写报名单时，误将姓名栏当成年龄栏，写了"十四"。他发觉后，已经不能再改了，于是灵机一动，"十"添上几笔改成了"李"字。可是"李四"这个

↗ 李四光

名字不好听，这时候他抬头看见中堂上挂有一块匾，上面写着"光被四表"，就在"李四"后加了一"光"字，从此就有了个更加响亮的名字：李四光。

1904 年 7 月，李四光被破格选送到日本留学，1910 年 7 月毕业回国。在留日期间，李四光加入了同盟会，孙中山抚摸着他的头说："你年纪这么小就参加革命很好，你要努力向学，蔚为国用。"当时他年仅 16 岁。

1911 年 9 月，李四光参加清政府的留学毕业生考试，获得最优等的成绩，赐工科进士，成为我国历史上最后一批进士之一。

民国成立后，李四光担任湖北军政府实业部部长。后来因为目睹袁世凯杀害革命党人，于是辞掉职务，决心留学英国。

1913 年 10 月，李四光到英国伯明翰大学学习采矿和地质，于 1918 年获得自然科学硕士学位。

1920 年回国，到北京大学担任地质系教授。1921 年升为北大地质系主任，期间带领学生在河北和山西等地野外实习，在太行山东麓首次发现中国第四纪冰川。

当时，国际上一直充斥着中国内地第四纪无冰川的谬论。为了证明中国有第四纪冰川的遗迹，李四光走遍了长江

↗ 李四光在野外做地质考察。

地质力学里地面形迹构造的三种类型

李四光认为，现存于地球表面的一切形变（构造）现象，其方位、形体特征等，对地球自转轴来说，都是有规律的。这些有联系的构造形迹，按照一定形式组合起来，形成一个特殊的体系，即构造体系。构造体系可分为三种类型：（1）纬向构造体系。在中国境内有三条东西走向的构造带，即天山－阴山东西构造带、昆仑山－秦岭东西构造带和南岭东西构造带。（2）经向构造体系。（3）各种扭动构造体系。包括山字形构造、多字形构造、人字形构造、棋盘格式构造、旋扭构造以及各种旋卷构造等。

中下游、江西庐山、安徽黄山和华南等地，经过深入考察，收集到很多证据，发表了一系列关于中国第四纪冰川的文章。

他考察出庐山是"中国第四纪冰川的典型地区"。他的成果得到了国际科学界的承认。中国第四纪冰川理论的确立，是我国第四纪地层学和气候学研究上的一个重要里程碑。

1928年，李四光担任民国政府中央研究院地质所所长，1929年被英国伦敦地质学会选为国外会员，1931年被伯明翰大学授予自然科学博士学位，1934年应邀赴英国伯明翰大学和剑桥大学讲学，1936年回国后继续进行地质考察和研究工作。

1947年7月，李四光赴英国参加第18届国际地质大会，第一次应用他创立的地质力学理论，做了题为《新华夏海之起源》的学术报告，引起了强烈反响。从此，地质力学这门新学科正式进入世界科技殿堂。

此后，李四光得知新中国成立的消息，冲破国民党反动派的阻挠，于1950年初回到祖国的怀抱。

回国后，李四光担任了新中国的地质部部长，做了大量的地质研究、勘探工作，探明了数以百计的矿种及其储量。他运用地质力学理论成功找到油田，使我国一举摘掉了贫油国的帽子。

李四光长期从事古生物学、冰川学和地质力学的研究，在鉴定古生物化石、发现中国第四纪冰川遗迹和创立地质力学等方面贡献卓著。

他还开创了许多新的领域，包括同位素地质、构造带地质化学、岩石蠕变及高温高压实验、地应力测量、地质构造模拟实验等。

纵观其一生，在科学史上最大的贡献，莫过于创立了地质力学这一新兴边缘学科，这也是他凝注心血最多的一门学科。

地质力学是一门研究岩石变形和破坏的学科。它是运用力学的观点研究地壳的各种构造体系和形式，进而追索地壳运动的起源。

地质力学的研究，对于矿产的分布规律、工程地质、地震地质等方面问题的解决具有重要的指导意义。李四光的地质力学思想较系统地体现在他所著的《中国地质学》《地质力学的基础与方法》《地质力学概论》等著作中。

侯德榜
与侯氏制碱法

侯德榜（1890—1974），名启荣，字致本，福建省闽侯县人，我国著名科学家、杰出的化工专家。

侯德榜在化学工业史上以独创的制碱工艺闻名，是新中国重化学工业的开拓者，被称为"国宝"。

侯德榜出生在一个普通农家，

↗ 侯德榜像

自幼半耕半读，勤奋好学，有"挂车攻读"之美名。1903年，侯德榜得到姑妈资助到福州英华书院学习，于1906年毕业。1907年，他考入上海闽皖铁路学院，1910年毕业后在英资津浦铁路当实习生。

在这一时期，侯德榜目睹了帝国主义凭借技术优势对贫穷落后的中国人民进行的残酷剥削与压榨，立志要学好科学技术，走工业救国的道路。

1911年，侯德榜考入北京清华留美预备学堂，以10门功课1000分的成绩誉满清华园。

1913年，他被保送美国麻省理工学院，1916年毕业，获学士学位。再入普拉特专科学院学习制革，次年获制革化学师文凭。1918年，又入哥伦比亚大学研究院研究制革，并于1919年获硕士学位。1921年，他以《铁盐鞣革》的论文获该校博士学位。他的论文在《美国制革化学师协会会刊》连载，全文发表，成为制革界至今广为引用的经典文献之一。

1921年，侯德榜接受爱国实业家范旭东的邀请，回国担任永利碱业公司的技师长（即总工程师）。他知道创业之初需要实干精神，于是脱下西服，换上了蓝布工作服和胶鞋，同工人一起工作。经常是哪里出现问题，他就出现在哪里。

当时在制碱行业，帝国主义实行技术垄断，中国在技术方面一片空白。侯德榜认真研究，终于揭开了索尔维制碱法的秘密，打破了洋人的技术封锁。

1926年，永利碱厂终于生产出合格的纯碱，命名为"红三角"牌中国纯碱。在当年美国费城举办的万国博览会上，"红三角"牌纯碱一举获得了金质奖章，被誉为"中国工业进步的象征"。

侯德榜摸索到索尔维制碱法的奥秘，本可以高价出售专利而大发其财，但是他并没有这样做。跟范旭东想法一样，侯德榜主张把这一秘密公布于众，让世界各国人民共享。侯德榜把制碱法的全部技术和自己的实践经验写成专著《制碱》，1932年在美国出版。

永利碱厂投入正常运行后，永利公司计划筹建永利硫

侯氏联合制碱法

根据 NH_4Cl 在常温时的溶解度比 $NaCl$ 大，而在低温下却比 $NaCl$ 溶解度小的原理，在 278K～283K（5℃～10℃）时，向母液中加入食盐细粉，而使 NH_4Cl 单独结晶析出供做氮肥。

此法优点：保留了氨碱法的优点，消除了它的缺点，使食盐的利用率提高到 96%，NH_4Cl 可做氮肥；可与合成氨厂联合，使合成氨的原料气 CO 转化成 CO_2，省却了 $CaCO_3$ 制 CO_2 这一工序。

酸铵厂。侯德榜又开始了从无到有的"创业"历程，跟外商谈判，选购设备，终于在 1937 年，硫酸铵厂首次试车成功，并很快成为亚洲一流的化工厂。

日本侵略者看中硫酸铵厂的军事价值，先后三次重金收买侯德榜和范旭东。

侯、范二人明确表示："宁肯给工厂开追悼会，也决不与侵略者合作。"日本侵略者恼羞成怒，派飞机对碱厂进行狂轰滥炸。

在这种严峻的情况下，侯德榜当机立断，组织技术骨干和老工人转移，并把重要机件设备拆运西迁。

1938 年，永利公司在四川岷江岸边的五通桥组建永利川西化工厂，侯德榜担任厂长兼总工程师。当时四川的条件不适于沿用索尔维制碱法。

侯德榜决心改进索尔维制碱法，开创出更先进的技术来。他认真总结了索尔维法的优缺点，发现其缺点在于，两种原料组分只利用了一半，即食盐（NaCl）中的钠和石灰（CaCO₃）中的碳酸根结合成纯碱（Na₂CO₃），另一半组分食盐中的氯却和石灰中的钙结合成了氯化钙（CaCl₂），没有用途。

针对这些缺陷，侯德榜创造性地设计了联合制碱新技术。这个新技术是把氨厂和碱厂建在一起，联合生产。由氨厂提供碱厂需要的氨和二氧化碳。母液里的氯化铵用加入食盐的办法结晶出来，作为化工产品或化肥。食盐溶液又可以循环使用。

联合制碱法于 1941 年研究成功，1943 年完成半工业装置试验。这一技术是侯德榜在艰苦环境中经过 500 多次循环实验，分析了 2000 多个样品，才最终成功的。新工艺使得食盐的利用率从 70% 一下子提高到 96%，也使原来无用的氯化钙转化成化肥氯化铵，解决了氯化钙占地毁田、污染环境的难题。

该方法把世界制碱技术水平推向了一个新高度，赢得了国际化工界的高度评价。1943 年，中国化学工程师学会一致同意将这一新的联合制碱法命名为"侯氏联合制碱法"。

新中国成立后，侯德榜继续在化工领域努力工作，他还设计了碳化法制造碳酸氢铵的新工艺，为我国的化肥工业发展做出了巨大贡献。

1958 年，侯德榜出任化学工业部副部长，当选为中国科学技术协会副主席。之后，侯德榜提出了碳化法合成碳酸氢铵的化肥新工艺，亲自领导示范厂的设计、施工、试验和改进，于 1965 年获得成功。

1972 年以后，侯德榜日渐病重，行动不便，仍多次要求下厂视察，帮助解决技术问题，还多次邀请科技人员到家里开会，讨论小联碱技术的完善与发展等问题，呕心沥血，直至生命的最后一息。

侯德榜的一生充满传奇色彩，备受敬重，但在"文革"中也难以置身事外，致使他一度无法工作。带着疑惑与苦闷，他于 1974 年 8 月 26 日在北京病逝。

侯德榜著书立说

《制碱》一书于 1932 年在纽约列入美国化学学会丛书出版。这部化工巨著第一次彻底公开了索尔维法制碱的秘密，被世界各国化工界公认为制碱工业的权威专著，相继译成多种文字出版，对世界制碱工业的发展起了重要作用。美国的威尔逊教授称这本书是"中国化学家对世界文明所做的重大贡献"。

《制碱工学》是侯德榜晚年的著作，也是他从事制碱工业 40 年经验的总结。全书在科学水平上较《制碱》一书有较大提高。该书将"侯氏制碱法"系统地奉献给读者，在国内外学术界引起强烈反响。

茅以升 | 建造钱塘江大桥

茅以升（1896—1989），字唐臣，江苏镇江人，国际著名土木工程学家和桥梁专家。

茅以升出生于经商世家，祖父茅谦曾是举人。茅以升出生不久就随家迁居到南京。他6岁读私塾，7岁到思益学堂就读，9岁入江南商业学堂。

1911年，茅以升考入唐山路矿学堂。1912年，孙中山到该校演讲，坚定了茅以升走"科学救国""工程建国"道路的决心。他学习刻苦，成绩优异，每次考试成绩都是全班第一。1916年，茅以升通过了美国康奈尔大学的研究生入学考试，随后赴美。他的成绩非常优秀，令该校教授们大为惊讶和赞叹。茅以升仅用一年就获得硕士学位。在毕业典礼上，校长当场宣布：今后凡是唐山工业专门学校（原唐山路矿学堂）的研究生一律免试注册。硕士毕业后，茅以升经导师贾柯贝介绍，到匹兹堡桥梁公司实习，并利用业余时间到卡内基理工学院夜校攻读工学博士学位，1919年成为该校首名工学博士。博士论文《桥梁桁架次应力》的创见被称为"茅氏定律"，荣获康奈尔大学优秀研究生"斐蒂士"金质研究奖章。

1920 年，茅以升回国，出任交通大学唐山学校（原唐山路矿学堂）教授，成为国内最年轻的工科教授。次年，升为交通大学唐山学校副主任（副院长）。

1922 年 7 月，茅以升

受聘到国立东南大学担任教授。1923 年，该校设立工科，他成为首任主任。1924 年，东南大学工科与河海工程专门学校合并，成立河海工科大学，茅以升任首届校长。1926 年，他担任北洋大学教授。1928 年，任北平大学第二工学院（即北洋工学院）院长。1930 年，任江苏省水利局局长，主持规划象山新港。1932 年，重回北洋大学任教。1933 年，茅以升接受浙江省的邀请，担任钱塘江桥工委员会主任委员、钱塘江桥工程处处长，他用不到两年半的时间建成了钱塘江大桥。1942 年，茅以升赴贵阳任桥梁设计工程处处长，负责筹备中国桥梁公司。

新中国成立后，茅以升担任铁道技术研究所所长（后为院长），为我国早期的铁道科研事业做出了巨大的贡献。在桥梁方面，他参与建设了新的钱塘江大桥和武汉长江大桥。

茅以升在科学上的突出成就是在造桥方面。

我国古代造桥技术非常高超，一度居于世界领先水平，可是到了近代，世界造桥史上再也没有出现过中国人的名字，近代化的大桥似乎都是外国人的专利。

我国境内的山东济南黄河大桥是由德国人修建的，安徽蚌埠的淮河大桥是由英国人修建的，黑龙江的松花江大桥是由俄国人修建的，广州的珠江大桥是由美国人修建的。

茅以升打破了外国人垄断中国近代化大桥设计和建造的局面，在中国近代桥梁史上具有划时代的意义。

1933 年，茅以升担任钱塘江桥工委会主委，他独立设计出了 6 个方案，最后一举夺标。这是中国人第一次自行设计和建造的中国第一座现代化大桥，其意义可想而知。

钱塘江又称钱江，地处入海口，水文情况复杂。尤其是潮头壁立的钱江潮与随水流变迁无定的泥沙，是建桥面临的

科普作家茅以升

茅以升学术精湛，著述颇丰，除专业著作外，还写了大量的科学读物，如《五桥颂》《二十四桥》《人间彩虹》《中国的石桥》等，毛泽东称赞他说："你的《桥话》（载于 1963 年《人民日报》）写得很好！你不但是科学家，还是个文学家呢！"在他发表的 200 多篇论著中，有关科普工作的论著和科普文章约占 1/3。他的《没有不能造的桥》一文荣获 1981 年全国新长征科普创作一等奖。

↗ 茅以升旧照

↗ 钱塘江大桥

两大难题。茅以升经过研究和设计，采用"射水法""沉箱法""浮运法"等解决了建桥过程中的一个个技术难题，保证了大桥工程的进展。除了这些困难外，他们还要应付日本飞机的轰炸。在解决大桥的最后一个技术问题时，茅以升进入 6 号墩的沉箱里面，刚好碰上日军轰炸，幸亏及时停电，才化险为夷。

在钱塘江大桥的建造过程中，茅以升对建桥的每一道工序都仔细检查，大到钢梁的架设，小到每一颗螺钉，都有严格的检查程序，确保了大桥的质量和安全。长 1453 米、耗资 160 万美元修建的钱塘江大桥因为日本进攻杭州而被迫炸毁，存在了仅仅 89 天。抗战胜利后，茅以升又组织施工人员修复大桥，使钱塘江大桥得以重新飞跨在钱塘江的波涛之上。

茅以升建造钱塘江大桥，在我国近代桥梁史上留下了光辉灿烂的一笔。茅以升对我国桥梁事业的贡献也将为人们所铭记。

中国"克隆之父" 童第周

童第周（1902—1979），字蔚孙，浙江宁波人，20世纪中国著名的生物学家。

童第周出生在一个农民家庭，他幼年丧父，家境清贫，全靠兄长抚养。1918年，童第周进入宁波师范读书，他学习勤奋，以优异的成绩考入省内名望极高的宁波效实中学三年级做插班生。

在效实中学，童第周因为基础薄弱，开始时成绩全班倒数第一，但是他没有灰心。他经常在同学们就寝之后，在路灯光下努力学习，到期末考试的时候，他的成绩已经是全班第一了。当时的校长陈夏常感叹道："我当了多年校长，从来没有看到过进步这么快的学生！"后来童第周回忆说："在效实中学的第一，对我一生有很大影响。那件事使我知道自己并不比别人笨，别人

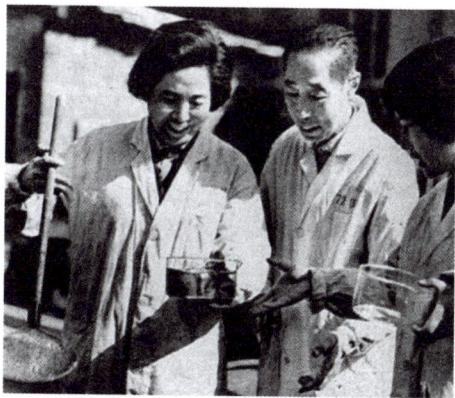

↗ 童第周在实验室工作图

能做到的，我经过努力也一定能做到。世上没有天才，天才是用劳动换来的。"

这件对童第周一生都有影响的事情反映出了他年纪轻轻就很有志气，这种志气使他在以后的科学之途上通过努力获得了令世人瞩目的成就。因为他相信通过自己的努力，别人能做到的事情，他也能做到，而且可以做得更好。

1922年，童第周考入复旦大学，就读于哲学系心理学专业。1927年毕业后，由中央大学生物系主任蔡堡推荐，任中央大学生物系助教。1930年，童第周由亲友资助到比利时留学，师从布鲁塞尔大学著名的胚胎学家布拉舍教授，并于1934年获博士学位。留学期间，他总是在默默地做实验，他的生物学天分引起了另一位导师达克教授的注意。1931年夏天，在法国的海滨实验室，童第周顺利完成了海鞘卵子外膜剥离实验，获得了在国际生物学界声誉很高的李约瑟的赞赏。"九·一八"事变发生后，童第周出于爱国和抗日热情，带头到日本驻布鲁塞尔使馆进行抗议，受到比利时警方的威胁。

1934年7月，童第周放弃国外优厚的条件，回到祖国，任教于国立山东大学生物系。1937年抗日战争爆发后，他随山东大学内迁到四川万县。1938年山东大学解散，他辗转了很多地方。1941年11月，童第周受聘于同济大学。在离乱的日子里，他在经典胚胎学基础理论研究上取得重大突破，引起了国际瞩目。1942年底，李约瑟访问中国，参观了童第周简陋的实验室，对他在如此简陋的条件下获得如此巨大的成就表示惊叹。1946年，童第周担任山东大学动物学系教授和系主任。1948年，当选中央研究院院士。同年，应美国洛氏基金会邀请到美国耶鲁大学任客座研究员，1949年3月回国。

↗ 1955年，中国科学院成立学部，童第周（右二）同科学家同行们讨论工作。

童第周为克隆技术做出的贡献

1997年，一头名叫多利的绵羊在英国出世。它是第一例体细胞克隆成功的哺乳动物，轰动了世界。其实，童第周从1958年就开始了克隆技术的研究工作，当时他们称之为"细胞核移植"。1963年，童第周成功地进行了鱼的克隆，他的成果代表了当时国际同类研究的最高水平。他的下一个目标是更高等的哺乳动物。可是这个目标被"文革"打断，最终未能实现。近年，童第周的学生杜淼和陈大元成功克隆了兔子、山羊、牛、大熊猫等动物，也算完成了他的夙愿。

新中国成立后，童第周继续担任山东大学动物系教授兼系主任。1950 年他受聘兼任中国科学院实验生物研究所副所长和中国科学院水生生物研究所青岛海洋生物研究室主任。1957 年担任中国科学院海洋生物研究所所长。1977 年出任中国科学院动物研究所细胞遗传学研究室主任。1978 年任中国科学院副院长。童第周在"文革"中受到迫害，科学研究工作被迫中断很长时间。

1979 年 3 月，童第周病逝于北京。

童第周毕生致力于生物研究，工作起来一丝不苟，六七十岁了还坚持自己动手做实验，用他自己的话说，科学家不自己动手做实验就变成科学政客了。学生们到实验室几乎永远都能看到童第周。他端坐在显微镜前，似乎和这些仪器一样成为实验室不可缺少的一部分。童第周的辛勤努力使他在实验胚胎学、细胞生物学等方面取得了创造性的成果。他的研究工作始终居于国内外同类研究的先进行列。他在两栖类胚胎发育研究、文昌鱼的发现及其胚胎发育机理的研究、鱼类的胚胎发育能力和细胞遗传学研究，尤其是在生物遗传学理论的研究中都有杰出的贡献。他培育出的兼具金鱼和鲫鱼性状的"单尾金鱼"被称为"童鱼"。

童第周以他杰出的生物学研究方面的贡献，当之无愧成为我国实验胚胎学的主要创始人之一。

数学大师
华罗庚

华罗庚（1910—1985），江苏常州人，中国现代数学家，也是我国在世界上最有影响的数学家之一。

华罗庚出生于一个贫穷的家庭，父亲以开杂货铺为生。华罗庚自幼喜爱数学，常常因为思考问题过于专心而被同伴们戏称为"罗呆子"。

1921年，华罗庚进入金坛县立初中，他的数学才能被老师王维克发现，王维克尽心尽力地培养这位有着独特天赋的数学奇才。

1924年，华罗庚初中毕业后，升入上海中华职业学校，但因为交不起学费而中途退学。

↗ 华罗庚像

辍学回家的华罗庚，开始一边帮着父亲经营杂货铺，一边顽强地自学数学。他每天学习达10个小时以上，有时睡到半夜，想起一道数学难题的解法，也会翻身起床，点亮油灯，把解法记下来。

经过5年的努力拼搏，华罗庚终于学完了高中和大学低年级的全部数学课程。

1928 年，华罗庚不幸染上伤寒病，全靠新婚妻子的照料才得以保住性命，但是却落下左腿的终身残疾。

在贫病交加中，华罗庚始终没有放弃数学研究，他接连发表了好几篇重要的论文，引起清华大学熊庆来教授的注意。

1931 年，在熊庆来教授的帮助下，华罗庚来到清华大学数学系，担任一名助理研究员。他用一年半的时间学完了数学系全部课程，还自修了英文和德文，能用英文写论文。在这期间，他在国外杂志上发表了三篇论文，被清华大学破格聘为助教。

1936 年夏，华罗庚被保送到英国剑桥大学进修，两年之内发表了十多篇非常有价值的论文，博得国际数学界的赞赏。

1938 年，华罗庚回国，担任西南联合大学教授。在昆明郊外一间牛棚似的小阁楼里，他写出了 20 世纪的数学经典论著《堆垒素数论》。

1946 年 3 月，华罗庚应邀访问苏联。同年 9 月，应纽约普林斯顿大学邀请去美国讲学。1948 年，华罗庚被美国伊利诺依大学聘为终身教授。

1949 年，华罗庚毅然放弃国外的优裕生活，于 1950 年 3 月携全家回到祖国。他先后担任了清华大学数学系主任、中科院数学所所长等职。

期间华罗庚对于人才的培养格外重视，发现和培养了王元、陈景润等数学人才。特别是他发现陈景润更是数学界的一段佳话。是他亲自把陈景润从厦门大学调到中科院数学研究所。

1958 年，华罗庚担任中国科技大学副校长兼数学系主任。从 1960 年开始，华罗庚在工农业生产中推广统筹法和优选法，足迹遍及 27 个省、市、自治区，为新中国创造了巨大的物质财富和经济效益。

1978 年 3 月，他被任命为中科院副院长，1984 年又以全票当选为美国科学院外籍院士。

1985 年 6 月 12 日，华罗庚应邀到日本东京大学做学术

华罗庚的恩师熊庆来

熊庆来（1893—1969），字迪之，云南省弥勒市人，我国著名数学家、数学教育家，东南大学数学系创始人。1907 年考入云南高等学堂。1913 年以第 3 名考取云南留学生，1913—1914 年在比利时包芒学院预科学习，1915—1920 年在法国留学，1921 年初回国任教。1926 年秋，应邀担任清华学校教授。1929 年，主持开设清华大学算学研究所，次年录取陈省身等为研究生。1931 年召华罗庚至清华大学任助理研究员。1949 年 9 月，随梅贻琦团长赴巴黎出席"联合国教科文组织"第四次大会，会议结束后暂留巴黎做研究工作。1957 年 6 月回到北京，后死于"文革"中。熊庆来的突出贡献是建立了无穷级整函数与亚纯函数的一般理论。

报告，原定 45 分钟的报告在经久不息的掌声中延长到一个多小时。结束讲话时，他突然心脏病发作，不幸逝世。

华罗庚在数学方面贡献巨大。他一生主要从事解析数论、矩阵几何学、典型群、自守函数论、多复变函数论、偏微分方程、高维数值积分等领域的研究，并取得了突出的成就。华罗庚在 20 世纪 40 年代就解决了高斯完整三角和的估计这一历史难题，得到了最佳误差阶估计（此结果在数论中有着广泛的应用）；证明了历史长久遗留的一维射影几何的基本定理；给出了体的正规子体一定包含在它的中心之中这个结论的一个简单而直接的证明，被称为嘉当－布饶尔－华定理；对 G．H．哈代与 J．E．李特尔伍德关于华林问题及 E·赖特关于塔里问题的结论做了重大改进。

华罗庚的著作《堆垒素数论》系统地总结、发展与改进了哈代与李特尔伍德圆法、维诺格拉多夫三角和估计方法，发表后 40 余年来其主要成果仍居于世界领先水平，成为 20 世纪经典数论著作之一。另一部数学专著《多个复变典型域上的调和分析》以精密的分析和矩阵技巧，结合群表示论，具体给出了典型域的完整正交系，从而得出了柯西与泊松核的表达式，在国际上有着很深的影响。

华罗庚以其杰出的数学成就，当之无愧成为我国 20 世纪最伟大的数学家之一。

"导弹之父"
钱学森

钱学森是中国 20 世纪杰出的科学家，在导弹、工程控制以及系统论等诸多方面获得了开创性的成就，当之无愧地成为世界著名火箭专家，中国工程控制论专家、系统工程专家、系统科学思想家。

钱学森（1911—2009），浙江杭州人，出生在上海。

↗ 钱学森像

他的父亲钱均夫早年曾留学日本，是一位教育家，母亲章兰娟也聪颖过人。良好的教育环境，使得钱学森聪颖早慧。

1914 年，钱学森随父母迁居北京，1923 年考入北京师范大学附属中学，1929 年考入上海交通大学，就读于机械工程系火车制造专业，并于 1934 年毕业。

在大学时代，钱学森学习认真，严格要求自己，成绩优异。

1935 年，钱学森以清华大学公费留学生身份到美国麻

钱学森开创了工程控制论

钱学森在 20 世纪 50 年代初将控制论发展成为一门新的技术科学——工程控制论，为导弹与航天器的制导理论提供了基础。他把中国导弹武器和航天器系统的研制经验提炼成系统工程理论，应用于军事运筹和社会经济问题，成功地推进了作战模拟技术和社会经济系统工程在中国的发展。

省理工学院学习，仅用一年时间就取得了该院航空系的硕士学位。

次年 10 月，他师从美国著名空气动力学家冯·卡门教授，在加州理工学院学习航空工程理论，1939 年获航空与数学博士学位。

钱学森在空气动力学、航空工程、喷气推进技术等尖端科技方面的才华，使他成为当时最有名望的优秀科学家之一。

他与冯·卡门合作取得了多项成果，尤其是著名的"卡门－钱公式"，成为航空科学史上闪光的一页。

"二战"期间，钱学森与马林纳合作，在冯·卡门的指导下，完成了美国第一枚导弹的设计工作，成为美国导弹技术的奠基人之一。

1949 年，钱学森推导出著名的"钱学森公式"，提出了建造航程 5000 千米的助推滑翔超音速飞行器的建议。

20 世纪 40 年代末，钱学森已被世界公认为力学界和应用数学界的权威和流体力学研究的开路人之一，以及卓越的空气动力学家、现代航空科学与火箭技术的先驱和创始人。

20 世纪 50 年代，美国麦卡锡主义盛行，在国内疯狂迫害共产党人，1950 年 7 月，美国政府取消钱学森参与机密研究的资格。钱学森遭受这样不公正的待遇，非常气愤，他决定回国。

出发前，钱学森被美国移民局逮捕，关押在拘留所里两个星期，后来被友人花钱保释出来。

↗ 钱学森回国受到热烈欢迎。

美国海军次长金布尔甚至叫嚣道："我宁肯把他枪毙，也不愿放回中国，无论在什么地方他（钱学森）都值 5 个师。"

在接下来的 5 年时间里，钱学森一直受到美国移民局的限制和联邦调查局特务

↗ "长征" 4 号运载火箭

的监视，只能教书和从事《工程控制论》的写作。

1955年10月，钱学森在中国外交人员的努力和协助下，终于回到祖国的怀抱。

对于钱学森回国一事，周恩来总理非常重视。他在20世纪50年代末一次会议上说："中美大使级会谈至今虽然没有取得实质性成果，但我们毕竟就两国侨民问题进行了具体的建设性接触。我们要回了一个钱学森，单就这件事说来，会谈也是值得的，有价值的。"

周总理还专门对聂荣臻交代说："钱学森是爱国的，要在政治上关心他，工作上支持他，生活上照顾他。"

1956年初，钱学森主持制订1956—1967年科学技术发展远景规划纲要第37项国家重要科学技术任务《喷气和火箭技术的建设》报告书，并于1956年2月17日向国务院递

钱学森为我国的火箭研究工作做出了突出的贡献，国家也给予他极高的荣誉，他多次受到党和国家领导人的接见。

交《建立我国国防航空工业的意见书》，最先为中国火箭和导弹技术的建设与发展提出了极为重要的实施方案。

同年，钱学森还协助周恩来和聂荣臻筹备组建了火箭导弹科学技术研究方面的领导机构，并成为这一领导机构的重要成员，负责规划与组建国防部第五研究院。

他的工程控制论为导弹与航天器的制导理论奠定了基础，对中国的火箭、导弹和航天事业的迅速发展做出了重大贡献。

钱学森亲自参与指导了我国导弹的设计和研制，因为他的突出贡献，被誉为中国的"导弹之父"。

1999 年，中共中央、国务院、中央军委授予他"两弹一星功勋奖章"。

钱学森研究领域广泛，成就卓著。他的著作有《工程控制论》《物理力学讲义》《星际航行概论》《论系统工程》等。

两弹元勋
邓稼先

Liang Dan Yuan Xun

邓稼先（1924—1986），安徽怀宁人，中国著名的核物理学家。

他是我国核武器理论研究工作的奠基者和开拓者，因为其早年在研制和发射原子弹、氢弹方面的贡献，被誉为"两弹元勋"。1999年，党中央、国务院和中央军委给他追授了"两弹一星功勋奖章"。

邓稼先出生在一个中产阶级家庭，他的父亲邓以蛰早年留学日本，回国后先后在清华大学、北京大学、厦门大学担任教授。邓稼先在四姐弟中排行老三。

5岁时，父亲为邓稼先请了私塾先生，教他背诵《诗经》和《论语》，打下了很好的文化基础。6岁时，进入北京四存小学，当时他对"四书""五经"不感兴趣，偏爱数学等自然科学。1935年，邓稼先考入北京崇德中学，与高他一级的杨振宁是很要好的朋友。

原子弹

原子弹是一种利用核裂变原理制成的核武器。它是由美国最先研制成功的，具有非常强的破坏力与杀伤力，爆炸同时会发出强烈的核辐射，危害生物组织。制造原子弹的材料是铀235，它在天然铀中只占0.7%。

1941 年，邓稼先考上了西南联大物理系，又与杨振宁成为同学。1945 年，从西南联大毕业后，邓稼先被北京大学聘为物理

↗ 邓稼先像

助教，在学生运动中担任了北大教职工联合会主席。

为了学习更多的科学知识来建设即将诞生的新中国，邓稼先于 1947 年通过了赴美研究生考试。1948 年 10 月，邓稼先赴美国普渡大学研究生院物理系留学。

在美国留学期间，邓稼先刻苦努力，勤奋学习，三年的课程两年就完成了。他以突出的成绩顺利通过了博士论文答辩，时年 26 岁，被美国人称为娃娃博士。

1950 年 8 月，邓稼先在获得博士学位的第九天，毅然决定回国。他不仅谢绝了恩师和同校好友的挽留，而且还说服了光学物理学家王大珩（后获"两弹一星功勋奖章"）和低温物理学家洪朝生（后参加"两弹一星"研制）一同回国。

同年 10 月，邓稼先到中国科学院近代物理研究所任研究员，开始进行中国原子核理论的研究。

1953 年，他与许鹿希结婚，1954 年加入中国共产党。

1958 年秋，时任核工业部副部长兼原子能所所长的钱三强找到邓稼先，说"国家要放一个'大炮仗'"，征询他是否愿意参加这项高度机密的工作。邓稼先知道这是国家的需要，毫不犹豫地同意了。

回到家中，他只对妻子说自己"要调动工作"，不能再照顾家和孩子，也不能再通信。妻子许鹿希心里明白，丈夫肯定是从事对国家有重大意义的工作，表示坚决理解和支持。

邓稼先这一走就是 28 年。从此，邓稼先的身影只出现在戒备森严的实验室和大漠戈壁。

邓稼先接到任务后，先挑选了一批大学生，准备了有关的俄文资料和原子弹模型。1959 年 6 月，苏联政府中止了原有协议，撤走了专家，销毁了资料。

中国的核事业必须从零开始，自己动手，搞出自己的原子弹、氢弹和人造卫星。邓稼先和同事们一起研究和翻译资料，用手摇计算机计算数值，推导公式。特别是遇到一个

氢弹

氢弹（又称热核武器），核武器的一种。主要利用氢的同位素（氘、氚）的聚变反应所释放的能量来进行杀伤破坏。就其原理来说，它并不是"纯净"的聚变核武器，确切地说，它应该叫"三项弹"——裂变引发聚变，聚变释放出的中子诱发更剧烈的裂变。正因如此，它才具有了空前的威力。

苏联专家留下的核爆大气压的关键数字时，邓稼先在周光召的帮助下，以严谨的计算推翻了原有的结论，解决了中国原子弹试验的关键性难题。

经过近两年的努力，他们终于把我国第一颗原子弹的理论计算数据全部推算出来，接着又进行了一系列的试验，成功地模拟了原子弹爆炸的全过程。

1964年10月16日，中国成功爆炸了第一颗原子弹。这是一件让中国人民彻底扬眉吐气的大事，意味着中国已经不再惧怕西方国家的核讹诈。

原子弹爆炸成功以后，邓稼先又开始投入对氢弹的研究。这是比研制原子弹更加艰难的科学探索。在邓稼先的领导下，1967年6月17日，我国成功地爆炸了一颗氢弹。

整个研制过程仅用了2年零8个月，抢在了法国人的前面，成为继苏联和美国之后，第3个拥有氢弹的国家。同苏联用4年、美国用7年、法国用8年的时间相比，创造了世界上最快的速度。

1972年，邓稼先担任核武器研究院副院长，1979年升为院长。他为我国的核试验贡献了毕生的精力。在我国进行的45次核试验中，由邓稼先领导的就有32次，其中有15次是他亲自在现场指挥。邓稼先为新中国的国防事业做出了巨大贡献，但他一生淡泊名利，直到死前才公开其取得的成就，让人敬仰又感叹。

邹承鲁等 *Ren Gong He Cheng Niu Yi Dao Su*
与人工合成牛胰岛素

20 世纪 60 年代，人工牛胰岛素在我国合成，这是我国能够角逐诺贝尔奖的科技发明，也是我国科学家创造的一次几乎与诺贝尔奖零距离接触的机会。

1955 年，当桑格第一次阐明胰岛素的化学结构时，英国《自然》杂志预言："合成胰岛素将是遥远的事情。"

当时我国的情况是百废待兴，在这方面更是一片空白，除了生产谷氨酸钠（味精）之外，甚至没有制造过任何氨基酸。

而且做这项工作还得花去大量的资金。

这些现在想起来似乎都是颇费周折的事情，在当时却进展得很顺利。

据参与主持这项研究的邹承鲁讲，在当时的中国科学院上海生物化学研究所，这一主张一经提出，便获得了一致赞同，也赢得了领导的支持。

这个项目很顺利就获得了充足的经费，剩下的就是科学家们自己的事情了。

胰岛素合成的队伍由中国科学院上海生物化学研究所、北京大学和上海有机化学研究所三个单位共同组成。大家知道，胰岛素分子是由 A、B 两条链组成的，所以只要分别合成 A、B 两链，再组合就成了。

为了摸索合成路线，大家开始兵分五路，尝试突破。一路由钮经义负责，搞有机合成；二路由邹承鲁负责，搞天然胰岛素的拆合；三路由曹天钦负责，建立肽库和分离分析技术；四路和五路由沈昭文负责，分别做酶激活和转肽工作。

生物化学家邹承鲁（1923—2006）

经过实践，三路、四路、五路被否定，重点集中在一路、二路和分离分析的工作上。

1960 年初，杜雨苍、张友尚、鲁子贤、邹承鲁等对用 3 个二硫链拆开的天然胰岛素进行组合获得成功，重组的活力逐渐提高到 50％，产物纯化后可以结晶，结晶形状与天然胰岛素相同。

另外，杜雨苍、许根俊、鲁子贤和邹承鲁等又研究了合成的 A 链和 B 链连接为胰岛素分子的条件，为全合成开辟了道路。

1963 年，三个单位重新开始协作。1964 年，由钮经义负责的上海生物化学所合成了 B 链，同时用人工合成的 B 链与天然的 A 链合成成功。

A 链合成由汪猷领导的上海有机化学研究所和由邢其毅领导的北京大学协作完成。1964 年，A 链的合成取得成功，同时用人工合成的牛胰岛素 A 链与天然的 B 链组合获得成功。

接下来就是人工牛胰岛素的全合成。在邹承鲁的负责下，第一次全合成试验即告成功，但活力很低，拿不到结晶。因此，需进一步改善合成的方法。

经过无数次试验，研究人员试用了各种不同的保护剂和各种抽提方法，终于在 1965 年 9 月 17 日得到最好的效果，宣告世界上首次人工合成蛋白质在中国成功了！

人工合成胰岛素是科学史上的一次重大飞跃，是生命科学发展史上一个新的重要里程碑，它标志着人工合成蛋白质时代的开始，使人类在揭示生命奥秘的历程中迈进了一大步。

挑战哥德巴赫猜想的
陈景润

陈景润（1933—1996），福建闽侯人，我国现代著名的数学家，在数论和哥德巴赫猜想研究方面取得了卓越成就。世界级的数学大师阿·威特尔称赞他道："陈景润的每一项工作，都好像在喜马拉雅山顶行走。"

陈景润出生在一个工人家庭，父亲是一位邮政工人，陈景润在众多的兄弟姐妹中排行老三。1945年，陈景润随家迁居福州，并进了英华中学。陈景润从小性格内向，只知道啃书本，同学们给他起

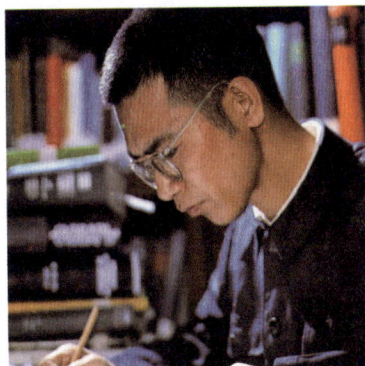

↗ 刻苦钻研的陈景润

哥德巴赫猜想

在整数里面，能够被 2 整除的叫偶数，不能被 2 整除的叫奇数。只能被 1 和它本身整除而不能被别的整数整除的叫素数；反之，能被别的整数整除的就叫合数。1742 年，哥德巴赫写信给欧拉时，提出：每个不小于 6 的大偶数都是两个素数之和。这个简单的命题被称为"哥德巴赫猜想"。

了一个绰号"书呆子"。

陈景润从小就对数学情有独钟，喜欢钻研，刚好这时候学校来了一位著名科学家沈元教授，他在一堂数学课中，讲了17世纪德国数学家哥德巴赫提出的一个猜想。他还打了个形象的比喻，自然科学的皇后是数学，数学的皇冠是数论，而哥德巴赫猜想就是数学皇冠上的明珠。他的这堂课深深刻在陈景润的脑海里，他暗下决心，一定要摘取这颗"数学皇冠上的明珠"。

1950年，陈景润高中尚未毕业，就以同等学力考入厦门大学。1953年，陈景润大学毕业后被分配到北京一所名牌中学任教。由于他不善言辞，个性也不适宜教书，压力很大，人也病倒了。当时该中学领导在一次会议上碰到来北京的厦门大学校长王亚南，向他抱怨陈景润不行。王亚南了解陈景润的个性和价值所在，于是把他调回厦门大学担任学校图书馆管理员。

陈景润回到厦门大学，病也开始好转了。他利用这个有利的时机，如饥似渴地研读了华罗庚的《堆垒素数论》和《数论导引》。他要努力研究，做出成绩来，才不辜负信任和爱护他的人。

功夫不负苦心人，陈景润终于写出了第一篇数学论文《关于塔利问题》，并把它寄到中科院数学所。他希望自己的数学才能能得到当时著名数学家华罗庚的认可，像当年华罗庚被熊庆来赏识一样。果然，华罗庚盛情邀请陈景润参加1956年全国数学论文宣读大会。1956年底，华罗庚把他调到中国科学院数学研究所担任实习研究员。

陈景润调到北京后，在华罗庚的栽培之下，迅速成长起来。他在圆内整点问题、球内整点问题、华林问题、三维除数问题等方面，都改进了中外数学家的结果，取得了最新的成就。但是他并不满足，他要完成青年时期的梦想，向哥德巴赫猜想挺进。

陈景润当时居住在 6 平方米的小屋内，借一盏昏暗的煤油灯，进行繁复的计算，条件十分艰苦。但是他浑然不顾，

征战"哥德巴赫猜想"之旅

1920 年，挪威数学家布朗证明了（9＋9）（即：9 个素因子之积加 9 个素因子之积）；

1924 年，数学家拉德马哈尔证明了（7＋7）；

1932 年，数学家爱斯尔曼证明了（6＋6）；

1938 年，数学家布赫斯塔勃证明了（5＋6）；

1940 年，布赫斯塔勃又证明了（4＋4）；

1948 年，匈牙利数学家兰恩易证明了（1＋6）；

1956 年，数学家维诺格拉多夫证明了（3＋3）；

1958 年，我国数学家王元证明了（2＋3）；

1962 年，我国数学家潘承洞证明了（1＋5）；

1962 年，王元、潘承洞又证明了（1＋4）；

1965 年，数学家布赫斯塔勃、维诺格拉多夫和庞皮艾黎都证明了（1＋3）；

1966 年，陈景润证明了（1＋2）。

废寝忘食，昼夜不舍，潜心思考，达到了痴迷的地步。有一次一头撞在树上，还问是谁撞了他。1966 年 5 月，陈景润耗去了几麻袋的草稿纸，写成论文《大偶数表为一个素数及一个不超过二个素数的乘积之和》，攻克了世界著名数学难题"哥德巴赫猜想"中的（1+2），创造了距摘取这颗数论皇冠上的明珠（1+1）只有一步之遥的辉煌。可是论文太长了，厚达 200 多页。考虑到科学的简明性，闵嗣鹤教授建议他简化一下。他又投入更加艰巨的工作中去了。这时"文革"开始，陈景润受到了一定程度的影响，但他并没有放弃。1973 年，陈景润终于将论文简化完成。

陈景润的工作轰动了世界，国际上的反响非常强烈。当时英国数学家哈勃斯丹和西德数学家李希特的著作《筛法》正在印刷所校印，他们见到陈景润的论文后，立即要求暂不付印，并在这部书里加添了一章"陈氏定理"。他们把它誉为筛法的"光辉的顶点"。一个英国数学家在给陈景润的信里称赞他说："你移动了群山！"

陈景润分别在 1978 年和 1982 年两次收到在国际数学家大会做 45 分钟报告的邀请。他本想在他有生之年完成（1+1），彻底摘取皇冠上的明珠，可惜的是，在他生命最后的十多年中，帕金森氏综合征困扰着他，使他长期卧病在床，最终未能实现夙愿。虽然小有遗憾，但是陈景润在数论和哥德巴赫猜想方面取得的举世瞩目的成就，使他将流芳世界科学史。

"杂交水稻之父"
袁隆平

　　袁隆平（1930—2021）出生于北京，1949 年 8 月考入重庆相辉学院（后改名西南农学院）农学系，1953 年 8 月毕业后分配到湖南省安江农校任教。此后袁隆平一面从事教学，一面从事水稻育种研究。

　　1960 年 7 月，袁隆平在早稻常规品种试验田里发现了一株"株形优异、鹤立鸡群"的水稻植株。第二年的春天，他把这株变异株的种子播到试验田里，期待着收获优良的新一代稻种。可是等到秧苗长高后，袁隆平失望地发现：它们高的高，矮的矮，成熟也是迟的迟，早的早，没有一株超过母株。

　　袁隆平并没有灰心，他对孟德尔和摩尔根的遗传学进行深入研究分析后发现，纯种水稻品种的第二代是不会有分离的，只有杂种第二代才会出现分离现象。既然发生分离，那就可以断定那株性状优

↗ 袁隆平在田间

异稻株是一株地道的"天然杂交稻"的第一代。

袁隆平进而认识到：既然那株"天然杂交稻"的第一代长势这么好，那么证明水稻存在明显的杂种优势现象。只要能找到其中的规律和奥秘，就可以培育出人工杂交稻来。他决心利用水稻杂交的优势，来提高水稻的产量。

袁隆平从此开始把精力转到培育人工杂交水稻课题的研究上。这在当时是一个很有挑战性的课题，因为水稻是自花授粉的作物。美国著名遗传学家辛诺特和邓恩的经典著作及美国大学教科书《遗传学原理》里都明确地写着："自花授粉作物自交不衰退，因而杂交无优势。"国内外的某些权威因此嘲笑说"提出杂交水稻课题是对遗传学的无知"。

↗ 袁隆平与收获的杂交水稻

1964 年，袁隆平正式提出了利用天然杂交水稻优势的观点，并开始对杂交水稻的研究。袁隆平认为利用水稻的杂交优势切实可行的出路就是培育出一个雄花不育的"母稻"，即雄性不育系，然后用其他品种的花粉去给它授粉杂交，产生用于生产的杂交种子。

在 1964—1965 年这两年里，袁隆平和助手们忙着寻找雄花不育的"母稻"，终于找到了 6 株天然雄性不育的植株。经过观察试验，他积累了丰富的科学数据，撰写了论文《水稻的雄性不孕性》，发表在《科学通报》上。这是国内首次论述水稻雄性不育性的论文。

此后 5 年多的时间里，袁隆平和助手们先后用了 1000 多个品种，做了 3000 多个杂交组合，都没能培育出不育株率和不育度都达到 100％的不育系来。后来，袁隆平又提出了利用远缘的野生稻与栽培稻杂交的新设想。

1970 年 11 月，袁隆平的助手李必湖在海南岛的普通野生稻群落中发现一株雄花稗育株。这一发现，为培育水稻不育系和随后的"三系"配套打开了突破口，给杂交稻研究带来了新转机。

1972 年，原农业部把杂交稻列为全国重点科研项目，组成了全国范围的攻关协作网。1973 年，在突破"不育系"和"保持系"的基础上，袁隆平等率先找到了优势强、花粉量大、恢复度在 90％以上的"恢复系"，在世界上首次育成强优势杂交水稻。同年 10 月，袁隆平发表了论文《利用野种选育三系的进展》，正式宣告我国籼型杂交水稻"三系"配套成功。

1974 年，袁隆平和同事们又相继攻克了杂种"优势关"和"制种关"，研究出一套籼型杂交水稻生产技术。

1976 年到 1987 年间，袁隆平培育的杂交水稻的种植面积累计达到 11 亿亩，增产稻谷 1000 亿公斤。袁隆平的杂交水稻解决了中国人民的吃饭问题，确保了我们用占世界 7% 的土地养活占世界 22% 的人口。

1986 年，袁隆平在他的论文《杂交水稻育种的战略设想》中，科学地将杂交水稻育种分为"三系法为主的品种间杂种优势利用，两系法为主的籼粳亚种优势利用，再到一系法为主的远缘杂种优势利用"三个战略发展阶段。

1995 年，两系杂交稻基本研究成功。1997 年，袁隆平发表了重要论文《杂交水稻超高产育种》。

2010 年 3 月，袁隆平院士团队和张启发院士团队合作，共同研究转基因水稻。在合作交流会上，袁隆平称，为了消除公众对转基因抗虫稻米的安全顾虑，他愿意作为第一个志愿者来吃！3 月 12 日，袁隆平在报告会上就转基因抗虫水稻的安全性、抗除草剂转基因作物为什么能够减少除草剂用量等问题，与张启发院士进行了讨论，并表示支持政府关于转基因作物研发的决策。

↗ 丰收的杂交水稻

2017 年 9 月，在国家水稻新品种与新技术展示现场观摩会上，袁隆平宣布一项剔除水稻中重金属镉的新成果："近期我们在水稻育种上掌握了一项突破性技术，可以把亲本中的含镉或者吸镉的基因'敲掉'，亲本干净了，种子自然就干净了。"

2020 年 6 月，袁隆平团队在青海柴达木盆地盐碱地里试种的高寒耐盐碱水稻（又称海水稻）长出了稻穗。

2021 年 5 月 22 日，袁隆平在湖南长沙逝世，享年 91 岁。

袁隆平培育出杂交水稻，解决了中国人民的吃饭问题，而他最大的遗愿是解决全世界人民的吃饭问题。